論語新解

錢穆

錢穆作品精萃

三民書局

再版序

論語二十篇，開始即曰：「學而時習之，不亦說乎？有朋自遠方來，不亦樂乎？人不知而不慍，不亦君子乎？」孔子一生為人，即在悅於學而樂於教。人之不知，亦當指不知此上兩端言。故又曰：「若聖與仁，則吾豈敢？抑為之不厭，誨人不倦。」又曰：「十室之邑，必有忠信如丘者焉，不如丘之好學也。」則孔子之自居，在學在教，不在求為一聖人。論語書中豈不已明言之。

此猶言：「但問耕耘，莫問收穫。」抑且秋收冬藏之後，豈能不復有春耕夏耘。而且耕耘仗己力，而收穫則不盡在己力。固亦有既盡耕耘之力，而復遇荒歉之來臨者。孔子生前其道不行，又豈孔子之過。孔子五十而知天命，此即天命之所在矣。人之為學，又豈能超乎其天之所命。此惟西方人戰勝自然克復自然有此想。中國人則不作此法。知天法天之道，其要乃在此。

顏子曰：「夫子步亦步，夫子趨亦趨，夫子奔逸絕塵，而回瞠若乎後矣。」孔門七十二弟子，師弟子間，莫不尊顏子為好學。後世有孟子，其時群言並興，而楊、墨之言盈天下。孟子則曰：

「乃我所願，則學孔子。」又曰：「能言拒楊、墨者，皆聖人之徒也。」又曰：「人皆可以為堯舜。」孟子特以為聖人勉當時之學者，後世以孔、孟並稱，而每引孟子語以堯舜自勉。則其為學趨嚮，有時與孔子有相異。

宋代朱子定論、孟、學、庸為四書，朱子又曾有「顏子細，孟子則較粗」之辨。而學者每喜讀孟子書，時若有踰於論語。即如朱子同時陸象山已然。而明代王陽明則益見其為然。陽明求為聖人，及其龍場驛自悟乃曰，「聖人處此，更有何道？」則豈不先世之孔子，亦當學後代之陽明。此乃禪宗一悟成佛，己身成佛，立地成佛之餘意。此語實易引人入歧途，而其流弊有不可勝言者。

朱子為學，則學其前賢如周、張、二程。濂溪教二程尋孔顏樂處，所樂何事？則所學即學其樂，所樂亦樂其學，此與孔子教學尚無大相異。惟橫渠則學之所長，乃在其苦學處。故伊川與橫渠書有云：「觀吾叔之見，志正而謹嚴，深探遠賾，豈後世學者所當慮及。然以大概氣象言之，則有苦心極力之象，而無寬裕溫和之氣。非明睿所照，而考索至此。故意屢偏而言多窒，小出入時有之。更望完養思慮，涵泳義理，他日當自條暢。」可見橫渠為學，實有似西方哲學家，所學對象多在外，少在己。如其論易即然。易象言：「天行健，君子以自強不息。」此亦與孔子意相近。而橫渠之努力，則有引人入歧途處。

余年六十五，赴美任教於耶魯大學。余不能英語，課務輕簡，乃草為此注，自遣時日。余非敢於朱注爭異同，乃朱子以下八百年，解說論語者屢有其人，故求為之折衷。及近年來，兩目成疾，不能見字。偶囑內人讀此舊注，於文字上略有修改，惟義理則一任舊注。事隔一月，忽悟此序以上所陳之大義，乃作為此書之後序。

中華民國七十六年雙十節錢穆識於臺北外雙溪之素書樓時年九十有三

原序

論語自西漢以來，為中國識字人一部人人必讀書。讀論語必兼讀注。歷代諸儒注釋不絕，最著有三書。一、何晏集解，網羅漢儒舊義。又有皇侃義疏，廣輯自魏迄梁諸家。兩書相配，可謂論語古注之淵藪。二、朱熹集注，宋儒理學家言，大體具是。三、劉寶楠論語正義，為清代考據家言一結集。

何氏集解收入十三經注疏中，宋以前人讀論語，大率必讀此書。明清兩代以朱注取士，於是讀論語必兼讀朱注，已八百年於茲。朱注不能無誤，清儒考據訓詁之學度越前人，朱注誤處均經發正。而清儒持漢宋門戶之見過嚴，有朱注是而清儒刻意立異，轉復失之者。其所駁正，亦復眾說多歧，未歸一是。又考據家言，辭煩不殺，讀者視為畏途。故今社會流行，仍以朱注為主。

民國以來，閩縣程樹德為論語集釋，徵引書目，凡十類四百八十種，異說紛陳，使讀者如入大海，汗漫不知所歸趨。搜羅廣而別擇未精，轉為其失。故論語雖為一部中國人人必讀書，注論語者雖代不乏人，而就今言之，則仍缺一部人人可讀之注。此余之新解所由作也。

為論語作新解，事有兩難。異說既多，貴能折衷，一也。論語距今兩千載以上，何晏集解距今一千七百年，朱注距今八百年，劉氏正義距今亦一百六十年。時代變，人之觀念言語亦多隨而變。如何用今代之語言觀念闡釋二千五百年前孔子之遺訓而能得其近是，使古今人相悅而解，二也。

本書取名新解，非謂能自創新義，掩蓋前儒。實亦備采眾說，折衷求是，而特以時代之語言觀念加以申述而已。然眾說勢難備列。程氏集釋篇幅逾兩百萬字，而猶多遺漏。本書所采，亦多越出程書之外者。然若專舉一說，存以為是，又使讀者不知有古今眾說之異，亦無以開其聰明，廣其思路，而見義理之無窮。且一說之是，初不限於一人之說。或某得其十之一二，某得其十之八九。或某得其三四，而某得其六七。亦有當兼采三家四家之說斟酌和會而始得一是者。今既集眾說，凡所采摭，理當記其姓名，詳其出處，一則語見本原，一則示不掠美。然就讀者言之，則貴能直就注文而上通論語之本義。大義既得，乃加沉潛反覆之功。若注文一一稱姓名，列篇題，又勢必照錄原文。原文義旨未盡，復須重加闡發。遇折衷諸家，則必條列諸家之說於前，續加融貫之文於後。此可以顯作者之勤搜而博辨，而實無益於讀者之精契與密悟。新解旨取通俗，求其為一部人人可讀之注，體求簡要，辭取明淨，乃不得不擺脫舊注格套，務以直明論語本義為主。雖違前軌，亦具微衷。抑如朱注，義詁事據，多本漢儒，亦不逐一標明。惟引宋儒之說，始必著其姓氏，以見其為一家之解。余書非欲成一家言，僅求通俗易誦覽，自不必一一徵引出處。儻讀者必欲追尋本原，則上舉三書與程氏之集釋具在，循此蹤跡，宜可十得七八。縱欲掠美，實亦無從爾。

抑余之為新解，亦非無一二獨得之愚，越出於先儒眾說之外者。然苟非通觀群言，亦無以啟發新知。眾說己見，既如水乳之交融，何煩涇渭之再辨。且作注如筌蹄，意在得魚兔。魚兔既獲，筌蹄可棄，故亦不一一標出也。

本書最先屬稿在民國四十一年春，當時力求通俗，專用白話。成稿未及四分一，乃復悔之。意謂解論語，難在義蘊，不在文字。欲以通俗之白話，闡釋宏深之義理，費辭雖多，而情味不洽。又務為淺顯，驟若易明，譬如嚼飯哺人，滋味既失，營養亦減。意不如改用文言，惟求平易，較可確切。雖讀者或多費玩索之功，然亦可以凝其神智，而濬其深慧。惟苦冗雜少閒，乃遂擱置。嗣於民國四十九年赴美講學耶魯。課務不迫，乃決意改撰，獲成初稿。自美歸後，又絡續修訂，前後三年，粗潰於定。惟體例則一仍最先之舊。先原文，次逐字逐句之解釋，又次綜述一章大旨，最後為論語之白話試譯。全書篇幅，當不出三十萬字。其果可以為一部人人可讀之注矣乎？其果能折衷群言而歸於一是矣乎？作者才力所限，謹以待讀者之審正。

中華民國五十二年十月錢穆識於沙田和風臺廬廬

論語新解

目次

語，談說義，如國語，家語，新語之類。此書所收，以孔子應答弟子時人之語為主。衛靈公篇載子張問行。孔子告以「言忠信，行篤敬」，而子張書諸紳。則當時諸弟子於孔子之一言一動，無不謹書而備錄之可知。論者，討論編次義。經七十子後學之討論編次，集為此書，故稱論語。書中亦附記諸弟子語，要之皆孔門之緒言也。全書二十篇，前十篇為上編，後十篇為下編。

上編

學而篇第一

（一）

子曰：「學而時習之，不亦說乎？有朋自遠方來，不亦樂乎？人不知而不慍，不亦君子乎？」

注釋

子曰　或說：「子，男子之通稱。」或說：「五等爵名。」春秋以後，執政之卿亦稱子，其後匹夫為學者所宗亦稱子，孔子、墨子是也。或說：「孔子為魯司寇，其門人稱之曰子。稱子不成辭則曰夫子。」

論語孔子弟子惟有子、曾子二人稱子，閔子、冉子單稱子僅一見。

學　誦，習義。凡誦讀練習皆是學。舊說：「學，覺也，效也。後覺習傚先覺之所為」謂之學。然社會文化日興，文字使用日盛，後覺習傚先覺，不能不誦讀先覺之著述，則二義仍相通。

時習　此有三說。一指年歲言。古人六歲始學識字，七八歲教以日常簡單禮節，十歲教書寫計算，十三歲教歌詩舞蹈，此指年為時。二指季節言。古人春夏學詩樂絃歌，秋冬學書禮射獵，此指季節為時。三指晨夕言。溫習、進修、遊散、休息，依時為之。習者，如鳥學飛，數數反覆。人之為學，當日復日，時復時，年復年，反覆不已，老而無倦。

說　欣喜義。學能時習，所學漸熟，入之日深，心中欣喜也。

有朋自遠方來　朋，同類也。志同道合者，知慕於我，自遠來也。或以方來連讀，如言並來，非僅一人來。當從上讀。

樂　悅在心，樂則見於外。孟子曰：「樂得天下英才而教育之。」慕我者自遠方來，教學相長，我道日廣，故可樂也。

人不知而不慍　學日進，道日深遠，人不能知。雖賢如顏子，不能盡知孔子之道之高之大，然孔子無慍焉。慍，怫鬱義，怨義。學以為己為道，人不知，義無可慍。心能樂道，始躋此境也。或曰：「人不知，不我用也。」前解深，後解淺。然不知故不用，兩解義自相貫。

不亦君子乎　君子，成德之名。學至此，可謂成德矣。

研析

本章乃敘述一理想學者之畢生經歷，實亦孔子畢生為學之自述。學而時習，乃初學事，孔子十五志學以後當之。有朋遠來，則中年成學後事，孔子三十而立後當之。苟非學邃行尊，達於最高境界，不宜輕言人不我知，孔子五十知命後當之。學者惟當牢守學而時習之一境，斯可有遠方朋來之樂。最後一境，本非學者所望。學求深造日進，至於人不能知，乃屬無可奈何。聖人深造之已極，自知彌深，自信彌篤，乃曰：「知我者其天乎。」然非淺學所當驟企也。

孔子一生重在教，孔子之教重在學。孔子之教人以學，重在學為人之道。本篇各章，多務本之義，乃學者之先務，故論語編者列之全書之首。又以本章列本篇之首，實有深義。學者循此為學，時時反驗之於己心，可以自考其學之虛實淺深，而其進不能自已矣。

學者讀論語，當知反求諸己之義。如讀此章，若不切實學而時習，寧知不亦悅乎之真義？孔子之學，皆由真修實踐來。無此真修實踐，即無由明其義蘊。本章學字，乃兼所學之事與為學之功言。孔門論學，範圍雖廣，然必兼心地修養與人格完成之兩義。學者誠能如此章所言，自始即可有逢源之妙，而終身率循，亦不能盡所蘊之深。此聖人之言所以為上下一致，終始一轍也。

孔子距今已逾二千五百年，今之為學，自不能盡同於孔子之時。然即在今日，仍有時習，仍有朋來，仍有人不能知之一境。學者內心，仍亦有悅、有樂、有慍、不慍之辨。即再踰兩千五百年，亦當如是。故知孔子之所啟示，乃屬一種通義，不受時限，通於古今，而義無不然，故為可貴。讀者不可不知。

白話試譯

先生說：「學能時時反覆習之，我心不很覺欣暢嗎？有許多朋友從遠而來，我心不更感快樂嗎？別人不知道我，我心不存些微怫鬱不歡之意，不真是一位修養有成德的君子嗎？」

（二）

有子曰：「其為人也孝弟，而好犯上者，鮮矣。不好犯上，而好作亂者，未之有也。君子務本，本立而道生。孝弟也者，其為仁之本與？」

注釋

有子　孔子弟子，名若。乃孔子晚年來從學者。

孝弟　善事父母曰孝。善事兄長曰弟。

好犯上者，鮮矣　上，指在上位者。犯，干犯。好，心喜也。鮮，少義。

作亂　亂，謂逆理反常之事。

務本　務，專力也。本，猶根也。亦始義。

本立而道生　孔子之學所重最在道。所謂道，即人道，其本則在心。人道必本於人心，如有孝弟之心，始可有孝弟之道。有仁心，始可有仁道。本立而道生，雖若自然當有之事，亦貴於人之能誘發而促進之，又貴於人之能護養而成全之。凡此皆賴於學，非謂有此心即可備此道。

為仁之本　仁者，人群相處之大道。孝弟乃仁之本，人能有孝弟之心，自能有仁心仁道，猶木之生於根。孝弟指心，亦指道。行道而有得於心則謂之德。仁亦然，有指心言，有指道言，有指德言。內修於己為德，外措施之於人群為道。或本無為字。或說以為仁連讀，訓為行仁，今不從。

研析

論語有子、曾子二人不稱名，或疑論語多出此兩人之弟子所記，或是也。孟子謂「子夏、子張、子游，以有若似聖人，欲以所事於孔子事之，曾子不可而止」。則有子固曾為孔門弟子所推服。論語首篇次章，即述有子之言，似非無故而然。

孔子教人學為人，即學為仁。論語常言仁，欲識仁字意義，當通讀論語全書而細參之。今試粗舉其要。仁即人群相處之大道，故孟子曰：「仁也者，人也。合而言之，道也。」然人道必本於人心，故孟子又曰：「仁，人心也。」本於此心而有此道。此心修養成德，所指極深極廣。由其最先之心言，則是人與人間之一種溫情與善意。發於仁心，乃有仁道。而此心實為人性所固有。其先發而可見者為孝弟，故培養仁心當自孝弟始。孝弟之道，則貴能推廣而成為通行於人群之大道。有子此章，所指淺近，而實為孔門教學之要義。

白話試譯

有子說：「若其人是一個孝弟之人，而會存心喜好犯上的，那必很少了。若其人不喜好犯上，而好作亂的，就更不會有了。君子專力在事情的根本處，根本建立起，道就由此而生了。孝弟該是仁道的根本吧？」

（三）

子曰：「巧言令色，鮮矣仁。」

注釋

巧言令色 巧，好義。令，善義。務求巧言令色以悅人，非我心之真情善意，故曰「鮮矣仁」。鮮，少義，難得義。不曰「仁鮮矣」，而曰「鮮矣仁」，語涵慨歎。或本作「鮮矣有仁」，義亦同。

白話試譯

先生說：「滿口說著討人喜歡的話，滿臉裝著討人喜歡的面色，（那樣的人）仁心就很少了。」

（四）

曾子曰：「吾日三省吾身。為人謀，而不忠乎？與朋友交，而不信乎？傳，不習乎？」

注釋

曾子　名參，亦孔子晚年弟子。

三省吾身　省，察義。三省有兩解。一，三次省察。一，省察三事。依前解，當作日省吾身者三，如三思三復。惟所省則為下列三事。

不忠　盡己之謂忠。己心之盡不盡，惟反己省察始知。

不信　以實之謂信。居心行事，誠偽虛實，亦惟反己省察始知。

傳不習　傳字亦有兩解。一，師傳之於己。一，己傳之於人。依上文為人謀與朋友交推之，當謂己之傳於人。素不講習而傳之，此亦不忠不信，然亦惟反己省察始知。人道本於人心，人心之盡與實以否，有他人所不能知，亦非他人所能強使之者，故必貴於有反己省察之功。

研析

此章當屬曾子晚年之言。孟子稱曾子為守約，觀此章，信矣。蓋曾子所反己自盡者，皆依於仁之事，亦即忠恕之極也。

論語以有子之言一章次學而章之後，不即次以曾子之言者，嫌為以曾子處有子後。另入巧言章，而以曾子言次之，是有、曾二子之言，皆次孔子言之後，於二子見平等義。

白話試譯

曾子說：「我每天常三次反省我自己。我替人謀事，沒有盡我的心嗎？我和朋友相交，有不信實的嗎？我所傳授於人的，有不是我自己所日常講習的嗎？」

（五）

子曰：「道千乘之國，敬事而信，節用而愛人，使民以時。」

注釋

道千乘之國　道，領導義，猶言治。乘，兵車。能出兵車千乘，為當時一大國。

敬事而信　敬，謹慎專一意。於事能謹慎專一，又能有信，即不欺詐。

節用而愛人　損節財用，以愛人為念。

使民以時　時指農時。使民當於農隙，不妨其作業。

研析

本章孔子論政，就在上者之心地言。敬於事，不驕肆，不欺詐，自守以信。不奢侈，節財用，存心愛人。遇有使於民，亦求不妨其生業。所言雖淺近，然政治不外於仁道，故惟具此仁心，乃可在上位，領導群倫。此亦通義，古今不殊。若昧忽於此，而專言法理權術，則非治道。

白話試譯

先生說：「領導一個能出千乘兵車的大國，臨事該謹慎專一，又要能守信。該節省財用，以愛人為念。使用民力，要顧及他們的生產時間。」

（六）

子曰：「弟子入則孝，出則弟，謹而信，汎愛眾，而親仁。行有餘力，則以學文。」

注釋

謹而信　謹，謹慎。信，信實。弟子敦行，存心當如此。

汎愛眾 汎，廣泛義。如物汎水上，無所繫著。於眾皆當泛愛，但當特親其眾中之仁者。

行有餘力，則以學文 文，亦稱文章，即以讀書為學也。有餘力始學文，乃謂以孝弟謹信愛眾親仁為本，以餘力學文也。

研析

本章言弟子為學，當重德行。若一意於書籍文字，則有文滅其質之弊。但專重德行，不學於文求多聞博識，則心胸不開，志趣不高，僅一鄉里自好之士，無以達深大之境。

白話試譯

先生說：「弟子在家則講孝道，出門則盡弟職，言行當謹慎信實，對人當泛愛，而親其有仁德者。如此修行有餘力，再向書本文字上用心。」

（七）

子夏曰：「賢賢易色，事父母能竭其力，事君能致其身，與朋友交，言而有信，雖曰未學，吾必謂之學矣。」

注釋

子夏 卜商字子夏，亦孔子晚年弟子。

賢賢易色 下賢字指賢人有才德者。上賢字作動詞用，尊敬義。易字有兩讀：一讀改易，謂以尊賢心改好色心。一讀平易，謂尊賢心平於好色心。今從前讀。或說此四字專指夫婦一倫言，謂為夫者能敬妻之賢德而略其色貌。

致其身 致，送達義。致其身，如致命致廩餼，謂納身於職守。事父母能竭其力為孝，事君能致其身為忠。四句分言夫婦、父子、君臣、朋友四倫。

雖曰未學 其人或自謙未學，我必謂之既學矣。

研析

上章孔子言學，先德行，次及文，故論語編者次以子夏此章。或謂此章語氣輕重太過，其弊將至於廢學。然孔門論學，本以成德為重，後人分德行與學問而二之，則失此二章之義矣。

白話試譯

子夏說：「一個人能好人之賢德勝過其好色之心，奉事父母能盡力，事君上能奉身盡職，交朋友能有信，這樣的人，縱使他自謙說未經學問，我必說他已有學問了。」

（八）

子曰：「君子不重則不威。學則不固。主忠信。無友不如己者。過則勿憚改。」

注釋

不重則不威 重，厚重。威，威嚴。人不厚重，則失威嚴，不為人敬。

學則不固 此句有兩解。一，固者堅固義，人不厚重，則所學不能固守勿失，承上文言。一，固者固陋義，人能向學，斯不固陋，四字自成一句。今按本章五句分指五事，似當從後解。若依前解，當云學而不固，或雖學不固，始是。

主忠信 此亦有兩解。一，行事以忠信為主。一，主，親義。如人作客，以其所投遇之家為主。與下文友字對照，謂當親忠信之人。今按：當從前解。後解乃偶然事，分量與其他四事不相稱。

無友不如己者 無，通毋，禁止辭。與不如己者為友，無益有損。或說：人若各求勝己者為友，則勝於我者亦將不與我為友，是不然。師友皆所以輔仁進德，故擇友如擇師，必擇其勝我者。能具此心，自知見賢思齊，擇善固執，虛己向學，謙恭自守，賢者亦必樂與我友矣。或說：此如字，當作似字解。勝己者上於己，不如己者下於己，如己者似己，與己相齊。竊謂此章決非教人計量所友之高下優劣，而定擇交之條件。孔子之教，多直指人心。苟我心常能見人之勝己而友之，即易得友，又能獲友道之益。人有喜與不如己者為友之心，此則大可戒。說論語者多異解，學者當自知審擇，從異解中善求勝義，則見識自可日進。

過則勿憚改　憚，畏難義。過則當勇改，不可畏難茍安。

白話試譯

先生說：「一個君子，不厚重，便不威嚴。能向學，可不固陋。行事當以忠信為主。莫和不如己的人交友。有了過失，不要怕改。」

（九）

曾子曰：「慎終追遠，民德歸厚矣。」

注釋

慎終　終，指喪禮言。死者去不復返，抑且益去益遠。若送死之禮有所不盡，將無可追悔，故當慎。

追遠　遠，指祭禮言。死者去我日遠，能時時追思之不忘，而後始有祭禮。生人相處，易雜功利計較心，而人與人間所應有之深情厚意，常掩抑不易見。惟對死者，始是僅有情意，更無報酬，乃益見其情意之深厚。故喪祭之禮能盡其哀與誠，可以激發人心，使人道民德日趨於敦厚。

研析

儒家不提倡宗教信仰，亦不主張死後有靈魂之存在，然極重葬祭之禮，因此乃生死之間一種純真情之表現，即孔子所謂之仁心與仁道。孔門常以教孝導達人類之仁心。葬祭之禮，乃孝道之最後表現。對死者能盡我之真情，在死者似無實利可得，在生者亦無酬報可期，其事超於功利計較之外，乃更見其情意之真。明知其人已死，而不忍以死人待之，此即孟子所謂不忍之心。於死者尚所不忍，其於生人可知。故儒者就理智言，雖不肯定人死有鬼，而從人類心情深處立教，則慎終追遠，確有其不可已。曾子此章，亦孔門重仁道之一端也。

白話試譯

曾子說：「對死亡者的送終之禮能謹慎，對死亡已久者能不斷追思，這樣能使社會風俗道德日趨於篤厚。」

（一〇）

子禽問於子貢曰：「夫子至於是邦也，必聞其政。求之與？抑與之與？」子貢曰：「夫子溫、良、恭、儉、讓以得之。夫子之求之也，其諸異乎人之求之與！」

注釋

子禽 陳亢字子禽，即原亢。

子貢 端木賜字子貢。二人皆孔子弟子。

聞其政 預聞其國之政事。

抑與之 抑，反語辭。與之，謂人君與之，自願求與為治也。

溫良恭儉讓 溫，柔和義。良，易善義。恭，莊順義。儉，節制義。讓，謙遜義。五者就其表露在外之態度，可以想見其蘊蓄在心之德養。孔子因此德養，光輝接人，能不言而飲人以和，故所至獲人敬信，乃自以其政就而問之。

其諸異乎人之求之與 其諸，語辭。諸，許多義，亦一切義。孔子聞政之所異於人者，不只一端，故連用其諸為語辭。孔子之所至而獲聞其政，直是自然得之。因承子禽問，若謂即是孔子求之，亦異乎他人之求之。

研析

子貢善言聖人，此章揭出溫、良、恭、儉、讓五字，而孔子之心氣態度，活躍如見。學者細玩之，可不覺其暴戾驕慢之潛消。亦知人間自有不求自得之道。此與巧言令色之所為，相去遠矣。然孔子亦固未嘗真獲時君之信用而大行其道於世，則孔子之溫、良、恭、儉、讓，亦己心自修當然，而非有願於其外。

白話試譯

子禽問子貢道：「我們夫子每到一國，必預聞其國之政事，這是有心求到的呢？還是人家自願給他的呢？」子貢說：「我們夫子是以溫和、良善、恭莊、節制、謙讓五者之心得來的。我們夫子之求，總該是異乎別人家的求法吧！」

（一一）

子曰：「父在觀其志，父沒觀其行。三年無改於父之道，可謂孝矣。」

注釋

觀其志　其，指子言。父在，子不主事，故惟當觀其志。

觀其行　父沒，子可親事，則當觀其行。

三年無改於父之道　道，猶事也。言道，尊父之辭。本章就父子言，則其道其事，皆家事也。如冠、婚、喪、祭之經費，婚姻戚故之饋問，飲食衣服之豐儉，歲時伏臘之常式，子孝不忍遽改其父生時之素風。或說：古制，父死，子不遽親政，授政於冢宰，三年不言政事，此所謂三年之喪。新君在喪禮中，悲戚方殷，無心問政，又因驟承大位，未有經驗，故默爾不言，自不輕改父道。此亦一說。然本章通言父子，似不專指為君者言。

研析

論語文辭簡約，異解遂滋。如此章或謂乃專對當時貴族在位者言，非對一切人言。無改父道，乃指政治措施，不指日常行為。否則父在時，其子豈無日常行為，而僅云觀其志？或通指父子，重此道字。謂若父行是道，子當終身守之。若非道，何待三年？或則從三年上尋求，謂三年不改，即是終身不改。疑辨紛紜。然論語所言，固當考之於古，亦當通之於今。固當求之於大義，亦當協之於常情。如據三年之喪為說，是專務考古之失。如云父行非道，何待三年，是專論大義之失。其實孔子此章，即求之今日之中國家庭，能遵此道者，尚固有之。既非不近人情，亦非有乖大義。孝子之心，自然有此。孔子即本人心以立教，好高騖遠以求之，乃轉失其真義。學者其細闡之。

白話試譯

先生說：「父親在，做兒子的只看他志向。父死了，該看他行為。在三年內能不改他父親生時所為，這也算是孝了。」

（一二）

有子曰：「禮之用，和為貴。先王之道，斯為美，小大由之。有所不行。知和而和，不以禮節之，亦不可行也。」

注釋

和為貴 禮主敬，若在人群間加以種種分別。實則禮貴和，乃在人群間與以種種調融。

斯為美 斯指禮，亦指和。先王之道，以禮為美。和在禮中，亦即以和為美。

小大由之 事無大小，皆由禮，亦即皆由和。

有所不行 此四字連下讀，謂亦有不能行處，如下所云。

知和而和，不以禮節之，亦不可行也 節，限別義。如竹節，雖一氣相通，而上下有別。父子夫婦，至為親密，然雙方亦必有別，有節限，始得相與成和。專一用和，而無禮以為之節，則亦不可行。言外見有禮無和之不可行，故下一亦字。

研析

本章大義，言禮必和順於人心，當使人由之而皆安，既非情所不堪，亦非力所難勉，斯為可貴。若強立一禮，終不能和，又何得行？故禮非嚴束以強人，必於禮得和。此最孔門言禮之精義，學者不可不深求。

白話試譯

有子說：「禮之運用，貴在能和。先王之道，其美處正在此，小事大事都得由此行。但也有行不通處。只知道要和，一意用和，不把禮來作節限，也就行不通了。」

（一三）

有子曰：「信近於義，言可復也。恭近於禮，遠恥辱也。因不失其親，亦可宗也。」

注釋

言可復也　與人有約而求能信，當求所約之近於義，俾可踐守。復，反覆，即踐守所言義。

遠恥辱也　恭敬亦須合禮，否則易近於恥辱。

因不失其親，亦可宗也　因，猶依。宗，猶主。謂所依不失為可親之人，則緩急可恃，亦可親為宗主。

或說：因，姻之省文。宗者，親之若同宗。外親無異於一本之親。今按前解通說，後解專指，今從前解。

研析

本章言與人交際，當慎始，而後可以善終。亦見道有先後高下之別。信與恭皆美德，然當近義合禮。有所因依亦不可非，然必擇其可親。

白話試譯

有子說：「與人約而求信，必先求近義，始可踐守。向人恭敬，必先求合禮，始可遠於恥辱。遇有所因依時，必先擇其可親者，亦可依若宗主了。」

（一四）

子曰：「君子食無求飽，居無求安，敏於事而慎於言，就有道而正焉，可謂好學也已。」

注釋

食無求飽，居無求安 不求安飽，志在學，不暇及也。一簞食，一瓢飲，在陋巷，樂亦在其中。若志在求安飽，亦將畢生無暇他及矣。

敏於事而慎於言　敏，捷速義。慎，謹也。於事當勉其所不足，於言當不敢盡其所有餘。

就有道而正焉　有道，言有道德或道藝之人。正，問其是非。如上所行，又就有道而正之，始可謂之好學也。

白話試譯

先生說：「君子，飲食不求飽，居處不求安，敏疾地做事，謹慎地說話，又能常向有道之人來辨正自己的是非，這樣可算是好學了。」

（一五）

子貢曰：「貧而無諂，富而無驕，何如？」子曰：「可也。未若貧而樂，富而好禮者也。」子貢曰：「詩云：『如切如磋，如琢如磨』其斯之謂與？」子曰：「賜也！始可與言詩已矣。告諸往而知來者。」

注釋

無諂　諂者諂媚，卑屈於人。

無驕　驕者矜肆，傲慢於人。貧多求，故易諂。富有恃，故易驕。

可也 可者，僅可而有所未盡之辭。

未若貧而樂，富而好禮 一本樂下有道字。貧能無諂，富能不驕，此皆知所自守矣，然猶未忘乎貧富。樂道則忘其貧矣。好禮則安於處善，樂於循理，其心亦忘於己之富矣。故尤可貴。

詩云 衛風淇澳之篇。

如切如磋，如琢如磨 此詩語有兩釋。一治骨曰切，治象曰磋，治玉曰琢，治石曰磨，四字分指平列，謂非加切磋琢磨之功，則四者皆不能成器，蓋言學問之功。又一釋，治牙骨者，切了還得磋，使益平滑。治玉石者，琢了還得磨，使益細膩。此言精益求精。求之古訓，前說為當。

其斯之謂與 此句從前釋，子貢聞孔子言，知無諂無驕，可由生質之美，而樂道好禮，則必經學問之功。從後釋，子貢聞孔子言無諂無驕之不如樂道好禮，而知道義無窮，進而益深，如詩所云。子貢所悟，蓋悟於義理之無窮。惟其義理無窮，故不可廢學問。

告諸往而知來者 往，所已言。來，所未言。從前釋，無諂無驕不如樂道好禮，孔子所已言。而此詩之言學問之功，則孔子所未言，子貢悟及於此，故孔子嘉許其可與言詩。從後釋，孔子僅言無諂無驕不如樂道好禮，而子貢悟及此詩，知一切事皆如此，不可安於小成而不自勉於益求精進。前釋平易，後釋曲折，今采前釋。

白話試譯

子貢說：「貧人能不諂，富人能不驕，如何呀？」先生說：「這也算好了，但不如貧而能樂道，富而知好禮，那就更好了。」子貢說：「詩經上曾說過：『像切呀，磋呀，琢呀，磨呀』不就是這意思嗎？」先生說：「賜呀！像這樣，才可和你談詩了。告訴你這裡，你能知道到那裡。」

（一六）

子曰：「不患人之不己知，患不知人也。」

研析

君子求其在我，故不患人之不己知。非孔子，則不知堯舜之當祖述。非孟子，則不知孔子之聖，為生民以來所未有。此知人之所以可貴，而我之不知人所以為可患。

白話試譯

先生說：「不要愁別人不知我，該愁我不知人。」

為政篇第二

（一）

子曰：「為政以德，譬如北辰，居其所而眾星拱之。」

注釋

為政以德 德，得也。行道而有得於心，其所得，若其所固有，故謂之德性。為政者當以己之德性為本，所謂以人治人。

北辰居其所而眾星拱之 北辰，即北極星，古人謂是天之中心。所，猶位。拱，音共。眾星拱之，圍繞北極星而旋轉運行。為政治領袖者，能以己之道德作領導，則其下尊奉信仰，如眾星之圍繞歸向於北辰而隨之旋轉。

研析

孔門論學，最重人道。政治，人道中之大者。人以有群而相生相養相安，故論語編者以為政次學而篇。孔門論政主德化，因政治亦人事之一端，人事一本於人心。德者，心之最真實，最可憑，而又不可掩。故雖蘊於一心，而實為一切人事之樞機。為政亦非例外。此亦孔門論學通義，迄今當猶然。

本章舊注，多以無為釋德字。其實德者德性，即其人之品德。孔子謂作政治領袖，主要在其德性，在其一己之品德，為一切領導之主動。即如前道千乘之國章，亦即為政以德。惟德可以感召，可以推行，非無為。其下喻辭。北辰動在微處，其動不可見。居其所，猶云不出位，自做己事，非一無所為。孟子曰至誠動物，大學以修身為本，皆可與此章相發。

白話試譯

先生說：「為政以己德為主，譬如天上的北辰，安居其所，眾星圍繞歸向著它而旋轉。」

（二）

子曰：「詩三百，一言以蔽之，曰：『思無邪』。」

注釋

詩三百　詩經三百零五篇，言三百，舉其大數。

一言以蔽之　蔽，包蓋義。詩三百，可舉一語概括。

思無邪　魯頌駉篇辭。或曰，詩有美刺正變，所以勸善而懲惡。則作者三百篇之思，皆歸無邪，又能使天下後世之凡有思者同歸無邪。又一說，無邪，直義。三百篇之作者，無論其為孝子忠臣，怨男愁女，其言皆出於至情流溢，直寫衷曲，毫無偽託虛假，此即所謂詩言志，乃三百篇所同。故孔子舉此一言以包蓋其大義。詩人性情，千古如照，故學於詩而可以興觀群怨。此說似較前說為得。駉詩本詠馬，馬豈有所謂邪正？詩曰：「以車祛祛，思無邪，思馬斯徂。」祛祛，彊健貌。徂，行義。謂馬行直前。思馬之思乃語辭，不作思維解。雖曰引詩多斷章取義，然亦不當大違原義。故知後說為允。

研析

學者必務知要，斯能守約。本章孔子論詩，猶其論學論政，主要歸於己心之德。孔門論學，主要在人心，歸本於人之性情。學者當深參。

白話試譯

先生說：「詩經三百首，可把其中一句詩來包括盡，即是：『思無邪』。」

（三）

子曰：「道之以政，齊之以刑，民免而無恥。道之以德，齊之以禮，有恥且格。」

注釋

道之以政　之，指下民字。道，引導、領導義。以政事領導民眾，仍是居上臨下，法制禁令，其效不能深入人心。

齊之以刑　導之而不從，以刑罰齊一之，民知有畏而已，其心無所感化。

民免而無恥　免，求免於罰。恥，心恥有所不及。求苟免於刑罰，心無羞愧，非感而自化。

道之以德　德者，在上者自己之人格與心地，以此為領導，乃人與人、心與心之相感相通，非居上臨下之比。

齊之以禮　禮，制度品節。人人蹈行於制度品節中，此亦有齊一之效。然一於禮，不一於刑。禮之本在於雙方之情意相通，由感召，不以畏懼。

有恥且格　格，至義。在上者以德化下，又能以禮齊之，在下者自知恥所不及，而與上同至其所。格又有正義，如今言格式，規格。在下者恥所不及，必求達在上者所定之標準。二義相通。

研析

孔門政治理想，主德化，主禮治。此章深發其趣。蓋人道相處，義屬平等，理貴相通。其主要樞機，在己之一心。教育政治，其道一貫，事非異趨。此亦孔門通義，雖古今異時，此道無可違。

白話試譯

先生說：「用政治來領導人，用刑法來整齊人，人求免於刑罰便算了，不感不服領導是可恥。若把德來領導人，把禮來整齊人，人人心中將感到違背領導是恥辱，自能正確地到達在上者所要領導他們到達的方向去。」

（四）

子曰：「吾十有五而志於學，三十而立，四十而不惑，五十而知天命，六十而耳順，七十而從心所欲不踰矩。」

注釋

志於學　志者，心所欲往，一心常在此目標上而向之趨赴之謂。故有志必有學，志學相因而起。孔子之所志所學，當通讀本章自參之，更當通讀論語全書細參之。能志孔子之所志，學孔子之所學，乃為讀論語之最大宗旨。

而立　立，成立義。能確有所立，不退不轉，則所志有得有守。此為孔子進學之第一階段。

不惑　人事有異同，有逆順，雖有志能立，或與外界相異相逆，則心易起惑。必能對外界一切言論事變，明到深處，究竟處，與其相互會通處，而皆無可疑，則不僅有立有守，又能知之明而居之安，是為孔子進學之第二階段。

知天命　雖對事理不復有惑，而志行仍會有困。志愈進，行愈前，所遇困厄或愈大。故能立不惑，更進則須能知天命。天命指人生一切當然之道義與職責。道義職責似不難知，然有守道盡職而仍窮困不可通者。何以當然者而竟不可通，何以不可通而仍屬當然，其義難知。遇此境界，乃需知天命之學。孔子曰：「天生德於予，桓魋其如予何？」又曰：「文王既沒，文不在茲乎？天之將喪斯文也，後死者不得與於斯文也。天之未喪斯文也，匡人其如予何？」孔子為學，至於不惑之極，自信極真極堅，若已躋於人不能知，惟天知之之一境。然既道與天合，何以終不能行，到此始逼出知天命一境界。故知天命，乃立與不惑之更進一步，更高一境，是為孔子進學之第三階段。

孔子非一宗教主，然孔子實有一極高無上之終極信仰，此種信仰，似已高出世界各大宗教主之上。孔子由學生信，非先有信而後學。故孔子教人，亦重在學。子貢曰：「夫子之文章，可得而聞也。夫子之言性與天道，不可得而聞也。」蓋孔子僅以所學教，不以所信教。孔子意，似乎非學至此境，則不易有此信，故不以信為教。此乃孔子與各宗教主相異處。故學孔子之學，不宜輕言知天命，然亦當知孔子心中實有此一境界。孔子既已開示此境界，則所謂「高山仰止，景行行之，雖不能至，心嚮往之」。學者亦當懸存此一境界於心中，使他日終有到達之望。

耳順 外界一切相異相反之意見與言論，一切違逆不順之反應與刺激，既由能立不惑，又知天命而有以處之，不為所搖撼所迷惑，於是更進而有耳順之境界。耳順者，一切聽入於耳，不復感其於我有不順，於道有不順。當知外界一切相反相異，違逆不順，亦莫不各有其所以然。能明得此一切所以然，則不僅明於己，亦復明於人。不僅明其何以而為是，亦復明其何由而為非。一反一正，一彼一我，皆由天。斯無往而不見有天命，所以說耳順，此乃孔子進學之第四階段。

事物之進入於我心，其最要關鍵，在我之耳與目。本章專舉耳順，蓋舉此可以概彼。抑且目視由我及外，耳聞由外及我，論其自主之分量，微有區別。又目視偏於形物，耳聽深入心意。目見近而耳聞遠，即古人前言往行，亦可歸入耳聞一類。故舉耳可以概目。學至於知天命，則遠近正反，古今順逆，所見皆道，皆在天命中。將更忠於自盡，將益恕於待物。於己重在知其所當然，於人重在明其所以然。明其所以然則耳順，一切不感其有所違逆，於是而可以施教，可以為治，可以立己而立人，達己而達人。然則天命之終極，豈非仍是此道之大行？故人道之端，要在能反求諸己。忠恕之極，即是明誠之極，天人一貫，而弘道則在己。

從心所欲不踰矩 從，遵從義。或說：從字讀如縱，放任義。矩，曲尺。規，圓規。規矩方圓之至，借以言一切言行之法度準則。此處言矩不言規，更見其謹言。聖人到此境界，一任己心所欲，可以縱己心之所至，不復檢點管束，而自無不合於規矩法度。此乃聖人內心自由之極致，與外界所當然之一切法度規矩自然相洽。學問至此境界，即己心，即道義，內外合一。我之所為，莫非天命之極則矣。天無所用心而無不是，天不受任何約束而為一切之準繩。聖人之學，到此境界，斯其人格之崇高偉大擬於天，而其學亦無可再進矣。孔子此章，僅自言一己學問之所到達，未嘗以天自擬。然孔子弟子即以孔子之人格擬於天之不可階而升。如上闡述，亦未見為踰分。

研析

此章乃孔子自述其一生學之所至，其與年俱進之階程有如此。學者固當循此努力，日就月將，以希優入於聖域。然學者所能用力，亦在志學與立與不惑之三階程。至於知天命以上，則非用力所及，不宜妄有希效。知有此一境，而懸以存諸心中則可，若妄以己比仿模擬之，則是妄意希天，且流為鄉愿，為無忌憚之小人，而不自知矣。學者試玩學而篇之首章與末章，而循循自勉，庶可漸窺此章之深處。蓋學而篇首末兩章，只從淺處實處啟示，學者可以由此從入。此章雖孔子之自道，無語不實，其中卻盡有深處玄處。無所憑依而妄冀驟入，則轉成談空說玄，非孔子以平實教人之本意。

孔子又曰：「不怨天，不尤人，下學而上達，知我者其天乎！」義與此章相發。自志學而立而不惑，皆下學。自此以往，則上達矣。知天命故不怨天，耳順故不尤人。此心直上達天德，故能從心所欲不踰矩，而知我者惟天。知命耳順，固非學者所易企，而不怨不尤，則為學者所當勉。行遠自邇，登高自卑，千里之行，起於足下，學者就所能為而勉為之，亦無患乎聖學之難窺矣。

白話試譯

先生說：「我十五歲時，始有志於學。到三十歲，能堅定自立了。到四十，我對一切道理，能通達不再有疑惑。到五十，我能知道什麼是天命了。到六十，凡我一切聽到的，都能明白貫通，不再感到於心有違逆。到七十，我只放任我心所欲，也不會有踰越規矩法度之處了。」

（五）

孟懿子問孝，子曰：「無違。」樊遲御，子告之曰：「孟孫問孝於我，我對曰：『無違。』」樊遲曰：「何謂也？」子曰：「生，事之以禮。死，葬之以禮，祭之以禮。」

注釋

孟懿子　魯大夫，三家之一，氏仲孫，名何忌。懿，其謚。其父僖子遺命何忌學禮於孔子，乃孔子早年學生。後孔子為魯司寇，主墮三家之都，何忌首抗命。故後人不列何忌為孔門之弟子。

無違　僖子賢而好禮，懿子殆不能謹守其父之教。孔子教以無違，蓋欲其善體父命卒成父志。

樊遲御　樊遲名須，亦孔子弟子。為孔子御車，孔子以語懿子者告之。無違父命為孝，此特為懿子言之。

父不皆賢，則從父未必即是孝。孔子之告樊遲，殆欲樊遲有所問，可以申其未盡之意。

何謂也 樊遲果不達而問。孔子乃言無違者，無違於禮，能以禮事親，斯為孝。父母有不合禮，子女不當順其非，必自以合禮者事父母，斯對父母為至敬，此即是孝。若順親非禮，是謂其親不足與為善，又自陷非禮，此乃違逆其親之甚。故無違為孝，乃為懿子一人言之。不違禮為孝，乃為天下萬世一切人言之。其父果賢，子不違，仍是不違禮。孔子兩次所言，義本相通。或說，時三家僭禮，故孔子以無違於禮警懿子，欲樊遲之轉達。但孔子何不直告，而必待樊遲之再問而轉達，似成曲解。若懿子能無違其父使之學禮之命，則其儆三家之僭者亦寓乎其中，可不煩樊遲之再達。

白話試譯

孟懿子問：「怎樣是孝道？」先生說：「不要違逆了。」一日，樊遲為先生御車，先生告訴他說：「孟孫問我孝道，我答他：『不要違逆了。』」樊遲說：「這是什麼意思呀？」先生說：「父母生時，當以禮奉事。死了，以禮葬，以禮祭。」

（六）

孟武伯問孝，子曰：「父母唯其疾之憂。」

注釋

孟武伯 懿子之子，名彘。武，其謚。

唯其疾之憂 此句有三解。一，父母愛子，無所不至，因此常憂其子之或病。子女能體此心，於日常生活加意謹慎，是即孝。或說，子女常以謹慎持身，使父母唯以其疾病為憂，言他無可憂。人之疾，有非己所能自主使必無。第三說，子女誠心孝其父母，或用心過甚，轉使父母不安，故為子女者，惟當以父母之疾病為憂，其他不宜過分操心。孟子言父子之間不責善，亦此義。三說皆合理，第一說似對論語原文多一紆迴，且於唯字語氣不貼切。第三說當作唯父母疾之憂始合。今從第二說。

白話試譯

孟武伯問：「怎樣是孝道？」先生說：「讓你的父母只憂慮你的疾病。」

（七）

子游問孝，子曰：「今之孝者，是謂能養。至於犬馬，皆能有養。不敬，何以別乎？」

注釋

子游　言偃字子游，孔子晚年弟子。

是謂能養　孔子謂世俗皆以能養為孝。

犬馬皆能有養　此句有兩解：犬守禦，馬代勞，亦能侍奉人，是犬馬亦能養人。另一說，孟子曰：「食而不愛，豕交之也，愛而不敬，獸畜之也。」是犬馬亦得人之養，可見徒養口體不足為孝。前解以養字兼指飲食服侍兩義，已嫌曲解。且犬馬由人役使，非自能服侍人。果謂犬馬亦能養人，則徑曰犬馬皆能養可矣，何又添出一有字。皆能有養，正謂皆能得人養。或疑不當以親與犬馬相比，然此正深見其不得為孝。孟子固已明言豕畜獸畜矣，以孟子解論語，直捷可信。今從後解。

不敬何以別乎　若徒知養而不敬，則無以別於養犬馬。何孝之可言？

白話試譯

子游問：「怎樣是孝道？」先生說：「現在人只把能養父母便算孝了。就是犬馬，一樣能有人養著。沒有對父母一片敬心，又在何處作分別呀！」

（八）

子夏問孝，子曰：「色難。有事，弟子服其勞。有酒食，先生饌。曾是以為孝乎？」

注釋

色難 此有兩解。一，難在承望父母之顏色。小戴記曲禮有云：「視於無形，聽於無聲。」能在無形無聲中體會得父母之意，始是孝。一，孝子奉事父母，以能和顏悅色為難。小戴記祭法有云：「孝子之有深愛者，必有和氣。有和氣者，必有愉色。有愉色者，必有婉容。」人之面色，即其內心之真情流露，色難仍是心難。前說指父母之色，後說指孝子之色。既是問孝，當直就子言。且前解必增字說之始可通，今從後解。

服其勞 服，操執義。

先生饌 先生或說指父兄，或說指長者。上言弟子，不言子弟，則指長者為是。饌，飲食也。或說：饌，陳列義。有酒食，先為長者陳設。兩說同義，依文法，當如前解。弟子事長者，有敬即可。子弟事父兄，則敬必兼以愛。

曾是以為孝乎 曾，猶乃也。謂乃只如此便謂孝乎？

研析

以上四章皆問孝，而孔子所對各不同。或疑乃孔子因人施教，針對問者之短處與缺點。於是疑子游或能養而稍失於敬，子夏或對父母少溫潤之色，凡此皆屬臆測。論語文辭簡約，或當時問語有不同，孔子針對問語而各別為說，記者詳孔子之言，而略各人所問，遂若問同而對異。學者且當就文尋繹，知孔子言孝道有此諸說，斯可矣，不宜離此多求。

白話試譯

子夏問：「怎樣是孝道？」先生說：「難在子女的容色上。若遇有事，由年幼的操勞，有了酒食，先讓年老的喫，這就是孝了嗎？」

（九）

子曰：「吾與回言，終日不違，如愚。退而省其私，亦足以發，回也不愚。」

注釋

回　顏回，字淵，孔子早年弟子，最為孔子所深愛。

不違如愚　不違，意不相背。有聽受，無問難。如愚人，是即默而識之。

退而省其私　退，退自師處。私，謂顏子離師後之言行。或解私為燕居獨處，似未允。

亦足以發　發者，發明，啟發。於師說能有所發明，於所與語者能有以啟發之。

回也不愚　孔子稱其不愚，正是深讚其聰慧。

研析

此章殆是顏子始從學於孔子，而孔子稱之。若相處既久，當不再為此抑揚。

白話試譯

先生說：「我和顏回言，整日他沒有反問，像愚魯人一般。待他退下，我省察他的私人言行，對我所言，甚能發揮。回呀！他實是不愚呀！」

（一〇）

子曰：「視其所以，觀其所由，察其所安，人焉廋哉？人焉廋哉？」

注釋

所以 以，因義。因何而為此事，此指其行為之動機與居心言。或說：以，為也。視其所為，可以知其人。

所由 由，經由義。同一事，取徑不同，或喜捷徑，或冒險路，或由平坦大道。此指其行為之趨向與心術言。

所安 安，安定安樂義。勉強為之，則不安不樂，易生改變。或則樂此不疲，安固無變。此指其行為之意態與情趣言。

視觀察 此三字有淺深之次序。視從一節看，觀從大體看，察從細微處看。

人焉廋哉 廋，藏匿義。由上述看人法，其人將無可藏匿。重言之，所以斷言其無可藏匿。

研析

此章孔子教人以觀人之法，必如此多方觀察，其人之人格與心地，將無遁形。然學者亦可以此自省，使己之為人，如受透視，亦不致於自欺。否則讓自己藏匿了自己，又何以觀於人？

或說，觀人必就其易見者，若每事必觀其意之所從來，將至於逆詐臆不信，誅心之論，不可必矣。然此章乃由跡以觀心，由事以窺意，未有觀人而可以略其心意於不論者，學者其細闡之。

白話試譯

先生說：「要觀察他因何去做這一事，再觀察他如何般去做，再觀察他做此事時心情如何，安與不安。如此般觀察，那人再向何處藏匿呀！那人再向何處藏匿呀！」

（一一）

子曰：「溫故而知新，可以為師矣。」

注釋

溫故而知新 溫，溫燖義。燖者以火熟物。後人稱急火曰煮，慢火曰溫，溫猶習也。故字有兩解。一曰：舊所聞昔所知為故，今所得新所悟為新。一曰：故如故事典故。六經皆述古昔，稱先王。知新謂通其大義，以斟酌後世之制作，如漢代諸儒之所為。

可以為師 依前解，時時溫習舊得而開發新知，此乃學者之心得。有心得，斯所學在我，能學即能教，故曰可以為師。若分溫故知新為兩事，故是外面所得，新仍是外面所得，總之是記問之學。所學在外，則知識無窮，記問雖博，非屬心得，既非能學，即非能教。僅成稗販，何足為師？然心得亦非憑空自創，乃從舊聞中開悟新知，使內外新舊融會成一，如是始可謂之學。依後解，事變無窮，所謂新者，皆古所未經，師所不傳，若僅溫故不能知新，則必有學絕道喪之憂矣。故惟溫故而能知新，始能勝任為師。此兩解，言異而義一，學者其細參之。

研析

本章新故合一，教學合一，溫故必求知新，能學然後能教。若僅務於記誦稗販，不能開新，即不足以任教，義蘊深長。

白話試譯

先生說：「能從溫習舊知中開悟出新知，乃可作為人師了。」

（一二）

子曰：「君子不器。」

注釋

器 各適其用而不能相通，今之所謂專家之學者近之。不器非謂無用，乃謂不專限於一材一藝之長，猶今之謂通才。後人亦云：「士先器識而後才藝。」才藝各有專用，器，俗稱器量，器量大則可以多受，識見高則可以遠視，其用不限於一材一藝。近代科學日興，分工愈細，專家之用益顯，而通才之需亦因以益亟。通瞻全局，領導群倫，尤以不器之君子為貴。此章所言，仍是一種通義，不以時代古今而變。

研析

今試以本章與上章相參，可見一切智識與學問之背後，必須有一如人類生命活的存在。否則智識僅如登記上帳簿，學問只求訓練成機械，毀人以為學，則人道梏而世道之憂無窮矣。不可不深思。

白話試譯

先生說：「一個君子不像一件器具（只供某一種特定的使用）。」

（一三）

子貢問君子，子曰：「先行其言而後從之。」

研析

行在言先，言隨行後，亦敏於行而訥於言之義。

白話試譯

子貢問如何才是一君子，先生說：「君子做事在說話前，然後才照他做的說。」

（一四）

子曰：「君子周而不比，小人比而不周。」

研析

周，忠信義。比，阿黨義。論語每以君子小人對舉。或指位言，或指德言。如謂在上位，居心宜公，細民在下，則惟顧己私，此亦通。然本章言君子以忠信待人，其道公。小人以阿黨相親，其情私。則本章之君子小人，乃以德別，不以位分。

白話試譯

先生說：「君子待人忠信，但不阿私。小人以阿私相結，但不忠信。」

（一五）

子曰：「學而不思，則罔。思而不學，則殆。」

注釋

罔　此字有兩解。一、迷惘義。只向外面學，不反之己心，自加精思，則必迷惘無所得。一、誣罔義。不經精思，不深辨其真義所在，以非為是，是誣罔其所學。後解由前解引申而來，當從前解。

殆　此字亦有兩解。一、危殆義，亦疑義。思而不學，則事無徵驗，疑不能定，危殆不安。一、疲怠義。徒使精神疲怠，而無所得。後解借字為釋，又屬偏指，今從前解。

研析

此章言學思當交修並進。僅學不思，將失去了自己。僅思不學，亦是把自己封閉孤立了。當與溫故知新章合參。

白話試譯

先生說：「僅向外面學，不知用思想，終於迷惘了。僅知用思想，不向外面學，那又危殆了。」

（一六）

子曰：「攻乎異端，斯害也已。」

研析

攻，如攻金攻木，乃專攻義，謂專於一事一端用力。或說攻，攻伐義，如小子鳴鼓而攻之。然言攻乎，似不辭，今從上解。異端，一事必有兩頭，如一線必有兩端，由此達彼。若專就此端言，則彼端成為異端，從彼端視此端亦然。墨翟兼愛，楊朱為我，何嘗非各得一端，而相視如水火。舊說謂反聖人之道者為異端，因舉楊、墨、佛、老以解此章。然孔子時，尚未有楊、墨、佛、老，可見本章異端，乃指孔子教人為學，不當專向一偏，戒人勿專在對反之兩端堅執其一。所謂異途而同歸，學問當求通其全體，否則道術將為天下裂，而歧途亡羊，為害無窮矣。一說，異端猶言歧枝小道。小人有才，小道可觀，用之皆吾資，攻之皆吾敵，吾非斯人之徒與而誰與。後世以攻異端為正學。今按：由此觀之，本章正解，尤當警惕。

孔子平日言學，常兼舉兩端，如言仁常兼言禮，或兼言知。又如言質與文，學與思，此皆兼舉兩端，即中庸所謂執其兩端。執其兩端，則自見有一中道。中道在全體中見。僅治一端，則偏而不中矣。故中庸曰：「執其兩端用其中於民。」

白話試譯

先生說：「專向反對的一端用力，那就有害了。」

（一七）

子曰：「由，誨女知之乎！知之為知之，不知為不知，是知也。」

注釋

由　仲由，字子路，孔子早年弟子。

誨女知之乎　女，同汝。誨，教也。孔子誨子路以求知之方。

研析

人有所知，必有所不知，但界線不易明辨。每以不知為知，以不可知者為必可知。如問世界何由來，宇宙間是否真有一主宰，此等皆不可必知，孔子每不對此輕易表示意見，因此孔子不成為一宗教主，此乃孔子對人類知識可能之一種認識，亦孔子教人求知一親切之指示。

又人類必先有所知，乃始知其有不知。如知馬，始知非馬，但不知其究為何物。然則我所謂知此物非馬者，乃僅知我之不知其究為何物而已。人多誤認此不知為知，是非之辨，遂滋混淆。論語此章深義，尤值細參。

白話試譯

先生說：「由呀！我教你怎麼算知道吧！你知道你所知，又能同時知道你所不知，才算是知。」

（一八）

子張學干祿。子曰：「多聞闕疑，慎言其餘，則寡尤。多見闕殆，慎行其餘，則寡悔。言寡尤，行寡悔，祿在其中矣。」

注釋

子張 顓孫師字子張，亦孔子晚年弟子。

學干祿 干，求義。求祿即求仕。此處學字，猶言問。當孔子時，平民中優秀者，亦可進身貴族社會，而獲得俸祿，此種人稱曰士。當其服務則稱曰仕。子張問孔子如何求仕。

疑殆 疑指己心感其不甚可信者。殆指己心感其不甚可安者。

尤悔 尤，罪過，由外來。悔，悔恨，由心生。

闕寡 闕，空義。此處作放置一旁解。寡，少義。

研析

孔子不喜其門弟子汲汲於謀祿仕，其告子張，只在自己學問上求多聞多見，又能闕疑闕殆，再繼之以慎言慎行，而達於寡過寡悔，如此則謀職求祿之道即在其中。

此章多聞多見是博學，闕疑闕殆是精擇，慎言慎行是守之約，寡尤寡悔則是踐履之平實。人之謀生求職之道，殆必植基於此。孔子所言，亦古今之通義。

白話試譯

子張問如何求祿仕。先生說：「多聽別人說話，把你覺得可疑的放在一旁，其餘的，也要謹慎地說，便少過。多看別人行事，把你覺得不安的，放在一旁，其餘的，也要謹慎地行，便少悔。說話少過失，行事少後悔，謀求祿仕之道，就在這裡面了。」

（一九）

哀公問曰：「何為則民服？」孔子對曰：「舉直錯諸枉，則民服。舉枉錯諸直，則民不服。」

注釋

哀公　魯君，名蔣。哀，其謚。

孔子對曰　論語凡記君問，必稱孔子對，乃尊君意。

舉直錯諸枉　直，正直義。枉，邪曲義。舉謂舉而用之。錯字有兩解，一謂廢置之，則當云舉直錯枉，舉枉錯直，似多兩諸字。一說錯乃加置其上義。諸，猶云之乎。舉直加之乎枉之上則民服，舉枉加之乎直之上則民不服。舉錯乃人君之大權，然舉錯有道，民之所服於君者，在道不在權。

研析

此章孔子論政，仍重德化。人君能舉直而置之枉之上，不僅直者服，即枉者亦服。故他日又曰：「能使枉者直。」蓋喜直惡枉，乃人心共有之美德。人君能具此德，人自服而化之。然則私人道德之與政治事業，豈不如影隨身，如響隨聲？此亦古今通義，非迂闊之言。

白話試譯

魯哀公問：「如何使民眾服從？」孔子對道：「舉用正直的，放置在邪曲的上面，民眾便服了。舉用邪曲的，放置在正直的上面，民眾便不服了。」

（二〇）

季康子問：「使民敬忠以勸，如之何？」子曰：「臨之以莊，則敬。孝慈，則忠。舉善而教不能，則勸。」

注釋

季康子 魯大夫，季孫氏，名肥。康，其謚。

以勸 勸，加勉義，努力義。以，猶而。

臨之以莊 上對下為臨。莊，恭莊嚴肅義。上能以恭莊嚴肅臨下，其下自知敬其上，此乃人心美德相互間之感應。在上莊，斯在下者感以敬，此乃一禮之兩面，亦即一德之所化。孔子論政，主德化，主禮治。要而言之，政治即是人道之一端，古今未有外於人道而別有所謂政治者。

孝慈則忠 孝者，孝其老。慈者，慈其幼。或說，在上者能孝慈，斯在下者能忠矣。今按上下文理，蓋謂在上者能導民於孝慈，使各得孝其老，慈其幼，則其民自能忠於其上。在上者若能培養扶掖社會之美德，則社會自能以此一分美德報其上。蓋美德在心，無往而不見此美德之流露。

舉善而教不能 善指德。能指才。善者舉之，不能者教之，在上者能同情其下，而加以扶掖獎進，則在下者自能勸勉努力，以奉事其上。

研析

此章與上章略同義。先盡其在我，而在彼者自至。

白話試譯

季康子問：「如何可使民眾敬其上，忠其上，並肯加倍努力呀？」先生說：「你對他們能莊重，他們自會敬你。你讓他們都能孝其老，慈其幼，他們自會忠於你。你拔用他們中間的善人，並教導他們中間不能的人，他們自會互相勸勉，加倍努力了。」

（二一）

或謂孔子曰：「子奚不為政？」子曰：「書云：『孝乎惟孝，友于兄弟。』施於有政，是亦為政，奚其為為政？」

注釋

奚不為政　猶云何不出仕從政。

書云　書指尚書。

孝乎惟孝，友于兄弟　此兩句即書語。今見偽古文君陳篇。孝乎惟孝，美大孝之辭。友，善義。孝於父母，自亦善於兄弟。

施於有政，是亦為政，奚其為為政　此三句乃孔子語。施於有政，猶云施之有政。政者正也，謂行事有條理得其正。孔子謂在家孝弟，有條理得其正，此亦是為政，又必如何才始是為政也。

研析

孔子論政，常以政治為人道中一端，故處家亦可謂有家政。孔門雖重政治，然更重人道。苟失為人之道，又何為政可言？此乃孔子在當時不願從政之微意，而言之和婉，亦極斬截，此所以為聖人之言。

或定此章在定公初年。定公為逐其君兄者所立，而定公不能討其罪，是定公為不友，即不孝。孔子引書，蓋亦微示諷切以曉魯人，非泛然而已。其後孔子終事定公，則因逐君者已死，逐君者非定公，故孔子無所終懟於其君。又或說此章必發於定公母兄尚在之時，應在昭公之末以前。兩說相較，當從後說。或定在哀公時，則顯然不合矣。

白話試譯

有人對孔子說：「先生為何不從事政治呀！」先生說：「尚書裡有兩句話說：『孝啊！真是孝啊！又能友愛及你的兄弟。』只要在家施行孝弟正當有條理，那也是從事政治了，如何才算是從事政治呀！」

（二二）

子曰：「人而無信，不知其可也。大車無輗，小車無軏，其何以行之哉？」

注釋

大車無輗　大車，牛車也。乃笨重載貨之車。車兩旁有兩長杠，古稱轅。一橫木縛兩轅端，古稱衡。一曲木縛橫木下，古稱軛。牛頭套曲木下，可使較舒適。輗則是聯結轅與衡之小筍頭。先於兩轅端鑿圓孔，橫木兩頭亦各鑿圓孔，與轅孔相對。輗，木製，外裹鐵皮，豎串於轅與衡之兩孔中，使轅與衡可以靈活轉動，不滯固。

小車無軏　小車乃輕車，駕四馬，古之獵車戰車及平常乘車，皆輕車。輕車惟於車前中央有一轅，轅頭曲向上，與橫木鑿孔相對，軏貫其中。橫木下左右縛軛以駕馬。內兩馬稱驂，外兩馬稱服。若車行遇拐彎，服馬在外，轉折改向，因軛與衡間有活動，可以不損轅端，亦使車身安穩，不左右搖側。

研析

此章言車之行動，在車本身既有輪，又駕牛馬，有轅與衡軛束縛之，但無輗與軏，仍不能靈活行動。正如人類社會，有法律契約，有道德禮俗，所以為指導與約束者縱甚備，然使相互間無信心，一切人事仍將無法推進。信者，貫通於心與心之間，既將雙方之心緊密聯繫，而又使有活動之餘地，正如車之有輗軏。

白話試譯

先生說：「人類若相互間無信心，我不知還能做得些什麼。正如車上的轅木與橫木間，若沒有了個靈活的接筍，無論大車小車，試問如何般行進呀？」

（二三）

子張問：「十世可知也？」子曰：「殷因於夏禮，所損益可知也。周因於殷禮，所損益可知也。其或繼周者，雖百世可知也。」

注釋

十世可知也 一世為一代，古稱三十年為一世，十世當三百年。或說王朝易姓為一代，十世即十代。疑子張所問，當屬前一說。也，同邪，乃問辭。子張問十世以後事可否前知。

殷因於夏禮，所損益可知 因，因襲義。損益猶言加減，乃變通義。歷史演進，必有承襲於前，亦必有所加減損益。觀其所加減損益，則所以為變通者可知，而其不變而仍可通者亦可知。如是以往，雖百世三千載之久，其所因所變，亦復可知。

研析

此章子張問，可否預知將來，孔子告以參考已往，孰因孰革，孰可常而孰當變，通觀歷史，即可預測將來。孔子曰：「好古，敏以求之。」論語所陳，多屬古今通義，所謂百世可知。

此章孔子歷陳夏、殷、周三代之因革，而特提一禮字。禮，兼指一切政治制度，社會風俗，人心之內在，以及日常生活之現於外表，而又為當時大群體所共遵共守者。故只提一禮字，而歷史演變之種種重要事項，都可綜括無遺，且已併成一體。必具此眼光治史，乃可以鑒往而知來，而把握到人類文化進程之大趨。

孔子論學極重禮，人類社會亦時時必有禮，此乃歷史之常。但禮必隨時代而變，此乃禮之時。而變之中仍存有不變者，此乃禮之意。讀論語，當知孔子之距現代，雖未及百世，亦已踰七十世。時不同，固不當拘其語，然仍當會其意，乃知孔子所謂百世可知，語非虛發。

本章子張之問，蓋有意於制作一代之禮法。可與顏淵問為邦章合參。

白話試譯

子張問：「十世以後的事，可預知嗎？」先生說：「殷代因襲於夏禮，有些損益的，現在仍可考而知。周代因襲於殷禮，有些損益的，現在亦可考而知。將來有繼周而起的，縱使一百世之久，我們也該可以預知呀。」

（二四）

子曰：「非其鬼而祭之，諂也。見義不為，無勇也。」

注釋

非其鬼而祭之　鬼神有分言，有合言。此處單言鬼，或說非其鬼，乃指非其祖考。或說：祭非其鬼，乃通指淫祀。當從後說，可包前說。

諂也　祭有當祭不當祭。崇德報恩，皆所當祭。求福懼禍，皆所不當祭。祭非其鬼，乃指所不當祭，此則必有諂媚之心。諂媚則非人道。

見義不為　義者人之所當為，見當為而不為，是為無勇。

研析

本章連舉兩事，若不倫類，然皆直指人心。蓋社會種種不道與非義，皆由人心病痛中來，如諂與無勇皆是。孔門重仁，乃心教最要綱領。

白話試譯

先生說：「不是你當祭的鬼而祭他，這是你存心諂媚。遇見你該當做的事不做，這是你沒勇氣。」

八佾篇第三

（一）

孔子謂季氏八佾舞於庭：「是可忍也，孰不可忍也！」

注釋

季氏　魯大夫季孫氏。

八佾　佾，行列義。古代舞以八人為列。天子八佾，六十四人。諸侯六佾，大夫四佾，士二佾，十六人。或說：六佾三十六人，四佾十六人，二佾四人。今不從。季孫氏於其家廟之庭作八佾之舞，是以大夫而僭用天子之禮。

是可忍也　此忍字有兩解。一，容忍義。季孫氏以大夫而僭天子之禮，此事可忍，何事不可忍。此乃孔子不滿於魯君不能制裁其大夫之僭肆。一，忍心義，季氏八佾舞於庭，上僭天子，近蔑其君，此事尚忍為，將何事不忍為。此指斥季氏。或說：孰，訓誰。指人不指事。孰不可忍，謂於誰何人之所為而不可忍。故當從前解。今按：是可忍指事，孰不可忍指人，有事則必及人，不當拘泥作分別。季氏忍於其君，則又誰何而不可忍？是誰弒父與君，亦將忍而為之。本章與次章，皆責季氏與三家，非責魯君，當從後解。

研析

孔子重言禮，禮必有上下之分，遂若孔子存心袒護當時之在上者。其實不然。禮本於人心之仁，非禮違禮之事，皆從人心之不仁來。忍心亦其一端。此心之忍而不顧，可以破壞人群一切相處之常道。故孔子之維護於禮，其心乃為人道計，固不為在上者之權位計。

本篇皆論禮樂之事。禮樂為孔門論學論政之共通要點，故論語編者以此篇次學而為政之後。

或說：本篇不名季氏，而稱八佾，是孔子深責其惡，故書其事以命篇。或說：篇名非出孔子，因下論第十六篇有季氏，故此改稱八佾。然則論語篇名，當定於全書纂成之後。

白話試譯

季孫氏在他家廟的庭中使用了周天子八八六十四人的舞蹈行列，孔子說：「這等事，他都忍心做，什麼事他不忍心做呀！」

（二）

三家者以雍徹。子曰：「『相維辟公，天子穆穆。』奚取於三家之堂？」

注釋

三家 魯大夫，孟孫、叔孫、季孫。

以雍徹 雍，周頌篇名。徹，同撤。古禮祭已畢，撤祭饌，樂人歌詩娛神。雍之篇為周天子舉行祭禮臨撤所唱之詩，三家亦唱雍詩撤祭饌。

相維辟公，天子穆穆 此兩句在雍詩中。相，儐相，助祭者。辟，訓君。指諸侯。公者，二王之後於周封公，夏之後為杞，殷之後為宋。穆穆，美而敬之形容辭。周天子行祭禮，諸侯皆來助祭，杞宋二公亦與焉。天子則穆穆然，至美至敬。

奚取於三家之堂 堂，廟堂。雍詩所詠，於三家之廟堂無所取義。

研析

此兩章皆孔子深斥當時魯三家僭禮不當。三家出魯桓公後，於季氏家立桓公廟，遇祭，三家同此一廟。前章言季氏之庭，此章言三家之堂，皆指此一廟也。

白話試譯

魯國孟孫、叔孫、季孫三家，舉行家祭，祭畢撤饌之時，也命樂工唱雍之詩。先生說：「雍詩中說：『四方諸侯都來助祭，天子儀容，那樣穆穆地敬而美。』這在三家堂上唱來，有何意義呀！」

（三）

子曰：「人而不仁如禮何！人而不仁如樂何！」

研析

仁乃人與人間之真情厚意。由此而求表達，於是有禮樂。若人心中無此一番真情厚意，則禮樂無可用。如之何，猶今云拿它怎辦，言禮樂將不為之用也。孔子言禮必兼言樂，禮主敬，樂主和。禮不兼樂，偏近於拘束。樂不兼禮，偏近於流放。二者兼融，乃可表達人心到一恰好處。

禮樂必依憑於器與動作，此皆表達在外者。人心之仁，則蘊蓄在內。若無內心之仁，禮樂都將失其意義。但無禮樂以為之表達，則吾心之仁亦無落實暢遂之所。故仁與禮，一內一外，若相反而相成。

道家後起，力反儒家之言禮。老子曰：「禮者，忠信之薄而亂之首。」其實失於仁而為禮，則不僅薄而已，為偽為僭，無所不至，宜為亂之首。

孔子言禮，重在禮之本，禮之本即仁。孔子之學承自周公。周公制禮，孔子明仁。禮必隨時而變，仁則亙古今而一貫更無可變。論語所陳，都屬通義，可以歷世傳久而無變。學者讀本篇，更當注意於此。

白話試譯

先生說：「人心若沒有了仁，把禮來如何運用呀！人心若沒有了仁，把樂來如何運用呀！」

（四）

林放問禮之本。子曰：「大哉問！禮，與其奢也寧儉。喪，與其易也寧戚。」

注釋

林放　魯人。或曰孔子弟子。

禮之本　禮之所由起，即禮之本原所在。

大哉問　孔子喜其問而稱歎之。

禮與其奢也寧儉　禮本於人心之仁，而求所以表達之，始有禮。奢者過於文飾，流為浮華。儉者不及於程節，嫌於質樸。然奢則外有餘而內不足，儉則內有餘而外不足，同嫌於非禮。外不足，其本尚在。內不足，其本將失。故與其奢寧儉。

喪與其易也寧戚　人與人相交相處而有仁有禮。人有死生，人之相交相處，至於死生之際，而人心之仁益見，其禮亦益重。故又特舉喪禮一端言之。易字有兩解，一平易義。如地有易險，行於平易之地，其心輕放，履險則否。人之居喪，其心寧戚毋易。另一解，治地使平亦曰易，故易有治辦義。衣衾棺槨一切治辦而哀情不足，是亦不足觀。故曰寧戚。

研析

禮有內心，有外物，有文有質。內心為質為本，外物為文為末。林放殆鑒於世之為禮者，競務虛文，滅實質，故問禮之本。然禮貴得中，本末兼盡。若孔子徑以何者為禮之本答之，又恐林放執本賤末，其敝將如後世之莊老。故孔子仍舉兩端以告，與彼甯此，則本之何在自見，而中之可貴亦見。抑且所告者，具體著實，可使林放自加體悟。事若偏指，義實圓通。語雖卑近，意自遠到。即此可見聖人之教。

禮有文有節。如飲食之禮，為之簠簋籩豆罍爵，所以文之也。其本則汙尊杯飲，惟儉而已。臨喪之禮，為之衰麻哭踊之數，所以節之也。其本則哀痛慘怛，惟戚而已。若惟知有本，不文不節，亦將無禮可言。故孔子雖大林放之問，而不徑直以所為本者答之。

白話試譯

林放問：「什麼是禮的本原？」先生說：「你所問，意義大了。一切的禮，與其過於奢侈，寧過在節儉上。喪禮與其過於治辦，寧過在哀戚上。」

（五）

子曰：「夷狄之有君，不如諸夏之亡也。」

研析

亡，通無。古書無字多作亡。本章有兩解：一說：夷狄亦有君，不像諸夏競於僭篡，並君而無之。另一說：夷狄縱有君，不如諸夏之無君。蓋孔子所重在禮，禮者，人群社會相交相處所共遵。若依前一說，君臣尤是禮中大節，苟無君，其他更何足論。孔子專據無君一節而謂諸夏不如夷狄。依後說，君臣亦僅禮中之一端，社會可以無君，終不可以無禮。孔子撇開無君一節，謂夷狄終不如諸夏。晉之南渡，北方五胡迭亂。其時學者門第鼎盛，蔑視王室，可謂有無君之意，但必嚴夷夏之防以自保，故多主後說。宋承晚唐五代藩鎮割據之積弊，非唱尊王之義，則一統局面難保，而夷狄之侵凌可虞，故多主前說。清儒根據孔子春秋，於此兩說作持平之采擇，而亦主後說。今就論語原文論，依後說，上句之字，可仍作常用義釋之。依前說，則此之字，近尚字義，此種用法頗少見，今仍采後說。

再就古今通義論之，可謂此社會即無君，亦不可以無道。但不可謂此社會雖有道，必不可以無君。既能有道，則有君無君可不論。論語言政治，必本人道之大，尊君亦所以尊道，斷無視君位高出於道之意，故知後說為勝。

白話試譯

先生說：「夷狄雖有君，仍不如諸夏之無君。」

（六）

季氏旅於泰山。子謂冉有曰：「女弗能救與？」對曰：「不能。」子曰：「嗚呼！

曾謂泰山不如林放乎？」

注釋

旅於泰山　旅，祭名。泰山在魯。古者天子得祭天下名山大川，諸侯則祭山川之在其境內者。季氏乃魯之大夫，旅於泰山，不僅僭越於魯侯，抑且僭越於周天子。

冉有　孔子弟子，名求，時為季氏家宰。

女弗能救與　女即汝，古通用。季氏所為非禮，為之家臣者，當設法救正。

嗚呼　感歎辭。

曾謂泰山不如林放乎　曾，乃也，詰問辭。曾謂，猶今云難道。林放知問禮之本，如泰山之神亦能如林放，將不受此非禮之諂祭。

研析

孔子平日不輕言鬼神，言及鬼神，亦一本於人道，就人事常理作推斷。守道有禮之人，將不納他人違道非禮之諂媚。神，人所敬禮，亦必守道有禮，何可以無道非禮之事諂媚之？若泰山果有神，其神豈轉不如林放。孔子曰：「知之為知之，不知為不知，是知也。」果有泰山神否？孔子未嘗言其必知。但果有神，必不能不如林放，則孔子信以為可知。

白話試譯

季孫氏去祭泰山，先生告冉有道：「你不能救正這事嗎？」冉有對道：「我不能。」先生歎息道：「唉！難道泰山神會不如林放嗎？」

（七）

子曰：「君子無所爭，必也射乎？揖讓而升下，而飲，其爭也君子。」

注釋

必也射乎 古射禮有四，一曰大射，天子諸侯卿大夫，當時之貴族階層，用以選擇其治下善射之士而升進使用之之禮也。二曰賓射，貴族相互間，朝見聘會時行之。三曰燕射，貴族於平常娛樂中行之。四曰鄉射，行於平民社會，以習射藝。此章當指大射言。

揖讓而升下 讓，古借作攘。揖攘皆舉手義。大射禮行於堂上，以二人為一耦，由階升堂，必先相互舉手揖攘，表示向對方之敬意。較射畢，互揖下堂。

而飲 眾耦相比皆畢，群勝者各揖不勝者，再登堂，取酒，相對立飲，禮畢。云揖讓而升下者，凡升與下皆必揖讓。而飲，禮之最後也。下字當連上升字讀，不與而飲字連。

其爭也君子 射必爭勝，然於射之前後，揖讓升下，又相與對飲，以禮化爭，故其爭亦不失為君子之爭。

白話試譯

先生說：「君子對人沒有什麼爭，除卻和人比射時。但先必相互作揖，才升到堂上去。比射後，又相互作揖才退下。勝者敗者又必相互作揖了再升堂，舉杯對飲。這樣的爭，還是君子之爭呀。」

（八）

子夏問曰：『巧笑倩兮，美目盼兮，素以為絢兮。』何謂也？」子曰：「繪事後素。」曰：「禮後乎？」子曰：「起予者商也，始可與言詩已矣。」

注釋

巧笑倩兮 倩，口旁兩頰。人笑則兩頰張動。此處用作笑貌美好之形容辭。兮，語辭，如今言啊。

美目盼兮 盼，目之黑白分明者。此處形容目睛轉動時之美好貌。

素以為絢兮 素，白色。絢，文采義。此喻美女有巧笑之倩，美目之盼，復加以素粉之飾，將益增面容之絢麗。巧笑美目兩句見於詩衛風之碩人篇，惟三句相連，不見今三百篇中，或是逸詩。子夏不明此三句詩意而問於孔子。

繪事後素 古人繪畫，先布五采，再以紛白線條加以鉤勒。或說：繪事以紛素為先，後施五采，今不從。

禮後乎　子夏因此悟人有忠信之質，必有禮以成之。所謂忠信之人可以學禮，禮乃後起而加之以文飾，然必加於忠信之美質，猶以素色間於五采而益增五采之鮮明。

起予者商也　起，啟發義。予，我也。孔子自指。子夏因論詩而及禮，孔子喜而讚之，謂其能啟發我之心意。必如此，乃可與言詩。

研析

此章亦是禮必有本之意。又見孔門論詩，必推明之於人事。文學本原在人生，故治文學者，必本於人生而求之，乃能發明文學之真蘊。此皆孔門論學要義。此章當與學而篇子貢言如切如磋章相參。

白話試譯

子夏問道：「古詩說：『巧笑倩啊，美目盼啊，再用素粉來增添她的美麗啊。』這三句詩指的是什麼呢？」先生說：「你看繪畫，不也是臨後始加素色嗎？」子夏說：「不是說禮是後起之事嗎？」先生說：「開發引起我心意的是商了。如他那樣，才可和他言詩了。」

（九）

子曰：「夏禮吾能言之，杞不足徵也。殷禮吾能言之，宋不足徵也。文獻不足故也。足，則吾能徵之矣。」

注釋

杞不足徵　杞，周之封國，乃夏代之後。徵，證成、證明義。

宋不足徵　宋，亦周之封國，乃殷代之後。周之封建，興滅國，繼絕世，故封夏、殷二代之後於杞、宋。

文獻　文指典籍。獻指賢人。

研析

此章孔子自言學夏、殷二代之禮，能心知其意，言其所以然，惜乎杞、宋兩國之典籍賢人皆嫌不足，無以證成我說。然孔子生周室東遷之後，既是文獻無徵，又何從上明夏、殷兩代已往之禮？蓋夏、殷兩代之典籍傳述，當孔子時，非全無存。孔子所遇當世賢者，亦非全不能講夏、殷之往事。孔子博學深思，好古敏求，據所見聞，以會通之於歷史演變之全進程。上溯堯、舜，下窮周代。舉一反三，推一合十，驗之於當前之人事，證之以心理之同然。從變得通，從通知變。

此乃孔子所獨有的一套歷史文化哲學，固非無據而來。然雖心知其意，而欲語之人人，使皆能明其意、信其說，則不能不有憾於文獻之不足。即在自然科學中，亦時有不能遽獲證明之發見。何況人文學科之淵深繁賾。則無怪孔子有雖能言之而證成不足之歎。學者當知學問上有此一境界，惟不可急求而至。又本章可與為政篇殷因於夏禮章參互並讀。

白話試譯

先生說：「我能說夏代之禮，惜乎杞國不夠為我說作證明。我能說殷代之禮，惜乎宋國不夠為我說作證明。這因杞、宋兩國現存的典籍和賢人皆不足之故。否則我準能把來證成我說了。」

（一〇）

子曰：「禘自既灌而往者，吾不欲觀之矣。」

注釋

禘 周制，舊天子之喪，新天子奉其神主入廟，必先大祭於太廟，上自始祖，下及歷代之祖皆合祭，謂之禘。又稱吉禘。禘者，諦也。遇合祭，列祖先後次序，當審諦而不亂。又每五年一禘祭，為常祭中之大者，亦在太廟，為合祭，與群廟各別之祭不同，亦與郊天之祭不同。諸侯惟不當郊天，然亦有禘祭。魯文公時，躋升其父僖公於閔公之前。僖公雖為閔公之庶兄，然承閔公之君位，今升於閔公前，是謂逆祀，春秋譏之。定公八年，曾加改正。然其事出於陽虎，此後殆仍是僖躋閔前。此章之禘，當不指吉禘。因孔子仕魯，在定公十四年，此時未有國喪。定公之卒，孔子已去魯，故知不指吉禘言。然則此章之禘，乃指五年之禘祭。

既灌而往 灌，借作祼字，又作盥，乃酌鬯初獻之名。鬯者，煮香草為鬱，和黍釀酒，其氣芬芳，以之獻於尸前。孔子不贊成魯之逆祀，故於禘祭不欲觀。但亦不欲直言。灌在迎牲之前，灌畢而後迎牲，尚是行禮之初。自灌以往即不欲觀，無異言我不欲觀有此禘禮。

研析

本篇二十六章，多論當時之禮樂。然時移世易，後世多不能明其意義之所在。如本章，後儒紛紛考訂，莫衷一是。今酌采一說，其他則略。非謂古禮必當考。特由此可以窺見孔子當時論禮之大意，此亦有古今通義存焉，固不當以自己時代之主觀，而對歷史往事盡作一筆抹殺之輕視。

白話試譯

先生說：「我對禘禮，只待香酒初獻灌之後，便不想再看下去了。」

（一一）

或問禘之說。子曰：「不知也，知其說者之於天下也，其如示諸斯乎？」指其掌。

注釋

不知也　本章承上章來。孔子不贊成魯之禘禮，或人因此為問。孔子不欲深言，故諉曰不知。

示諸斯乎　一說：示，同視。又一說：示，當作寘，同置。斯指下文掌字。從前解，孔子既答或人曰不知，又云如有知其說者，其於天下事，將如看自己手掌般，一切易明。從後解，謂天下如置諸掌，如孟子謂：「武丁朝諸侯，有天下，猶運之掌也。」兩解均可通，今姑從後解。

指其掌　此論語記者記孔子言時自指其掌。

研析

本章亦孔子平日主張以禮治天下之意。蓋報本追遠之義，莫深於禘，此乃斟酌乎人心之同然而始有此禮。左傳昭公八年載，陽虎欲去三桓，乃順先公而祈焉。可見文公之逆祀，其事悖於人心，魯人不服之。故下距一百十五年，陽虎欲為亂，猶借此以收人心，並以彰三桓之非。蓋魯政主於三桓，魯之失禮，即三桓之失政。昧於禮意者，亦可謂若文公之躋僖於閔，亦人子孝親之心，而不知其大悖禮而可以召亂。中庸有言，「明乎郊社之禮，禘嘗之義，治國其如示諸掌乎。」可為此章之注腳。孔子畢生崇拜周公，實深有契乎周公制禮以治天下之深旨。蓋禮治即仁治，即本乎人心以為治。禮本乎人心，又綰神道人倫而一之，其意深遠，非人人所能知。故孔子答或人曰不知，不僅為魯諱，亦實有所難言。

秦漢以下，多侈言以孝治天下，不知孝而違禮，亦將陷於不仁。不仁則不足以為孝。如宋之有濮議，明之有大禮議，此與孔子之不欲觀於魯之禘，皆脈絡相承。今雖時異世易，古人之所爭於禮者，今多不識其意旨之所在。縱曰考禮議禮，其事非盡人所能，然古人言禮之意，則終不可以不知。故於此兩章，粗為闡述其大義。

白話試譯

有人問關於禘祭之禮的說法。先生說：「我不知呀！若有能知禘禮說法的人，他對整個天下，正像擺在這裡呀！」先生一面說，一面指著自己的手掌。

（一二）

祭如在。祭神如神在。子曰：「吾不與祭，如不祭。」

注釋

祭如在　此祭字指祭祖先。

祭神如神在　此指祭天地之神。祭禮本對鬼神而設，古人必先認有鬼神，乃始有祭禮。但孔子平常並不認真討論鬼神之有無，只臨祭時必誠必敬，若真有鬼神在其前。此兩句，乃孔子弟子平時默觀孔子臨祭時情態而記之如此。或說，此兩句乃古語，下文子曰云云，乃孔子因此語而感發為說，今不從。

吾不與祭如不祭　孔子雖極重祭禮，然尤所重者，在致祭者臨祭時之心情。故言苟非親自臨祭，縱攝祭者亦能極其誠敬，而於我心終是闕然，故云祭如不祭。蓋我心思慕敬畏之誠，既不能親切表達，則雖有牲牢酒醴，香花管樂，與乎攝祭之人，而終是失卻祭之真意。此乃孔子平日所言，記者記其言，因連帶記及孔子平日臨祭時之誠敬，以相發明。

研析

本章發明孔子對祭禮之意見。然孔子平日似未曾特有一番理論以表達其對祭禮之意見，本章亦僅就其日常之心情實感而道出之。此等處，學者最當細細體玩。因孔子論學，都就人心實感上具體指點，而非憑空發論，讀論語者首當明白此義，並當知吾人雖生兩千五百載之後，而有時我心之所實感，仍可與孔子當年有同感。人心大同，不為古今而殊，可於孔子之言，彌見其親切而有味。

白話試譯

先生在祭祖先時，好像真有祖先們在受祭。他祭神時，也好像真有神在他面前般。先生說：「我若不親身臨祭，便只如不祭。」

（一三）

王孫賈問曰：「『與其媚於奧，寧媚於竈。』何謂也？」子曰：「不然。獲罪於天，無所禱也。」

注釋

王孫賈 衛大夫。

與其媚於奧，寧媚於竈 古有此語，賈引為問。奧，古人居室之西南隅，乃一家尊者所居。竈乃烹治食物之所。或說：古人祭竈，先於竈陘，即竈邊設主祭之。畢，又迎尸於奧，擺設食物再祭之。主以木為，古人謂神即棲於此上。尸以人為，祭時由一人扮所祭之神謂之尸。此章奧與竈實指一神，蓋謂媚君者，順於朝廷之上，不若逢迎於燕私之際。或謂奧竈當直指人言，居奧者雖尊，不如竈下執爨者實掌其飲食，故謂媚奧不如媚竈。奧指衛君之親幸，竈指外朝用事者。或曰：王孫賈引此語問孔子，意欲諷孔子使媚己。或曰：王孫賈或因孔子曾見南子，疑孔子欲因南子求仕，故隱喻借援於宮闈，不如求合於外朝。此乃賈代孔子謀，非欲孔子之媚於己。

獲罪於天，無所禱也　孔子意，謂但知依理行事，無意違理求媚。衛君本所不欲媚，何論於朝廷之上，抑燕私之際乎？抑又何論於近倖之與權臣乎？

白話試譯

王孫賈問道：「俗話說的：『與其在奧處求媚，不如在竈處求媚。』這是什麼意思呀？」先生說：「不是這樣的。若獲罪了上天，什麼去處也用不上你的禱告了。」

（一四）

子曰：「周監於二代，郁郁乎文哉，吾從周。」

注釋

監於二代　監，猶視也。二代指夏、殷。

郁郁乎文哉　文指禮樂制度文物，又稱文章。郁郁，文之盛貌。歷史演進，後因於前而益勝，禮樂日備，文物日富，故孔子美之。

吾從周　孔子自稱能言夏、殷二代之禮，又稱周監於二代，而自所抉擇則曰從周。其於三代之禮，先後文質因革之詳，必有其別擇之所以然，惜今無得深求。然孔子之所以教其弟子，主要在如何從周而更有所改進發揮，此章乃孔子自言制作之意。否則時王之禮本所當遵，何為特言吾從周？

研析

三代之禮，乃孔子博學好古之所得，乃孔子之溫故。其曰「吾從周」，則乃孔子之新知。孔子平日所告語其門弟子者，決不於此等歷史實跡絕口不道，然論語記者則於此等實跡皆略而不詳。讀者必當知此意，乃可與語夫「好古敏求」之旨。若空言義理，而於孔子以下歷史演進之實跡，皆忽而不求，昧而不知，此豈得為善讀論語，善學孔子。

白話試譯

先生說：「周代看了夏、殷二代（之演進），它的一切制度禮樂文章，何等美盛呀！我是主張遵從周代的。」

（一五）

子入大廟，每事問。或曰：「孰謂鄹人之子知禮乎？入大廟，每事問。」子聞之，曰：「是禮也？」

注釋

子入大廟　大，讀太。太廟，魯祭周公之廟。時孔子當在青年，始仕於魯，得入太廟助祭。

每事問　祭事中禮樂儀式，乃及禮器所陳，孔子每事必問，若皆不知。

孰謂鄹人之子知禮　鄹，魯小邑，孔子父叔梁紇嘗為鄹邑大夫，孔子生於此。字或作陬。鄹人之子，不僅指其少年，亦輕視之辭。時孔子已先有知禮之名，而於太廟中種種禮器儀文皆若不知，故或人疑之。

子聞之　事後孔子聞此或人之語。

是禮也　此也字通作邪，乃疑問辭。孔子非不知魯太廟中之種種禮器與儀文，然此等多屬僭禮，有不當陳設舉行於侯國之廟者。如雍之歌不當奏於三家之堂，而三家奏之以徹祭。有人知其非禮，不欲明斥之，乃偽若不知，問適所歌者何詩。孔子入太廟而每事問，事正類此。此乃一種極委婉而又極深刻之諷刺與抗議。淺人不識，疑孔子不知禮，孔子亦不明辨，只反問此禮邪？孔子非不知此種種禮，特謂此種種禮不當在魯之太廟中。每事問，冀人有所省悟。舊注「是禮也」三字為正面自述語，謂此乃孔子敬謹自謙，知而猶問，即此是禮。兩說相較，所辨只在一也字之正反語氣上，而孔子在當時之神情意態，判若兩人。昔人謂讀書貴能識字，洵不虛矣。

研析

本章記孔子少年時初進魯太廟一番神情意態，而孔子當時之學養與其抱負，亦皆透切呈現，活躍在眼前。學者須通讀論語全書而善自體會之，庶可更深領略此一章神味之深厚。

白話試譯

先生初進太廟，遇事輒問。或人說：「哪個人說這一位鄹邑的年輕人知禮呀？他跑進太廟，什麼事都要問。」先生聽到了，說：「那些就算是禮嗎？」

（一六）

子曰：「射不主皮，為力不同科，古之道也。」

注釋

射不主皮　古之射，張一布，稱為侯。或畫五采畫獸，為正。或於布中心貼一皮，或熊或虎或豹，為鵠。不主皮，或說，射以觀德，但主於中，不主貫革。皮即革也。或說，主皮之射見儀禮鄉射禮，貫革之射見小戴禮樂記，二者有別。貫革謂射穿甲革，如養由基射甲徹七札之類，此乃軍射。禮射則用皮侯，不用革。今按：射必主中，斷無不主中而為射者。射不主皮，既不能解為不主中，則上說但主中不主貫，自為正解。射既有中與貫之別，則貫指革言，亦自無疑。射不主皮，謂皮可以該布，又何不可以該革？故知上解主皮為貫革，通上下文而說之，亦自見其可信。儀禮小戴禮其書皆出論語後，不得以兩書或言主皮，或言貫革，遂謂論語言主皮決不指貫革。

為力不同科　科，等級義。人力強弱不同等，故射主中，不主貫。漢儒因見儀禮言主皮，小戴禮言貫革，疑論語此章不主皮不言貫革，遂疑此句為力不同科另屬一事，不連上文。因解「為力」乃為力役之事，丁強任力役亦分科，然當役不得稱為力，此解牽強。今不從。

古之道也 樂記，武王克商，散軍郊射，而貫革之射息。此謂自武王克商，示天下已平，不復尚多力能殺人，故息貫革之射，正與論語此章所言相同。今若分樂記貫革與論語主皮為二，則「射不主皮古之道也」語義難解。蓋下逮春秋，列國兵爭，復尚力射，如養由基穿七札，見稱當時，故孔子慨歎而稱古道。若必本儀禮為說，儀禮顯出論語後，豈其所記各射，孔子時皆不然，而慨稱為古之道乎？朱子注此章，不用漢儒古說，以貫革說主皮，以本章三句通為一氣讀之，最為允愜。清儒必據古注駁朱注，於「射不主皮」一語，多引古禮文，而於「為力不同科古之道也」兩語，終無確說。就本章文氣語法字義平直求之，知朱注不可易。其說古禮容有違失，終無害於其釋大義之是當。

白話試譯

先生說：「比較射藝，不主要在能射穿皮革，因各人體力有不同，這是古人的道理呀！」

（一七）

子貢欲去告朔之餼羊。子曰：「賜也！爾愛其羊，我愛其禮。」

注釋

告朔 此有兩說：一、周禮，天子於每歲季冬，頒發來歲每月之朔日，遍告於諸侯，諸侯受而藏之於其始祖之廟。每月朔，請於廟而頒之於國人，稱告朔。告，音古篤反。又一說，周天子於歲終以來歲十二月之朔布告天下諸侯，諸侯以餼羊款待告朔之使者。告朔，上告下也。告，讀如字。

餼羊 依上說，告朔兼有祭，其禮用一羊，殺而不烹。凡牲，繫養曰牢，烹而熟之曰饗，殺而未烹曰餼。依下說，餼謂饋客。

爾愛其羊，我愛其禮 依上說，魯文公時，春秋已有四不視朔之記載，殆在哀公時而此禮廢，而有司猶供此羊。愛，惜義。子貢惜其無實枉殺，故欲去之。孔子則謂告朔之禮雖不行，而每朔猶殺羊送廟，則使人尚知有此禮。若惜羊不送，則此禮便忘，更可惜。依下說，周天子不復告朔於諸侯，而魯之有司循例供羊，故子貢欲去之。

研析

本章有兩解。周天子頒告朔於邦國，於禮有徵。然謂天子不復告朔，而魯之有司仍供此羊。此羊本以饋使者，使者既不來，試問於何饋之，其說難通。蓋周自幽、厲以後，即已無頒告朔之禮。疇人子弟分散，魯秉周禮，自有歷官，故自行告朔之禮。就論語本章言，仍當依上說為是。

白話試譯

子貢欲把每月在廟告朔所宰的那頭腥羊也去了。先生說：「賜呀！你愛惜那一羊，我愛惜那一禮呀。」

（一八）

子曰：「事君盡禮，人以為諂也。」

研析

此章所言，蓋為魯發。時三家強，公室弱，人皆附三家，見孔子事君盡禮，疑其為諂也。凡讀論語章旨不明，可參以諸章之編次。此處上下章皆言魯事，故知此章亦為魯發。

白話試譯

先生說：「事君能盡禮的，世人反說他是諂。」

（一九）

定公問：「君使臣，臣事君，如之何？」孔子對曰：「君使臣以禮，臣事君以忠。」

注釋

定公 魯君，名宋。定，其謚。哀公之父。

君使臣，臣事君，如之何 君於臣稱使，臣對君稱事。定公此問，顯抱君臣不平等觀念。

君使臣以禮，臣事君以忠 禮雖有上下之分，然雙方各有節限，同須遵守，君能以禮待臣，臣亦自能盡忠遇君。或曰，此言雙方貴於各盡其己。君不患臣之不忠，患我禮之不至。臣不患君之無禮，患我忠之不盡。此義亦儒家所常言，然孔子對君之問，則主要在所以為君者，故采第一說。

研析

本章見社會人群相處，貴能先盡諸己，自能感召對方。

白話試譯

定公問：「君使喚臣，臣奉事君，該如何呢？」孔子對道：「君能以禮使臣，臣自會盡忠奉君了。」

（二〇）

子曰：「關雎樂而不淫，哀而不傷。」

注釋

關雎 詩經國風之首篇。此詩詠一君子，思得淑女為配。當其求而未得，至於輾轉反側，寤寐思之，此必有一段哀思。及其求之既得，而鐘鼓樂之，琴瑟友之，此是一番快樂之情。

樂而不淫，哀而不傷 詩發於人心之情感，而哀樂為之主。淫，過量義。傷，損害義。樂易逾量，轉成苦惱。哀易抑鬱，則成傷損。然其過不在哀樂之本身。哀樂者，人心之正，樂天愛人之與悲天憫人，皆人心之最高境界，亦相通而合一。無哀樂，是無人心。無人心，何來有人道？故人當知哀樂之有正，惟當戒其淫傷。

研析

此章孔子舉關雎之詩以指點人心哀樂之正，讀者當就關雎本詩實例，善為體會。又貴能就己心哀樂，深切體之。常人每誤認哀樂為相反之兩事，故喜有樂，懼有哀。孔子乃平舉合言之，如成一事。此中尤具深義，學者更當體玩。孔子言仁常兼言知，言禮常兼言樂，言詩又常兼言禮，兩端並舉，使人容易體悟到一種新境界。亦可謂理智與情感合一，道德與藝術合一，人生與文學合一。此章哀樂並舉，亦可使人體悟到一種性情之正，有超乎哀與樂之上者。凡論語中所開示之人生境界，學者能逐一細玩，又能會通合一以反驗諸我心，庶乎所學日進，有欲罷不能之感。

或解此章專指樂聲言，不就詩辭言。然曰：「詩言志，歌永言，聲依永，律和聲。」則詩之言與詞，仍其本。專指樂聲，使人無所尋索，今不取。

白話試譯

先生說：「關雎那一章詩，有歡樂，但不流於放蕩。有悲哀，但不陷於傷損。」

（二一）

哀公問社於宰我，宰我對曰：「夏后氏以松，殷人以柏，周人以栗。曰：『使民戰栗。』」子聞之，曰：「成事不說，遂事不諫，既往不咎。」

注釋

社　古人建國必立社，所以祀其地神，猶今俗有土地神。立社必樹其地所宜之木為社主。亦有不為社主，而即祀其樹以為神之所憑依者。今此俗猶存。

宰我　名予，孔子早年弟子。

夏后氏以松，殷人以柏，周人以栗　三代所樹社木及所為社主各不同。夏居河東，其野宜松。殷居亳，其野宜柏。周居酆鎬，其野宜栗。此皆蒼老堅久之材，故樹以為社。然特指三代之都言，不謂天下皆以此三樹為社。

曰使民戰栗　曰字承上文。宰我既告哀公三代社樹不同，又云周人所以用栗，乃欲使民戰栗。戰栗，恐懼貌。栗，今作慄。或說此乃宰我欲勸哀公用嚴政，故率意牽搭為諷。或說古者殺人常在社，時三家專政，哀公意欲討之，故借題問社，此乃隱語示意，宰我所答，隱表贊成。或說哀公四年亳社災，哀公之問，或在此年。時孔子猶在陳，故下文曰「子聞之」。

成事不說，遂事不諫，既往不咎　事已成，不再說之。遂，行義。事已行，不復諫。事既往，不追究。此三語實一義。或說乃孔子責宰我告君以使民戰栗。一說乃孔子諷勸哀公。蓋孔子既聞哀公與宰我此番之隱謀，而心知哀公無能，不欲其輕舉。三家擅政，由來已久，不可急切糾正。後哀公終為三家逼逐，宰我亦以助齊君謀攻田氏見殺。今采後解，雖乏確據，而宛符當時之情事。

白話試譯

哀公問宰我關於社的事。宰我答道：「夏后氏用松為社，殷人用柏，周人用栗。宰我又說：『用栗是要使民戰慄，對政府有畏懼。』」先生聽到了，說：「事已成，不須再說了。事既行，也不須再諫了。已往之事，也不必再追究了。」

（二二）

子曰：「管仲之器小哉！」或曰：「管仲儉乎？」曰：「管氏有三歸，官事不攝，焉得儉？」「然則管仲知禮乎？」曰：「邦君樹塞門，管氏亦樹塞門。邦君為兩君之好有反坫，管氏亦有反坫。管氏而知禮，孰不知禮？」

注釋

管仲之器小哉　管仲，齊桓公相，名夷吾。桓公尊之曰仲父。器，言器量，或言器度。器之容量有大小，心之容量亦有大小。識深則量大，識淺則量小，故人之胸襟度量在其識。古人連稱器識，亦稱識量，又稱識度。管仲器小，由其識淺，觀下文可知。

管仲儉乎　儉，慳吝義。或人聞孔子評管仲器小，疑其慳吝。今人亦譏慳吝者曰小器。

管氏有三歸　一說：古謂女嫁曰歸。古禮諸侯娶三姓女，管仲亦娶三姓女。一說：歸，通饋。古禮天子四薦，諸侯三薦，桓公許管仲家祭用三牲之獻。一說：三歸，臺名，為藏貨財之所。一說：三歸謂三處采邑。一說：三歸指市租言。今按：第一、第二說，是其僭不知禮。第三、第四、第五說，是其富，皆非不儉。或曰：三歸謂其有三處府第可歸，連下文官事不攝，最為可從。

官事不攝　攝，猶兼義。管仲有府第三處，因事設官，各不兼攝。則其鐘鼓帷帳之不移，而具可知。其美女之充下陳者，亦或三處如一可知。此見管仲之奢侈不儉，亦即其器小易盈，乃一種自滿心理之表現。

然則管仲知禮乎　或人聞孔子言，管仲既非慳吝，或是知禮，故再問。

樹塞門　古人屏亦稱樹。塞，蔽義。古禮，天子諸侯於門外立屏以別內外，而管仲亦如之，此見管仲之驕僭不遜，亦其器小易盈之證。

邦君為兩君之好有反坫　好，謂好會。古禮兩君相宴，主人酌酒進賓，賓在筵前受爵，飲畢，置虛爵於坫上，此謂反爵。坫，以土築之，可以放器物，為兩君之好有反坫，則可移而徹之。後世改以木製，飾以朱漆，略如今之矮腳几。賓既反爵於坫，乃於西階上拜謝，主人於東階上答拜，然後賓再於坫取爵，洗之，酌酒獻主人，此謂之酢。主人受爵飲，復放坫上，乃於東階上拜，賓於西階答拜，然後主人再取爵，先自飲，再酌賓，此謂之酬。此反爵之坫，僅天子與諸侯得有之。若君宴臣，僅置爵於兩竹篚之內，此兩竹篚置堂下，不置堂上。今管仲乃大夫，而堂上亦有反爵之坫，安得謂知禮？

研析

管仲相桓公，霸諸侯，孔子盛稱其功業，但又譏其器小，蓋指管仲即以功業自滿。若以管仲比之周公，高下顯見矣。然孔子固非輕視功業。讀者以此章與憲問篇孔子評管仲章參讀可見。

白話試譯

先生說：「管仲的器量真小呀！」或人說：「管仲生活得很儉嗎？」先生道：「管仲有三處家，各處各項職事，都設有專人，不兼攝，哪好算儉？」或人說：「那麼管子知禮嗎？」先生說：「國君在大門外有屏，管仲家大門外也有屏。國君宴會，堂上有安放酒杯的土几，管仲宴客也有那樣的土几。若說管仲知禮，誰不知禮呀？」

（二三）

子語魯太師樂，曰：「樂其可知也。始作，翕如也。從之，純如也，皦如也，繹如也。以成。」

注釋

語魯太師樂 語，告也。太師，樂官名。

始作，翕如也 古者樂始作，先奏金，鼓鐘。翕，合義。翕如，謂鐘聲既起，聞者皆翕然振奮，是為樂之始。

從之，純如也 從，亦可讀為縱。鐘聲既作，八音齊奏，樂聲自此放開。純，和諧義。其時器聲人聲，堂上堂下，互相應和，純一不雜，故說純如也。

皦如也 皦，清楚明白義。其時人聲器聲，在一片純和中，高下清濁，金革土匏，各種音節，均可分辨明析，故說皦如也。

繹如也 繹，連續義，相生義。是時一片樂聲，前起後繼，絡繹而前，相生不絕，故說繹如也。

以成 一套的樂聲，在如此過程中完成。

研析

或說：樂之開始為金奏，繼之以升歌，歌者升堂唱詩，其時所重在人聲，不雜以器聲，其聲單純，故曰純如也。升歌之後，繼以笙入，奏笙有聲無辭，而笙音清別，故曰皦如也。於是乃有間歌，歌聲與笙奏間代而作，尋續不絕，故曰繹如也。有此四奏，然後合樂，眾人齊唱，所謂洋洋乎盈耳也。如是始為樂成。古者升歌三終，笙奏三終，間歌三終，合樂三終，為一備也。兩說未知孰為本章之正解，今姑采前說。

白話試譯

先生告訴魯國的太師官說：「樂的演奏之全部進程是可知了。一開始，是這樣地興奮而振作，跟著是這樣地純一而和諧，又是這樣地清楚而明亮，又是這樣地連綿而流走，樂便這樣地完成了。」

（二四）

儀封人請見，曰：「君子之至於斯也，吾未嘗不得見也。」從者見之。出，曰：「二三子，何患於喪乎？天下之無道也久矣，天將以夫子為木鐸。」

注釋

儀封人請見　儀，衛邑。封人，掌封疆之官。孔子過其地，故請見。

至於斯　斯，指儀邑。

從者見之　之，指儀封人。從者，孔子弟子隨行者，見儀封人於孔子。

二三子何患於喪乎　二三子，儀封人呼孔子弟子而語之。喪，失位義。孔子為魯司寇，去之衛，又去衛適陳，儀封人告孔子弟子，不必以孔子之失位為憂。

天將以夫子為木鐸 鐸，大鈴。金口木舌，故稱木鐸。古者天子發布政教，先振木鐸以警眾。今天下無道，天意似欲以夫子為木鐸，使其宣揚大道於天下，故使不安於位，出外周遊。

白話試譯

衛國儀邑的封疆官，請見於孔子，他說：「一向有賢人君子過此，我沒有不見的。」孔子的弟子們領他去見孔子。他出後，對孔子的弟子們說：『諸位，何必憂慮你們先生的失位呢？天下無道久了，天意將把你們夫子當做木鐸（來傳道於天下呀）。」

（二五）

子謂韶，「盡美矣，又盡善也。」謂武，「盡美矣，未盡善也。」

注釋

韶 又作磬，作招，舜代樂名。

盡美 指其聲容之表於外者。如樂之音調，舞之陣容之類。

盡善 指其聲容之蘊於內者。乃指樂舞中所涵蘊之意義言。

武　周武王樂名。古說：帝王治國功成，必作樂以歌舞當時之盛況。舜以文德受堯之禪，武王以兵力革商之命。故孔子謂舜樂盡美又盡善，武樂雖盡美，未盡善。蓋以兵力得天下，終非理想之最善者。

白話試譯

先生說：「韶樂十分的美了，又是十分的善。武樂十分的美了，但還未十分的善。」

（二六）

子曰：「居上不寬，為禮不敬，臨喪不哀，吾何以觀之哉？」

注釋

居上不寬　在上位，主於愛人，故以寬為本。

為禮不敬　為，猶行。行禮以敬為本。

臨喪不哀　臨喪，如臨祭臨事之臨，猶言居喪。

何以觀之　謂苟無其本，則無可以觀其所行之得失。故居上不寬，則其教令施為不足觀。為禮不敬，則其威儀進退之節不足觀。臨喪不哀，則其擗踊哭泣之數不足觀。或說：本章三句連下，皆指在上位者，臨喪當解作弔喪，茲不取。

白話試譯

先生說：「居上位，不能寬以待下，遇行禮時不能敬，臨遭喪事，沒有哀戚，我再把什麼來看察他呢？」

里仁篇第四

（一）

子曰：「里仁為美，擇不處仁，焉得知！」

注釋

里仁為美　一說：里，邑也。謂居於仁為美。又一說：里，即居義。居仁為美，猶孟子云：「仁，人之安宅也。」今依後說。

擇不處仁　處仁，即居仁里仁義。人貴能擇仁道而處，非謂擇仁者之里而處。

焉得知　孔子每仁知兼言。下文云知者利仁，若不擇仁道而處，便不得為知。

研析

孔子論學論政，皆重禮樂，仁則為禮樂之本。孔子言禮樂本於周公，其言仁，則好古敏求而自得之。禮必隨時而變，仁則古今通道，故論語編者以里仁次八佾之後。凡論語論仁諸章，學者所當深玩。

白話試譯

先生說：「人能居於仁道，這是最美的了。若擇身所處而不擇於仁，哪算是知呢？」

（二）

子曰：「不仁者，不可以久處約，不可以長處樂。仁者安仁，知者利仁。」

注釋

約　窮困義。

安仁　謂安居仁道中。

利仁　知仁之可安，即知仁之為利。此處利字，乃欲有之之義。人之所以為人，主要在心不在境。外境有約有樂，然使己心不能擇仁而處，則約與樂皆不可安。久約則為非，長樂必驕溢矣。仁者，處己處群，人生一切可久可大之道之所本。仁乃一種心境，亦人心所同有，人心所同欲。桃杏之核亦稱仁，桃杏皆從此核生長，一切人事可久可大者，皆從此心生長，故此心亦稱仁。若失去此心，將如失去生命之根核。淺言之，亦如失去其可長居久安之家。故無論外境之約與樂，苟其心不仁，終不可以久安。安仁者，此心自安於仁，如腰之忘帶，足之忘履，自然安適也。利仁者，心知仁之為利，思欲有之。

研析

本章承上章，申述里仁為美之意。言若淺而意則深。學者當時時體玩，心知有此，而於實際人生中躬修實體之，乃可知其意味之深長。

白話試譯

先生說：「不仁的人，將不能久處在困約中，亦不能久處在逸樂中。只有仁人，自能安於仁道。智人，便知仁道於他有利，而想欲有之了。」

（三）

子曰：「唯仁者能好人，能惡人。」

研析

此章語更淺而意更深。好人惡人，人孰不能？但不仁之人，心多私欲，因多謀求顧慮，遂使心之所好，不能真好。心之所惡，亦不能真惡。人心陷此弱點，故使惡人亦得攘臂自在於人群中，而得人欣羨，為人趨奉。善人轉受冷落疏遠，隱藏埋沒。人群種種苦痛罪惡，胥由此起。究其根源，則由人之先自包藏有不仁之心始。若人人能安仁利仁，使仁道明行於人群間，則善人盡得人好，而善道光昌，惡人盡得人惡，而惡行匿跡。人人能真有其好惡，而此人群亦成為一正義快樂之人群。主要關鍵，在人心之能有其好惡，則人心所好自然得勢，人心所惡自不能留存。此理甚切近，人人皆可反躬自問，我之於人，果能有真好真惡否？我心所好惡之表現在外者，果能一如我心內在之所真好真惡否？此事一經反省，各可自悟，而人道之安樂光昌，必由此始。此章陳義極親切，又極宏遠。極平易，又極深邃。人人能了解此義，人人能好惡人，則人道自臻光明，風俗自臻純美。此即仁者必有勇之說。

人心為私欲所障蔽，所纏縛，於是好惡失其正，有好之欲其生，惡之欲其死者，此又不能好之一徵。惟仁者其心明通，乃始能好人惡人，此又仁者必有知之說。知勇之本皆在仁，不仁則無知無勇，惡能好惡？並好惡而不能，此真人道之至可悲矣。

本章當與上章連看。不仁之人，處困境，不能安。處樂境，亦不能安。心所喜，不能好。心所厭，不能惡。循至其心乃不覺有好惡。其所好惡，皆不能得其正。人生種種苦痛根源，已全在此兩章說出。能明得此兩章之涵義，其人即是一智人，一勇者。然此兩章陳義雖深，卻近在我心，各人皆可以此反省，以此觀察他人，自將無往而不見此兩章陳義之深切著明。

白話試譯

先生說：「只有仁者，能真心地喜好人，也能真心地厭惡人。」

（四）

子曰：「苟志於仁矣，無惡也。」

研析

志，猶云存心。志於仁，即存心在仁。此章惡字有兩解。一讀如好惡之惡，此緊承上章言。上章謂惟仁者能好人能惡人。然仁者必有愛心，故仁者之惡人，其心仍出於愛。惡其人，仍欲其人之能自新以反於善，是仍仁道。故仁者惡不仁，其心仍本於愛人之仁，非真有所惡於其人。若真有惡人之心，又何能好人乎？故上章能好人能惡人，乃指示人類性情之正。此章無惡也，乃指示人心大公之愛。必兼看此兩章，乃能明白上章涵義深處。

又一說：此章惡字讀如善惡之惡。大義仍如前釋。蓋仁者愛人，存心於愛，可以有過，不成惡。今姑從前說。

白話試譯

先生說：「只要存心在仁了，他對人，便沒有真所厭惡的了。」

（五）

子曰：「富與貴，是人之所欲也，不以其道，得之不處也。貧與賤，是人之所惡也，不以其道，得之不去也。君子去仁，惡乎成名？君子無終食之間違仁。造次必於是，顛沛必於是。」

注釋

得之不處也 處，安住義。得之二字或連上讀，則疑若有以不道得之之嫌。連下讀，則偶而得之之意自顯。

得之不去也 去，違離義。富貴貧賤，有非求而得之者。若在己無應得此富貴之道，雖富貴，君子將不安處。若在己無應得此貧賤之道，雖貧賤，君子將不求去。君子所處惟仁，所去惟不仁，若求得富貴，去貧賤，斯將為不仁之人矣。

去仁惡乎成名 常人富貴則處，貧賤則去。君子仁則處，不仁則去。君子之名成於此。若離於仁，惡乎成君子之名？

無終食之間違仁 終食之間，謂一頓飯時。違，離去義。無終食之間違仁，是無時無刻違仁。

造次必於是，顛沛必於是 兩是字指仁。造次，匆促急遽之時。顛沛，顛仆困頓之時。於此之際而不違仁，故知君子無時無刻違仁。

研析

論語最重言仁。然仁者人心，得自天賦，自然有之。故人非求仁之難，擇仁安仁而不去之為難。慕富貴，厭貧賤。處常境而疏忽，遭變故而搖移。人之不仁，非由於難得之，乃由於輕去之。惟君子能處一切境而不去仁，在一切時而無不安於仁，故謂之君子。此章仍是里仁為美之意。而去仁之說，學者尤當深玩。

或說：君子去仁以下二十七字當自為一章，今仍連上節作一章說之。

白話試譯

先生說：「富與貴，人人所欲，但若不以當得富貴之道而富貴了，君子將不安處此富貴。貧與賤，人人所惡，但若不以當得貧賤之道而貧賤了，君子將不違去此貧賤。君子若違去了仁，又哪得名為君子呀！君子沒有一頓飯的時間違去仁。匆促急遽之時仍是仁，顛仆困頓之時同樣仍是仁。」

（六）

子曰：「我未見好仁者，惡不仁者。好仁者，無以尚之。惡不仁者，其為仁矣，不使不仁者加乎其身。有能一日用其力於仁矣乎！我未見力不足者。蓋有之矣，我未之見也。」

注釋

好仁者，無以尚之 好仁者喜愛於仁道。尚，加義。無以尚之有兩解。一說：其心好仁，更無可以加在仁道之上之事物存其心中。又一說：其心好仁，為德之最上，更無他行可以加之。今從前解。

惡不仁者，其為仁矣，不使不仁者加乎其身 其心誠能惡不仁，其人亦即是仁人，因其能不使不仁之事物行為加乎其身。好惡只是一心，其心好仁，自將惡不仁。其心惡不仁，自見其好仁。孔子言，未見此等好仁惡不仁之人。或分好仁惡不仁作兩等人說之，謂如顏子明道是好仁，孟子伊川是惡不仁。惡不仁者，露些圭角芒刃，易得人嫌。二者間亦稍有優劣。今按：論語多從正面言好，少從反面言惡。然好惡終是一事，不必細分。

有能一日用其力於仁矣乎！我未見力不足者 仁者，人心。然必擇而安之，久而不去，始可成德，故仁亦有待於用力。惟所需於用力者不難，因其用力之處即在己心，即在己心之好惡，故不患力不足。然孔子亦僅謂人人可以用力於仁，並不謂用了一天力，便得為仁人。只說用一天力即見一天功，人自不肯日常用力，故知非力不足。又既是心所不好，自不肯用力為之。雖一日之短暫，人自不願為其所不好而用力。故因說未見有好仁惡不仁者，而說及未見有能一日用其力於仁者。

蓋有之矣，我未之見也 蓋，疑辭。此兩句有兩解。一說：謂或有肯用力而力不足者。孔子不欲輕言仁道易能，故又婉言之，仍是深歎於人之未肯用力。此處「未之見」乃緊承上句「未見力不足者」來。另一說：謂或有肯一日用力於仁者，惜己未之見，此「有」字緊承上文「有能一日用其力於仁矣乎」語來。兩解均可通。然謂未見有肯一日用力於仁者，辭氣似過峻，今從前解。蓋孔子深勉人之能用力於仁。

研析

此章孔子深歎世人不知所以為仁之方。為仁之方，主要在己心之好惡。己心真能好仁惡不仁，則當其好惡之一頃，而此心已達於仁矣，焉有力不足之患？常人雖知重仁道，而多自諉為力不足，此乃誤為仁道在外，不知即在己心之好惡。

白話試譯

先生說：「我沒有見到喜好於仁和憎惡於不仁的人。若果喜好於仁了，他自會覺得世上更沒有事物能勝過於仁的了。若能憎惡於不仁，那人也就是仁人了，因他將不讓那些不仁的事物加在他身上。真有人肯花一天之力來用在仁上嗎？我沒見過力有不足的。或許世上真有苦力不足的人，但我終是未見啊。」

（七）

子曰：「人之過也，各於其黨。觀過，斯知仁矣。」

注釋

各於其黨 黨，類義。人之有過，各有黨類，如君子過於厚，小人過於薄。君子過於愛，小人過於忍。過厚過愛非惡，皆不好學之過。

觀過斯知仁 功者人所貪，過者人所避。故於人之過，尤易見真情。如子路喪姐，期而不除，孔子非之。子路曰：「不幸寡兄弟，不忍除之。」昔人以此為觀過知仁之例。或引此章作觀過斯知人，亦通。

研析

本章「人之過也」，唐以前本「人」或作「民」，舊解因謂本章為蒞民者言。如耕夫不能書，非其過，故觀過當恕，即此觀過之人有仁心矣。此實曲解，今不從。

論語言仁，或指心，或指德。本章觀過知仁，謂觀於其人之過，可以知其心之有仁，非謂成德之仁。

白話試譯

先生說：「人的過失，各分黨類。只觀其人之過失處，便知其人心中仁的分數了。」

（八）

子曰：「朝聞道，夕死可矣。」

研析

道，人生之大道。人生必有死，死又不可預知。正因時時可死，故必急求聞道。否則生而為人，不知為人之道，豈不枉了此生？若使朝聞道，夕死即不為枉活。因道亙古今，千萬世而常然，一日之道，即千萬世之道。故若由道而生，則一日之生，亦猶夫千萬世之生矣。本章警策人當汲汲以求道。石經「可矣」作「可也」，也字似不如矣字之警策。

白話試譯

先生說：「人若在朝上得聞道，即便夕間死，也得了。」

（九）

子曰：「士志於道，而恥惡衣惡食者，未足與議也。」

研析

士在孔子時，乃由平民社會升入貴族階層一過渡的身分。來學於孔子之門者多未仕，故孔子屢言士，子貢子張亦問士，皆討論此士之身分在當時社會立身處世之道。孔子在中國歷史上，為以平民身分在社會傳教之第一人。但孔子之教，在使學者由明道而行道，不在使學者求仕而得仕。若學者由此得仕，亦將藉仕以行道，非為謀個人生活之安富尊榮而求仕。故來學於孔子之門者，孔子必先教其志於道，即是以道存心。苟如此，而其人仍以一己之惡衣惡食為恥，孔子曰：「是亦未足與議矣。」蓋道關係天下後世之公，衣食則屬一人之私，其人不能忘情於一己衣食之美惡，豈能為天下後世作大公之計而努力以赴之？此等人，心不乾淨，留有許多齷齪渣滓。縱有志，亦是虛志。道不虛行，故未足與議。有志之士，於此章極當深玩，勿以其言淺而忽之。

白話試譯

先生說：「一個士，既有志於道了，還覺得自己惡衣惡食為可恥，那便不足與議了。」

（一〇）

子曰：「君子之於天下也，無適也，無莫也，義之與比。」

注釋

無適也 適字有兩解。一專主義，讀丁歷反。如云吾誰適從。又說：適，通敵；無適，即無所敵反義。

無莫也 莫字亦有兩解。一、不肯義，與專主對。既無專主，亦無不肯，猶云無可無不可。一、通慕，愛慕義，與敵反義對。既無敵反，亦無親慕，猶云無所厚薄。

義之與比 比字亦可有兩解。一從也，一親也。

研析

本章君子之於天下，天下二字，可指人言，亦可指事言。若從適莫比三字之第一解，則指事為允。若從適莫比三字之第二解，則指人為允。兩解俱可通，義蘊亦相近。然就義之與比一語，則以指事說之為宜。孟子稱禹、稷、顏回同道。今日仕則過門不入，明日隱則簞瓢陋巷，無可無不可，即義之與比。

本篇重言仁。前兩章言道，即仁之道。此章又特言義，仁偏在宅心，義偏在應務。仁似近內，義似近外。此後孟子常以仁義連說，實深得孔子仁禮兼言、仁知兼言之微旨。

白話試譯

先生說：「君子對於天下事，沒有一定專主的，也沒有一定反對的，只求合於義便從。」

（一一）

子曰：「君子懷德，小人懷土。君子懷刑，小人懷惠。」

注釋

懷德，懷土 懷，思念義。德，指德性。土，謂鄉土。小人因生此鄉土，故不忍離去。君子能成此德性，亦不忍違棄。

懷刑，懷惠 刑，刑法。惠，恩惠。君子常念及刑法，故謹於自守。小人常念及恩惠，故勇於求乞。

研析

本章言君子小人品格有不同，其常所思念懷慮亦不同。或說：此章君子小人指位言。若在上位之君子能用德治，則其民安土重遷而不去。若在上者用法治，則在下者懷思他邦之恩澤而輕離。

此解亦可通。然就文理，似有增字作解之嫌，今從前解。

白話試譯

先生說：「君子常懷念於德性，小人常懷念於鄉土。君子常懷念到刑法，小人常懷念到恩惠。」

（一二）

子曰：「放於利而行，多怨。」

注釋

放於利而行 放字有兩解。一、放縱義。謂放縱自己在謀利上。一、依倣義。謂行事皆依照利害計算。今從後解。

多怨 此怨字亦可有兩解。一、人之怨己，舊解都主此。惟論語教人，多從自己一面說。若專在利害上計算，我心對外將不免多所怨。孔子曰：「求仁而得仁，又何怨。」若行事能依仁道，則不論利害得失，己心皆可無怨。此怨字，當指己心對外言。放於利而行多怨，正與求仁得仁則無怨，其義對待相發。

研析

論語有專指人事之某一面言，而可通之全體者。亦有通指人事全體言，而可用以專指者。舊說亦謂此章乃專對在上位者言。謂在上者專以謀利行事，則多招民眾之怨。義亦可通。但孔子當時所說，縱是專指，而義既可通於人事之其他方面者，讀者仍當就其可通之全量而求之，以見其涵義之弘大而無礙，此亦讀論語者所當知。

白話試譯

先生說：「一切依照著利的目的來行事，自己心上便易多生怨恨。」

（一三）

子曰：「能以禮讓為國乎，何有？不能以禮讓為國，如禮何？」

注釋

能以禮讓為國乎，何有　禮必兼雙方，又必外敬而內和。知敬能和，斯必有讓。故讓者禮之質。為國必有上下之分，但能以禮治，則上下各有敬，各能和，因亦能相讓。何有，猶言有何難。

不能以禮讓為國，如禮何 不能以禮讓為國，則上下不敬不和，其極必出於相爭。禮豈果為上下相爭之工具？如禮何者，猶言把禮怎辦？言其縱有禮，其用亦終不得當。自秦以下，多以尊君卑臣為禮，此章如禮何之歎，彌見深切。尊君卑臣，又豈禮讓為國之義。

研析

本章言禮治義。孔子常以仁禮兼言，此章獨舉讓字。在上者若誤認禮為下尊上，即不免有爭心，不知禮有互讓義，故特舉為說。所舉愈切實，所誡愈顯明。

白話試譯

先生說：「若能以禮讓來治國，那還有什麼困難呢？若不能以禮讓來治國，那又把禮怎辦呢？」

（一四）

子曰：「不患無位，患所以立。不患莫己知，求為可知也。」

研析

位，職位。古人議事有朝會。有官守者，遇朝會則各立於其位。己無才德，將何以立於其位？有知己之才德者，將可援之入仕。患無位，則患莫己知。求為可知，即先求所以立於其位之才德。

此章言君子求其在我。不避位，亦不汲汲於求位。若徒以恬澹自高，亦非孔門求仁行道經世之實學。

白話試譯

先生說：「不要愁得不到職位，該愁自己拿什麼來立在這位上。不要愁沒人知道我，該求我有什麼可為人知道的。」

（一五）

子曰：「參乎！吾道一以貫之。」曾子曰：「唯。」子出，門人問曰：「何謂也？」曾子曰：「夫子之道，忠恕而已矣。」

注釋

參乎 參，曾子名。呼其名，欲有所告。

吾道一以貫之 貫，串義，亦通義。如以繩穿物。孔子言道雖若所指繁多，實可會通，歸於一貫。

唯 應辭。直應曰唯，不再問。曾子自謂已明孔子意。

門人問曰 門人，孔子之門人。時同侍孔子，聞其言，不明所指，俟孔子出，問於曾子。或說：子出，當是孔子往曾子處，曾子答而孔子出戶去。門人，曾子弟子。今按：論語，孔子弟子皆稱門人，非孔子之弟子則異其辭。孔門高第，曾子年最少，孔子存時，曾子未必有弟子。蓋曾子與諸弟子同侍於孔子，孔子有事離坐暫出。

何謂也 也，通邪，疑問辭。

忠恕而已矣 盡己之心以待人謂之忠，推己之心以及人謂之恕。人心有相同，己心所欲所惡，與他人之心之所欲所惡，無大懸殊。故盡己心以待人，不以己所惡者施於人。忠恕之道即仁道，其道實一本之於我心，而可貫通之於萬人之心，乃至萬世以下人之心者。而言忠恕，則較言仁更使人易曉。因仁者至高之德，而忠恕則是學者當下之工夫，人人可以盡力。

研析

解論語，異說盡多。尤著者，則為漢宋之兩壁壘。而此章尤見雙方之歧見。孔子告曾子以一貫之說，曾子是一性格敦篤人，自以其平日盡心謹慎所經驗者體認之，當面一唯，不再發問。中庸曰：「忠恕違道不遠。」孔子亦自言之，曰：「一言而可以終身行之者其恕乎？」曾子以忠恕闡釋師道之一貫，可謂雖不中不遠矣。若由孔子自言之，或當別有說。所謂仁者見仁，知者見知。讀者只當認此章乃曾子之闡述其師旨，如此則已。曾子固是孔門一大弟子，但在孔門屬後輩。孔子歿時，曾子年僅二十有九，正值孔子三十而立之階段。孔子又曰：「參也魯。」是曾子姿性較鈍，不似後代禪宗所謂頓悟之一派。只看吾日三省吾身章，可見曾子平日為學，極盡心，極謹慎，極篤實。至其臨死之際，尚猶戰戰兢兢，告其門弟子，謂「我知免夫」。此其平日盡心謹慎之態度可見。此章正是其平日盡心謹慎之所心得。宋儒因受禪宗祕密傳心故事之影響，以之解釋此章，認為曾子一「唯」，正是他當時直得孔子心傳。此決非本章之正解。但清儒力反宋儒，解貫字為行事義。一以貫之，曲說成一以行之，其用意只要力避一心字。不知忠恕固屬行事，亦確指心地。必欲避去一心字，則全部論語多成不可解。門戶之見，乃學問之大戒。本書只就論語原文平心解釋，後儒種種歧見，不務多引，偶拈此章為例。讀者如欲由此博稽群籍，則自非本書用意所欲限。

曾子曰：「夫子之道，忠恕而已矣。」此後孟子曰：「堯舜之道，孝弟而已矣。」此正可以見學脈。然謂一部論語，只講孝弟忠恕，終有未是。此等處，學者其細參之。

白話試譯

先生說：「參啊！我平日所講的道，都可用一個頭緒來貫串著。」曾子應道：「唯。」先生出去了，在座同學問道：「這是什麼意思呀？」曾子說：「先生之道，只忠恕二字便完了。」

（一六）

子曰：「君子喻於義，小人喻於利。」

研析

喻，曉義。君子於事必辨其是非，小人於事必計其利害。用心不同，故其所曉瞭亦異。

或說：此章君子小人以位言。董仲舒有言，「明明求仁義，常恐不能化民者，卿大夫之意也。明明求財利，常恐困乏者，庶人之事也。」乃此章之確解。今按：董氏之說，亦謂在上位者當喻於仁義，在下位者當喻於財利耳。非謂在下位者必當喻於財利，在上位者必自喻於仁義也。然則在下位而喻於義者非君子乎？在上位而喻於利者非小人乎？本章自有通義，而又何必拘守董氏之言以為解。

宋儒陸象山於白鹿洞講此章，曰：「人之所喻，由於所習，所習由於所志。」於此章喻字外特拈出習字志字，可謂探本之見。讀者當以此章與君子上達小人下達章合參。

白話試譯

先生說：「君子所了解的在義，小人所了解的在利。」

（一七）

子曰：「見賢思齊焉，見不賢而內自省也。」

研析

齊，平等義。思齊，思與之平，願己亦有此賢。內自省，內心自反省，懼己亦有此不賢。此章見與人相處，無論其人賢不賢，於己皆有益。若見賢而忌憚之，見不賢而譏輕之，則惟害己德而已。又此章所指，不僅於同時人為然，讀書見古人之賢，亦求與之齊。見其不賢，亦以自省。則觸發更廣，長進更易。此章當與三人行必有我師章合參。

白話試譯

先生說：「遇見賢人，當思與之齊等，遇見不賢之人，當自我反省莫要自己和他一般。」

（一八）

子曰：「事父母，幾諫，見志不從，又敬不違，勞而不怨。」

注釋

幾諫 幾，微義。諫，規勸義。父母有過，為子女者惟當微言諷勸，所謂下氣怡色柔聲以諫。又說：幾者，初見端倪義。父母子女日常相處，父母有過，當從其端倪初露，便設法諫勸。然就文義言，此當云以幾諫，不當云幾諫。今從前解。

見志不從，又敬不違 所謂幾諫，僅微見己志而已，不務竭言。若父母不從，仍當起敬起孝，不違逆。待父母心氣悅懌，再相機進諫。舊解，謂見父母之志不從，則只不從二字已足，且當云意不從，不當云志不從。故知見志，指子女自表己志。為子女者僅自表己志，即是不明爭是非，亦即幾諫之義。若如上述又一解，父母之過，初露端倪，尚未發為行為，故云見父母有不從之志，然連下文「又敬不違，勞而不怨」兩語，終不如上解之貼切。今不從。

不違亦可有兩解：一是不違其父母，二是不違其原初幾諫之意。既恐唐突以觸父母之怒，又務欲置父母於無過之地，此見孝子之深愛。然敬是敬父母，則不違當以不違父母為是。

勞而不怨 勞，憂義。子女見父母有過，當憂不當怨。或說勞，勞苦義。諫不從，當反覆再諫，雖勞而不怨。然此反覆再諫，仍當是幾諫，則乃操心之勞，仍是憂義。

研析

此章見父子家人相處，情義當兼盡。為子女者，尤不當自處於義，而傷對父母之情。若對父母無情，則先自陷於大不義，故必一本於至情以冀父母之終歸於義。如此，操心甚勞，然求至情大義兼盡，則亦惟有如此。苟明乎此，自無可怨矣。

白話試譯

先生說：「子女奉事父母，若父母有過當委婉而諫，把自己志意表見了，若父母不聽從，還當照常恭敬，不要違逆，且看機會再勸諫，雖如此般操心憂勞，也不對父母生怨恨。」

（一九）

子曰：「父母在，不遠遊。遊必有方。」

研析

遠遊，指遊學、遊宦。遠方從師，或向遠方謀職，皆須長時期從事。顧念父母之孝養，故不汲汲也。方，位所義。方位定，才知方向。如已告往甲地，不更他適。上句已言不遠遊，下句亦指遠遊可知。有須遠遊，則必有一定的地方。而近遊之須有方位，亦可推知。既有方位，父母有事，召之必知處。此章亦言孝道。古時交通不便，音訊難達。若父母急切有故，召之不得，將遺父母終天之恨。孝子顧慮及此，故不遠遊。今雖天涯若比鄰，然遠遊者亦必音訊常通，使家人思念常知其處。則古今人情，亦不相遠。讀者於此等處，當體諒古人之心情，並比較今昔社會之不同。不當居今笑古，徒自陷於輕薄。

白話試譯

先生說：「父母在時，不作遠行。若不得已有遠行，也該有一定的方位。」

（二〇）

子曰：「三年無改於父之道，可謂孝矣。」

研析

此章重出，已見學而篇。當是弟子各記孔子之言，而詳略不同。蓋學而篇一章乃言觀人之法，此章言孝子之行，而此章前後皆論事父母之道，故復出。

（二一）

子曰：「父母之年，不可不知也。一則以喜，一則以懼。」

研析

知，猶識也。常記在心之義。喜者，喜其壽。懼者，懼其來日之無多。喜懼一時並集，不分先後。或說：父母之年，子女無時不當知。或父母年尚彊，然彊健之時不可多得。或喜其壽考，而衰危已將至。此說亦有理。但讀書不當一意向深處求，不如上一說，得孝子愛日之大常。

此章描寫孝子心情，甚當玩味。惟其憂樂之情深，故喜懼之心篤。

以上四章皆言孝。孝心即仁心。不孝何能仁？當知能對別人有同情，能關切，此乃人類心情之最可寶貴者。孔子特就孝道指點人心之仁。人當推廣孝心以達於仁，若以自私之心對父母，處家庭，初視若亦無違孝道，然心不仁，亦將不孝。此心是一，即仁便是孝，即孝便是仁，非謂仁孝可有先後之分別。

白話試譯

先生說：「父母的年歲，不可不常記在心呀！叫你一想到，又是歡喜，又是憂懼。」

(二二)

子曰：「古者言之不出，恥躬之不逮也。」

研析

言之不出，不輕出也。躬，指躬行。逮，及也。躬行不及，徒自輕言，事屬可恥。本章誡學者當訥於言而敏於行。舉古人，所以警今人也。或以言指著述，然用出字，當指言語為是，今不從。

白話試譯

先生說：「古人不肯輕易出言，因怕自己行為追不上，那是一件可恥的事呀！」

（二三）

子曰：「以約失之者鮮矣。」

研析

約，檢束義。收斂，不放縱。著實，不浮泛。凡謹言慎行皆是約。處財用為儉約。從事學問事業為守約。鮮，少也。人能以約自守，則所失自少矣。

白話試譯

先生說：「由儉約而差失的很少了。」

（二四）

子曰：「君子欲訥於言而敏於行。」

研析

訥，遲鈍義。敏，勤捷義。敏訥雖若天資，亦由習。輕言矯之以訥，行緩勵之以敏，此亦變化氣質，君子成德之方。

白話試譯

先生說：「一個君子，常想說話遲鈍些，而做事敏捷些。」

（二五）

子曰：「德不孤，必有鄰。」

研析

鄰，親近義。德字有兩說。一指修德言。人不能獨修成德，必求師友夾輔。一指有德言。有德之人縱處衰亂之世，亦不孤立，必有同聲相應，同氣相求之鄰，如孔子之有七十二弟子。今采下一說。

白話試譯

先生說：「有德之人，決不會孤立，必然有來親近他的人。」

（二六）

子游曰：「事君數，斯辱矣。朋友數，斯疏矣。」

研析

此數字有兩讀：一讀色角反。偪促義，又煩瑣義。一讀世主反，數說義。事君交友，見有過，勸諫偪促，或過於煩瑣，必受辱，或見疏。或求親暱於君友，以偪促煩瑣求之，亦必受辱，或見疏。若依數說義，於君友前數說己勞己長，或數說君友之短及其不是，亦將受辱見疏。今采前一讀。

本章以君友連言，見五倫中此兩倫為相近。古稱此兩倫以人合。夫婦、父子、兄弟三倫屬於家庭，古稱以天合。夫婦本以人合。故孔子常言孝弟，專就父子、兄弟兩倫純以天合者，珍重其相互間之親情，建其道以為人群相處之本。然兄弟亦有時如朋友，論語中頗多兄弟朋友連言，則五倫中惟父子一倫，乃純以天合，故孔門特重言孝。其他四倫，君臣、朋友、夫婦、兄弟，亦可謂都屬社會關係。惟父子一倫，則與生俱來，本於自然，又兼有世代之綿延，天人之際，意義最深。而世界各大宗教，皆不言孝，不重歷史綿延。如是則社會無深度，而人生短暫，失其意義。故各宗教莫不帶有出世之心情。尊天抑人，事所宜然。

本篇二十六章多言仁，其中數章特言孝，最後子游此一章，專言君臣、朋友，亦仁道中之一節，故編者特以附本篇之末。讀者試通玩此二十六章，而求其相互間之關係，與其關係之各不同，庶於孔門所言仁道，有更深之了解。

白話試譯

子游說：「事君太偪促，太瑣屑，便會受辱了。交友太偪促，太瑣屑，便會見疏了。」

公冶長篇第五

（一）

子謂公冶長：「可妻也。雖在縲絏之中，非其罪也。」以其子妻之。子謂南容：「邦有道不廢，邦無道免於刑戮。」以其兄之子妻之。

注釋

公冶長　孔子弟子。公治氏，長名。其人在論語惟此一見。

縲絏　縲，黑色大索。絏，牽繫義。古獄中用黑索繫罪人。公冶長曾因事入獄，實非其罪。

以其子妻之 古男女皆稱子。孔子以己之女嫁公治長。

南容 亦孔子弟子，名縚。

不廢 廢，棄義。國家有道，必見用，不廢棄。

免於刑戮 刑，刑罰。戮，誅戮。國家無道，南容謹於言行，亦可免於刑戮。

以其兄之子妻之 孔子有兄孟皮，早卒，孔子以孟皮之女嫁南容。

研析

本篇皆論古今人物賢否得失，論語編者以繼前四篇之後。孔門之教，重於所以為人，知人物之賢否，行事之得失，即所學之實證。孔子千古大聖，而其擇婿條件，極為平易。學聖人亦當在平易近人處。編者以本章為本篇之首，亦有深義，學者其細闡之。

白話試譯

先生說公治長：「可嫁他一女兒吧。他雖曾下過牢獄，但不是他的罪過呀。」遂把自己女兒嫁了他。又說南容：「國家有道，他是不會廢棄的。國家無道，他也可免於刑戮。」把自己的姪女嫁了他。

（二）

子謂子賤：「君子哉若人！魯無君子者，斯焉取斯？」

注釋

子賤　孔子弟子，即宓不齊。宓又作虙，讀如伏。

若人　猶云此人，指子賤。

斯焉取斯　斯，此也。上斯字指子賤。下斯字指其品德。取，取法義，亦獲取義。言魯若無君子，斯人何所取以成斯德。

研析

孔子之於人，每不稱其質美，而深稱其好學，如顏淵。此章言君子成德，有賴於尊賢取友之益，亦稱子賤之善學。

白話試譯

先生說：「子賤這人呀，真是個君子人了！但若魯國沒有許多的君子，他從哪裡取得這樣的品德呢？」

（三）

子貢問曰：「賜也何如？」子曰：「女，器也。」曰：「何器也？」曰：「瑚璉也。」

注釋

賜也何如　賜，子貢名。與師言，自稱名，敬也。子貢聞孔子歷評諸弟子，問己如何。

女，器也　女即汝，指子貢。言汝乃有用之成材。

何器也　也，通作邪，疑問辭。子貢又問，是何等器？

瑚璉　瑚璉乃宗廟中盛黍稷之器，竹製，以玉飾之，言其既貴重，又華美，如後世言廊廟之材。

研析

讀書有當會通說之者，有當僅就本文，不必牽引他說者。如此章，孔子告子貢「女，器也」，便不當牽引君子不器章為說。

白話試譯

子貢問道：「賜怎樣呀？」先生說：「你是一件有用之器。」子貢說：「何種器呀？」先生說：「你像是放在宗廟中盛黍稷的瑚璉。」

（四）

或曰：「雍也，仁而不佞。」子曰：「焉用佞！禦人以口給，屢憎於人。不知其仁，焉用佞！」

注釋

雍 孔子弟子，冉氏，字仲弓。

佞 古佞字有多才義，又巧義。此處以口才之美為佞。孔子稱雍也簡，殆是其人簡默，不擅口談，故或人謂其不佞。

禦人以口給 給，供給義。口給者，應對敏捷，口中隨時有供給。禦，如今云對付。

屢憎於人 屢，數也。憎，厭惡義。口給易起人厭。

不知其仁，焉用佞 仁德不易企，故孔子謂雖不知仲弓之果仁否，然亦無所用於佞。

研析

此章或人之問，可見時風之尚佞。而孔子稱雍也簡，又稱回也如愚，參也魯，此三人皆孔門高第弟子，皆不佞。知孔門所重，在德不在佞。

白話試譯

有人說：「雍呀！他是一仁人，可惜短於口才。」先生說：「哪裡定要口才呀！專用口快來對付人，只易討人厭。我不知雍是否得稱為仁，但哪裡定要口才呀！」

（五）

子使漆雕開仕。對曰：「吾斯之未能信。」子說。

注釋

漆雕開　孔子弟子。漆雕，氏。

吾斯之未能信　吾，漆雕開自稱。或說：弟子在師前自稱名，漆雕開名啟，古寫作启，後人誤書為吾。斯，此也，緊承上仕字來。出仕將以行道，漆雕開不願遽出仕，言對此事未能自信，願學問修養益求自進，不欲遽從政。是其志大不欲小試。

子說 說字借作悅。孔子並不以不仕為高，然亦不願其弟子熱中利祿，汲汲求仕進，故聞漆雕開之謙退而喜悅。

白話試譯

先生欲使漆雕開出仕，漆雕開說：「我對此事還不能有自信呀。」先生聽了很喜悅。

（六）

子曰：「道不行，乘桴浮於海，從我者其由與！」子路聞之喜。子曰：「由也，好勇過我，無所取材。」

注釋

乘桴浮於海 編竹木，浮行於水面，大者曰筏，小者曰桴。今俗稱排。孔子傷道不行，言欲乘桴浮海。

從我者其由與 海上風波險惡，豈可乘桴長遊，孔子之言，蓋深歎吾道之不行，即所謂欲濟無舟楫也。子路勇決，故謂其能從己，此亦假託之微辭耳。

子路聞之喜 子路聞孔子稱賞及己而喜。

由也，好勇過我，無所取材 孔子轉其辭鋒，謂由之好勇，過於我矣，其奈無所取材以為桴何？材，謂為桴之竹木。此乃孔子更深一層之慨歎。既無心於逃世，而其無所憑藉以行道之感，則曲折而更顯矣。或曰：材與裁同。子路以孔子之言為實然，孔子美其勇於義，而譏其不能裁度於事理。惟乘桴浮海，本為託辭，何忽正言以譏子路？就本文理趣言，當從前解為勝。

研析

此章辭旨深隱，寄慨甚遙。戲笑婉轉，極文章之妙趣。兩千五百年前聖門師弟子之心胸音貌，如在人耳目前，至情至文，在論語中別成一格調，讀者當視作一首散文詩玩味之。

或說：子罕篇有子欲居九夷章，此章浮海，亦指渡海去九夷。孔子自歎不能行道於中國，猶當行之於蠻夷，故此章之浮海，決非高蹈出塵，絕俗辭世之意。然此章記者則僅言浮海，不言居夷，亦見其修辭之精妙。讀者當取此章與居夷章參讀，既知因文考事，明其實際，亦當就文論文，玩其神旨。如此讀書，乃有深悟。若專以居夷釋此章之浮海，轉成呆板。義理、考據、辭章，得其一，喪其二，不得謂能讀書。

白話試譯

先生說：「在這世間，吾道是不能行的了。我想乘木筏，飄浮到海外去，算只子路一人會和我同行吧！」子路聽了大喜。先生說：「由呀！你真好勇過我，可惜我們沒處去弄到這些木材啊！」

（七）

孟武伯問：「子路仁乎？」子曰：「不知也。」又問。子曰：「由也，千乘之國，可使治其賦也，不知其仁也。」「求也何如？」子曰：「求也，千室之邑，百乘之家，可使為之宰也，不知其仁也。」「赤也何如？」子曰：「赤也，束帶立於朝，可使與賓客言也，不知其仁也。」

注釋

不知也　仁道至大，仁德至高，孔子不以輕許人，故說不知。猶上章雍也不知其仁之義。

又問　孟武伯又問，然則子路為何等人。

治其賦　古者徵兵員及修武備皆稱賦。治賦，即治軍也。

千室之邑　於時為大邑，惟卿大夫家始有之。

百乘之家　其時諸侯有車千乘，卿大夫家則百乘。

為之宰　宰指家宰、邑宰言。

赤也何如　公西華名赤，亦孔子早年弟子。

束帶立於朝，可使與賓客言　古人平居則緩帶，低在腰，遇有禮事，則束帶在胸口，高而緊。賓者大客，如國君上卿。客者小賓，國君上卿以下。兩字分用有別，合用則通。公西華有外交才，可使束帶在朝，與賓客相應對。

研析

孔子平日講學極重仁，仁乃人生之全德，孔子特舉以為學問修養之最高標準，而又使學者各就才性所近，各務專長，惟同向此全德為歸趨。人求全德，亦不可無專長。子路、冉有、公西華，雖未具此全德，然已各有專長。此章不僅見孔門之多賢，亦見孔子教育精神之偉大。

白話試譯

孟武伯問：「子路可說是一個仁人嗎？」先生說：「我不知。」孟武伯再問。（那麼他究是一怎樣的人呀？）先生說：「由呀！一個具備千乘兵車的大國，可使他去治其軍事，若問他的仁德，我就不知了。」（孟武伯又問）「冉有怎樣呢？」先生說：「求呀！一個千戶的大邑，具備兵車百乘的大家，可使他去做一總管。若問他仁德，我就不知了。」（孟武伯又問）「公西華怎樣呢？」先生說：「赤呀！國有賓客，可使他束起帶，立在朝上應對一切，若問他仁德，我就不知了。」

（八）

子謂子貢曰：「女與回也孰愈？」對曰：「賜也，何敢望回！回也聞一以知十，賜也聞一以知二。」子曰：「弗如也。吾與女弗如也。」

注釋

女與回也孰愈　女即汝。愈，勝義。謂汝與回孰勝。

聞一以知十　十者數之全。顏淵聞其一節，能推其全體。

聞一以知二　二者一之對。子貢聞此，能推以至彼。

弗如也　顏淵由一得全，子貢由此及彼，顏淵蓋能直入事理之內，渾然見其大通。子貢則從事理之對立上比較，所知仍在外，故孔子亦謂其弗如也。

吾與女弗如也　此與字有兩解。一謂我與汝均不如。一謂我讚許汝能自謂弗如。此當從前解。孔子既深喜顏淵之賢，又喜子貢能自知弗如，故曰：「我與汝俱不如。」蓋亦以慰子貢。或曰：孔子無常師，好古敏求，集其大成，可謂艱矣。顏淵得之於孔子，不俟旁求。又其天姿高，過此以往，殆不可測。孔子自言不如，乃要其將來。此彌見聖人之謙意。

研析

此章不僅見孔門之多賢，亦見孔子之胸襟，與其當時心情之歡悅。兩千五百年前一大教育家之氣象，與夫其師弟子間一片融和快樂之精神，盡在目前矣。

世視子貢賢於仲尼，而子貢自謂不如顏淵。孔子亦自謂不如顏淵。然在顏子自視，或將謂不如子貢。以能問於不能，以多問於寡，有若無，實若虛，此聖賢之德，所以日進而不已。學者其深體之。

白話試譯

先生對子貢說：「你和顏回哪一個強些？」子貢對道：「賜呀！哪敢望回呢？回呀！聽得一件，知道十件。賜呀！聽了一件，只知兩件。」先生說：「你誠然不如他，連我也一樣不如他。」

（九）

宰予晝寢。子曰：「朽木不可雕也，糞土之牆不可杇也。於予與何誅！」子曰：「始吾於人也，聽其言而信其行。今吾於人也，聽其言而觀其行。於予與改是。」

注釋

宰予　宰我名。論語記諸弟子，例不直書名，此處當作宰我始合。或曰：宰我得罪於孔子，故書名以貶之，然如此則是記者之辭，未必孔子當時有此意。按：本章似尚有可疑，說在下。

晝寢　此二字有數說。一謂當晝而眠，孔子責其志氣昏惰。一謂寢者寢室，入夜始居，宰我晝居寢，故責之。一謂晝當作畫，宰我畫其寢室，加以藻繪。一謂晝是劃義，寢是息義。宰我自劃時間精力，貪圖休息。今按：依第二解，當作晝居寢，不得云晝寢。依第四解，增字太多。第三解只責其不晝便是，何來有「於予與何誅」之語。仍當從第一解。曰晝，非晏起。曰寢，亦非假寐。韓詩外傳衛靈公晝寢而起，志氣益衰。宋玉高堂賦楚王晝寢於高堂之臺。知晝寢在古人不作佳事看。

朽木不可雕　腐爛之木，不能再加以雕刻。

糞土之牆不可杇　糞土，猶穢土也。杇，飾牆之泥刀。穢土之牆不可復飾。

於予與何誅　誅，責也。謂對宰我不必再責，猶言宰我不可再教誨。

子曰　或說此子曰二字當誤複。或說此下語更端，故又以子曰起之。

於予與改是　是字，指上文聽其言而信其行，孔子謂因於宰我而改變此態度。

研析

宰我預於孔門之四科，與子貢齊稱，亦孔門高第弟子。此章孔子責之已甚，甚為可疑。或因宰我負大志，居常好大言，而志大行疏，孔子故作嚴辭以戒。他日，宰我仕於齊，助齊君，排田氏，終為田氏所殺。然此非宰我之過。竊疑齊論除多問王知道兩篇外，其二十篇中章句，亦頗多於魯論，自張禹始合而一之。或此章僅見於齊論，或齊論此章語句不同於魯論，而張禹依而采之，而宰我在田齊諸儒口碑中，則正如魏之何晏，唐之王叔文，則此章云云，或非當時實錄。姑識所疑，然亦無可參定矣。

白話試譯

宰我白日睡眠，先生說：「爛木不能再雕刻，骯髒的土牆不能再粉飾，我對宰予，還能有何責備呀！」先生又說：「以前我對人，聽了他說話，便信他的行為了。現在我對人，聽了他說話，還得看他的行為。這一態度，我是因對宰予而改變的。」

（一〇）

子曰：「吾未見剛者。」或對曰：「申棖。」子曰：「棖也慾，焉得剛？」

注釋

剛者 剛，剛斷、剛烈義。人之德性，以剛為難能而可貴，故孔子歎其未見。

申棖 亦孔子弟子。

棖也慾，焉得剛 人多嗜慾，則屈意徇物，不得果烈。

研析

此章見孔子極重剛德。剛德之人，能伸乎事物之上，而無所屈撓。富貴貧賤，威武患難，乃及利害毀譽之變，皆不足以攝其氣，動其心。凡儒家所重之道義，皆賴有剛德以達成之。若其人而多慾，則世情繫戀，心存求乞，剛大之氣餒矣。但此章僅言多慾不得為剛，非謂無慾即是剛。如道家莊老皆主無慾而尚柔道，亦非剛德。

白話試譯

先生說：「我沒見過剛的人。」有人說：「申棖不是嗎？」先生說：「棖呀！他多慾，哪得剛？」

（一一）

子貢曰：「我不欲人之加諸我也，吾亦欲無加諸人。」子曰：「賜也！非爾所及也。」

注釋

加諸我　加，陵義。謂以非義加人。

非爾所及　及，猶能義。此句有兩解：一謂不加非義於人，此固能及。不欲人加非義於我，則不能及。重在承上一句。一謂施諸己而不願，亦勿施於人，此恕之事，子貢當能之。我不欲人之加諸我，吾亦欲無加諸人，此仁之事，孔子謂非子貢所及。所以辨於仁恕者，勿是禁止之辭，無則自然不待用力。重在承下一句。然孔子又曰：「仁遠乎哉？我欲仁，斯仁至矣。」子貢欲無以非禮不義加人，即此一念亦是仁，所謂其心日月至焉，豈可謂非爾所及乎？今從第一解。蓋己所不欲，勿施於人，語氣偏重在下一句。今曰我不欲人之加諸我，吾亦欲無加諸人，語氣上下平等，劃為兩事。孔門之教，重在盡其在我，故曰此非爾所及。

研析

孔子教人，主反求諸己，主盡其在我，本章所以教子貢者，學者能細聞之，則心日廣，德日進矣。

白話試譯

子貢說：「我不要別人把這些加在我身上，吾亦不要把這些來加在別人身上。」先生說：「賜呀！這非你（能力）所及呀！」

（一二）

子貢曰：「夫子之文章，可得而聞也。夫子之言性與天道，不可得而聞也。」

注釋

文章 指詩書禮樂，孔子常舉以教人。

性與天道 孔子言性，論語惟一見。天道猶云天行，孔子有時稱之曰命，孔子屢言知天知命，然不深言天與命之相繫相合。子貢之歎，乃歎其精義之不可得聞。

研析

本章「不可得而聞也」下，或本有已矣兩字，是子貢之深歎其不可聞。孔子之教，本於人心以達人道，然學者常欲由心以及性，由人以及天，而孔子終不深言及此。故其門人懷有隱之疑，子貢發不可得聞之歎。及孔子歿，墨翟、莊周昌言天，孟軻、荀卿昌言性，乃開此下思想界之爭辯，歷百世而終不可合。可知聖人之深遠。後之儒者，又每好以孟子說論語。孟子之書，誠為有功聖學，然學者仍當潛心論語，確乎有得，然後治孟子之書，乃可以無病。此義亦不可不知。

白話試譯

子貢說：「先生講詩書禮樂，是可以聽到的。先生講性與天道，是難得聽到的了。」

（一三）

子路有聞，未之能行，唯恐有聞。

研析

子路曾問：「聞斯行諸？」蓋子路乃能尊所聞而勇於行。前有所聞，未及行，恐復有聞，行之不給。此見子路之有聞而必行，非真恐復有聞。

論語記孔子弟子行事，惟此一章。蓋子路之勇於行，門人相推莫及，故特記之。曰唯恐者，乃代述子路之用心，亦見孔門之善於形容人之賢德矣。

白話試譯

子路聽到一項道理，若未能即行，便像怕再聽到別一項。

（一四）

子貢問曰：「孔文子，何以謂之文也？」子曰：「敏而好學，不恥下問，是以謂之文也。」

注釋

孔文子　衛大夫，名圉。文，其謚。左傳載其人私德有穢，子貢疑其何以得謚為文，故問。

敏而好學　敏，疾速義。孔子好古敏以求之是也。

不恥下問　以能問於不能，以多問於寡，皆稱下問，不專指位與年之高下。敏而好學，不恥下問，則其進於善也不難矣。

是以謂之文　孔子謂如此便可謚為文，見孔子不沒人善，與人為善，而略所不逮，此亦道大德宏之一端。

白話試譯

子貢問道：「孔文子何以得謚為文呀！」先生說：「他做事勤敏，又好學，不以問及下於他的人為恥，這就得謚為文了。」

（一五）

子謂子產：「有君子之道四焉。其行己也恭，其事上也敬，其養民也惠，其使民也義。」

注釋

子產　春秋時鄭大夫公孫僑。

恭、敬、惠、義　恭，謙遜義。敬，謹恪義。惠，愛利人。義，使民以法度。

研析

子產在春秋時，事功著見，人盡知之。而孔子特表出其有君子之道四，所舉已盡修己治人敦倫篤行之大節，則孔子所稱美於子產者至矣。或謂列舉其美，見其猶有所未至。人非聖人，則孰能盡美而盡善。

白話試譯

先生說：「子產有君子之道四項。他操行極謙恭，對上位的人有敬禮，養護民眾有恩惠，使喚民眾有法度。」

（一六）

子曰：「晏平仲善與人交，久而敬之。」

注釋

晏平仲 春秋齊大夫，名嬰。

交 交友。

敬之 此之字有兩解：一，人敬晏子。故一本作久而人敬之，謂是善交之驗。然人敬晏子，當因晏子之賢，不當謂因晏子之善交。一，指晏子敬人。交友久則敬意衰，晏子於人，雖久而敬愛如新。此孔子稱道晏子之德。孔門論人，常重其德之內蘊，尤過於其功效之外見。如前子產章可見。今從第二解。

白話試譯

先生說：「晏平仲善於與人相交，他和人處久了，仍能對那人敬意不衰。」

（一七）

子曰：「臧文仲居蔡，山節藻梲，何如其知也？」

注釋

臧文仲 春秋魯大夫臧孫辰。文，其謚。

居蔡 蔡，大龜名。古人以龜卜問吉凶。相傳南方蔡地出善龜，因名龜為蔡。居，藏義。文仲寶藏一大龜。

山節藻梲 節，屋中柱頭之斗拱。刻山於節，故曰山節。梲，梁上短柱。藻，水草名。畫藻於梲，故曰藻梲。山節藻梲，古者天子以飾廟。

何如其知也 時人皆稱臧文仲為知，孔子因其諂龜邀福，故曰文仲之知究何如。

白話試譯

先生說：「臧文仲藏一大龜，在那龜室中柱頭斗拱上刻有山水，梁的短柱上畫了藻草，裝飾得像天子奉祖宗的廟一般，他的智慧究怎樣呀？」

（一八）

子張問曰：「令尹子文三仕為令尹，無喜色。三已之，無慍色。舊令尹之政，必以告新令尹。何如？」子曰：「忠矣。」曰：「仁矣乎？」曰：「未知。焉得仁？」「崔子弒齊君，陳文子有馬十乘，棄而違之。至於他邦，則曰：『猶吾大夫崔子也。』違之。之一邦，則又曰：『猶吾大夫崔子也。』違之。何如？」子曰：「清矣。」曰：「仁矣乎？」曰：「未知。焉得仁？」

注釋

令尹子文 令尹，楚官名，乃上卿執政者。子文，鬬氏，名穀於菟。

三仕為令尹 三當令尹之官。莊子、荀子、呂氏春秋諸書，皆以其人為孫叔敖，恐是傳聞之譌。

忠矣 子文三為令尹，三去職，人不見其喜、慍，是其不以私人得失縈心。並以舊政告新尹，宜可謂之忠。

未知。焉得仁 此未知有兩解。一說、知，讀為智。子文舉子玉為令尹，使楚敗於晉，未得為智。然未得為智，不當曰未智。且論語未言子文舉子玉事，不當逆揣為說。一說、子文之可知者僅其忠，其他未能詳知，不得遽許以仁。然下文焉得仁，猶如云焉得儉，焉得剛，乃決絕辭。既曰未知，不當決然又斷其為不仁。蓋孔子即就子張之所問，論其事，則若可謂之忠矣。仁為全德，亦即完人之稱，而子文之不得為全德完人，則斷然也。然則孔子之所謂未知，亦婉辭。

崔子弒齊君 齊大夫崔杼弒其君莊公。

陳文子 齊大夫，名須無。

有馬十乘 當時貴族以四馬駕一車。十乘，有馬四十匹，蓋下大夫之祿，故無力討賊也。

棄而違之 違，離去義。棄其祿位而去。

猶吾大夫崔子 此處崔子，魯論作高子。或說：齊大夫高厚，乃有力討賊者，其人昏暗無識，崔杼先殺之，乃弒齊君。陳文子欲他國執政大臣為齊討賊而失望，乃謂他國執政大臣亦一如高厚。若謂盡如崔子，乃謂其雖未弒君作亂，但亦如崔子之不遜。本章上文未提及高子，突於陳文子口中說出，殊欠交代，疑仍作崔子為是。

清矣　陳文子棄其祿位如敝屣，灑然一身，三去亂邦，心無窒礙，宜若可稱為清。

未知。焉得仁　此處未知，仍如上有二解：一說，文子所至言猶吾大夫崔子，其人似少涵養，或可因言遭禍，故是不智。此說之不當，亦如前辨。另一說，僅知其清，未知其仁，辨亦如前。蓋就三去之事言，若可謂之清，而其人之為成德完人與否，則未知也。蓋忠之與清，有就一節論之者，有就成德言之者。細味本章辭氣，孔子僅以忠清之一節許此兩人。若果忠清成德如比干、伯夷，則孔子亦即許之為仁矣。蓋比干之為忠，伯夷之為清，此皆千迴百折，畢生以之，乃其人之成德，而豈一節之謂乎？

白話試譯

子張問道：「令尹子文三次當令尹，不見他有喜色。三次罷免，不見他有慍色。他自己當令尹時的舊政，必然告訴接替他的新人，如何呀？」先生說：「可算是忠了。」子張說：「好算仁人了吧！」先生說：「那只是這一事堪稱為忠而已，若問其人那我不知呀！但哪得為仁人呢？」子張又問道：「崔杼弒齊君，陳文子當時有馬四十匹，都拋棄了，離開齊國，到別國去。他說：『這裡的大臣，也像我們的大夫崔子般。』於是又離去，又到別一國。他又說：『這裡的大臣，還是像我們的大夫崔子般。』於是又離去了。這如何呀！」先生說：「可算是清了。」子張說：「好算仁人吧？」先生說：「那只這一事堪稱為清而已，若問其人，那我不知呀！但哪得為仁人呢？」

（一九）

季文子三思而後行，子聞之，曰：「再，斯可矣。」

注釋

季文子 魯大夫季孫行父。文，其謚。

三思而後行 此乃時人稱誦季文子之語。

再斯可矣 此語有兩解。一說：言季文子惡能三思，苟能再思，斯可。一說：譏其每事不必三思，再思即已可，乃言季文子之多思為無足貴。今按：季文子之為人，於禍福利害，計較過細，故其生平行事，美惡不相掩。若如前解，孟子曰：「思則得之，不思則不得。」乃指義理言。季文子之瞻顧周詳，並不得謂之思。若如後解，孔子曰：「由也果，於從政乎何有？」事有貴於剛決，多思轉多私，無足稱。今就左傳所載季文子行事與其為人，及以本章之文理辭氣參之，當從後解為是。

白話試譯

人家稱道季文子，說他臨事總要三次思考然後行。先生聽了說：「思考兩次也就夠了。」

（二〇）

子曰：「甯武子，邦有道則知，邦無道則愚。其知可及也。其愚不可及也。」

注釋

甯武子　衛大夫甯俞。武，其諡。

邦有道則知，邦無道則愚　有道無道，指治亂安危言。或說：甯子仕於衛成公，成公在位三十餘年，其先國尚安定，甯武子輔政有建白，是其智。後衛受晉迫，甯武子不避艱險，立朝不去，人見為愚。然當危亂，能強立不回，是不可及。或說：此乃甯武子之忠，謂之愚者，乃其韜晦沉冥，不自曝其賢知，存身以求濟大事。此必別有事跡，惟左傳不多載。今按：以忠為愚，乃憤時之言。沉晦僅求免身，乃老莊之道。孔子之稱甯武子，當以後說為是。

研析

上章論季文子，時人皆稱其智。本章論甯武子，時人或謂之愚。而孔子對此兩人，特另加品騭，其意大可玩味。

本篇皆論古今人物賢否得失，此兩章及前論臧文仲、令尹子文、陳文子，後論伯夷、叔齊及微生高，時人謂其如此，孔子定其不然。微顯闡幽，是非分明。此乃大學問所在，學者當潛心玩索。

白話試譯

先生說：「甯武子在國家安定時，顯得是一智者。到國家危亂時，像是一愚人。其表現智慧時尚可及，其表現愚昧時，更不可及了。」

（二一）

子在陳，曰：「歸與！歸與！吾黨之小子狂簡，斐然成章，不知所以裁之。」

注釋

子在陳 史記：「魯使使召冉求，求將行，孔子曰：『魯人召求，將大用之。』是日，孔子有歸與之歎。」

吾黨之小子 黨，鄉黨。吾黨之小子，指門人在魯者。孟子萬章問曰：「孔子在陳，何思魯之狂士」，是也。孔子周流在外，其志本欲行道，今見道終不行，故欲歸而一意於教育後進。魯之召冉求，將大用之，然冉求未足當大用，故孔子亟欲歸而與其門人弟子益加講明之功，庶他日終有能大用於世者，否則亦以傳道於後。

狂簡 或說：狂，志大。簡，疏略。有大志，而才學尚疏。一說：簡，大義。狂簡，謂進取有大志。孟子：「萬章問，孔子在陳，曰：『盍歸乎來，吾黨之士狂簡，進取不忘其初。』」是狂簡即謂有志進取。不忘其初者，孔子周遊在外，所如不合，而在魯之門人，初志不衰。時從孔子在外者，皆高第弟子，則孔子此語，亦不專指在魯之門人，特欲歸而益求教育講明之功耳。

斐然成章，不知所以裁之 斐，文貌。章，文章。如樂章，五聲變成文，亦稱章。此乃喻辭，謂如布帛，已織成章而未裁剪，則仍無確切之用。不知，或說門人不知自裁，或說孔子不知所以裁之。此語緊承上文，當從前解。或說：斐然成章，謂作篇籍。古無私家著述，孔子作春秋，定詩書，亦在歸魯以後。此說不可從。

白話試譯

先生在陳，歎道：「歸去吧！歸去吧！吾故鄉這一批青年人，抱著進取大志，像布匹般，已織得文采斐然，還不知怎樣裁剪呀！」

（二二）

子曰：「伯夷、叔齊，不念舊惡，怨是用希。」

注釋

伯夷、叔齊 孤竹君之二子。孤竹，國名。

舊惡 一說：人惡能改，即不念其舊。一說：此惡字即怨字，舊惡即夙怨。

怨是用希 希，少義。舊說怨，指別人怨二子，則舊惡應如第二解。惟論語又云伯夷叔齊：「求仁而得仁，又何怨。」則此處亦當解作二子自不怨。希，如老子聽之不聞曰希，謂未見二子有怨之跡。孟子曰：「伯夷聖之清者。」又稱其不立於惡人之朝，不與惡人言。蓋二子惡惡嚴，武王伐紂，二子猶非之，則二子之於世，殆少可其意者。然二子能不念舊惡，所謂朝有過夕改則與之，夕有過朝改則與之。其心清明無滯礙，故雖少所可，而亦無所怨。如孔子不怨天不尤人，乃二子已心自不怨。

研析

子貢明曰：「伯夷叔齊怨乎？」司馬遷又曰：「由此觀之，怨邪非邪？」人皆疑二子之怨，孔子獨明其不怨，此亦微顯闡幽之意。聖人之知人，即聖人之所以明道。

白話試譯

先生說：「伯夷、叔齊能不記念外面一切已往的惡事，所以他們心上亦少有怨。」

（二三）

子曰：「孰謂微生高直？或乞醯焉，乞諸其鄰而與之。」

注釋

微生高 魯人，名高。或謂即尾生高，乃與女子期橋下，水至不去，抱柱而死者。

或乞醯焉 醯，即醋。乞，討義。人來乞醯，有則與之，無則辭之。今微生不直告以無，又轉乞諸鄰而與之，此似曲意徇物。微生素有直名，孔子從此微小處斷其非為直人。若微生果是尾生，彼又素有守信不渝之名，乃終以與一女子約而自殉其身，其信如此，其直可知。微生殆委曲世故，以博取人之稱譽者。孔子最不喜此類人，所謂鄉愿難與入德。此章亦觀人於微，品德之高下，行為之是非，固不論於事之大小。

白話試譯

先生說：「哪人說微生高直呀？有人向他討些醋，他不直說沒有，向鄰人討來轉給他。」

（二四）

子曰：「巧言令色足恭，左丘明恥之，丘亦恥之。匿怨而友其人，左丘明恥之，丘亦恥之。」

注釋

足恭 此二字有兩解：一說，足，過義。以為未足，添而足之，實已過分。一說，巧言，以言語悅人。令色，以顏色容貌悅人。足恭，從兩足行動上悅人。小戴禮表記篇有云：「君子不失足於人，不失色於人，不失口於人。」大戴禮亦以足恭口聖相對為文。今從後說。

左丘明 魯人，名明。或說即左傳作者。惟左傳稱左氏，此乃左丘氏，疑非一人。

匿怨而友其人 匿，藏義。藏怨於心，詐親於外。

白話試譯

先生說：「說好話，裝出好面孔，搬動兩腳，扮成一副恭敬的好樣子，求取悅於人，左丘明認為可恥，我亦認為可恥。心怨其人，藏匿不外露，仍與之為友，左丘明認為可恥，我亦認為是可恥。」

（二五）

顏淵季路侍。子曰：「盍各言爾志？」子路曰：「願車馬，衣輕裘，與朋友共敝之而無憾。」顏淵曰：「願無伐善，無施勞。」子路曰：「願聞子之志。」子曰：「老者安之，朋友信之，少者懷之。」

注釋

侍 指立侍言。若坐而侍，必別以明文著之。

盍 何不也。

衣輕裘 此處誤多一輕字，當作車馬衣裘。

共敝之而無憾 憾，恨義。或於共字斷句，下「敝之而無憾」五字為句。然曰「願與朋友共」，又曰「敝之而無憾」，敝之似專指朋友，雖曰無憾，其意若有憾矣。不如作共敝之為句，語意較顯。車馬衣裘，常所服用，物雖微，易較彼我，子路心體廓然，較之與朋友通財，更進一層。

無伐善，無施勞 伐，誇張義。己有善，心不自誇。勞謂有功，施亦張大義。易曰「勞而不伐」是也。善存諸己，勞施於人，此其別。一說：勞謂勞苦事，非己所欲，故亦不欲施於人。無伐善以修己，無施勞以安人。顏子之志，不僅於成己，又求能及物。若在上位，則願無施勞於民。秦皇、隋煬，皆施勞以求禍民者。今按：浴沂章三子言志以出言，此章言志以處言。今從上一說。

老者安之，朋友信之，少者懷之 此三之字，一說指人，老者我養之以安，朋友我交之以信，少者我懷之以恩也。另一說，三之字指己，即孔子自指。己必孝敬，故老者安之。己必無欺，故朋友信之。己必有慈惠，故少者懷之。論語多言盡己工夫，少言在外之效驗，則似第一說為是。然就如第一說，老者養之以安，此必老者安於我之養，而後可以謂之安。朋友交之以信，此必朋友信於我之交，而後可以謂之信。少者懷之以恩，亦必少者懷於我之恩，而後可以謂之懷。是從第一說，仍必進入第二說。蓋工夫即在效驗上，有此工夫，同時即有此效驗。人我皆入於化境，不僅在我心中有人我一體之仁，即在人心中，亦更與我無隔閡。同此仁道，同此化境，聖人仁德之化，至是而可無憾。然此老者朋友與少者，亦指孔子親所接對者言，非分此三類以該盡天下之人。如桓魋欲殺孔子，桓魋本不在朋友之列，何能交之以信？天地猶有憾，聖人之工夫與其效驗，亦必有限。

研析

此章見孔門師弟子之所志所願，亦即孔門之所日常講求而學。子路、顏淵皆已有意於孔子之所謂仁。然子路徒有與人共之之意，而未見及物之功。顏淵有之，而未見物得其所之妙。孔子則內外一體，直如天地之化工，然其實則只是一仁境，只是人心之相感通，固亦無他奇可言。讀者最當於此等處體會，是即所謂志孔顏之志，學孔顏之學。

孔門之學，言即其所行，行即其所言，未嘗以空言為學。讀者細闡此等章可見。

白話試譯

顏淵子路侍立在旁，先生說：「你們何不各言己志？」子路說：「我願自己的車馬衣裘，和朋友們共同使用，直到破壞，我心亦沒有稍微憾恨。」顏淵說：「我願己有善，己心不有誇張。對人有勞，己心不感有施予。」子路說：「我們也想聽先生的志願呀！」先生說：「我願對老者，能使他安。對朋友，能使他信。對少年，能使他於我有懷念。」

（二六）

子曰：「已矣乎！吾未見能見其過而內自訟者也。」

注釋

已矣乎　猶俗云完了吧。下文孔子謂未見此等人，恐其終不得見而歎之。

見其過而內自訟　訟，咎責義。己過不易見，能自見己過，又多自諉自解，少能自責。

研析

顏淵不遷怒，不貳過，孔子許其好學。然則孔子之所想見，即顏淵之所願學。孔門之學，斷當在此等處求之。或說，此章殆似顏子已死，孔子歎好學之難遇。未知然否。

白話試譯

先生說：「完了吧！吾沒有見一個能自己看到自己過失而又能在心上責備他自己的人呀！」

（二七）

子曰：「十室之邑，必有忠信如丘者焉，不如丘之好學也。」

研析

十室，小邑。忠信，人之天質，與生俱有。丘，孔子自稱名。本章言美質易得，須學而成。所謂「玉不琢，不成器。人不學，不知道」。學可以至聖人，不學不免為鄉人。後人尊崇孔子，亦僅可謂聖學難企，不當謂聖人生知，非由學得。

本篇歷論古今人物，孔子聖人，人倫之至，而自謂所異於人者惟在學。編者取本章為本篇之殿，其意深長矣。學者其細闡焉。

後之學孔子者，有孟軻、荀卿，最為大儒顯學。孟子道性善，似偏重於發揮本章上一語。荀子勸學，似偏重於發揮本章下一語。各有偏，斯不免於各有失。本章渾括，乃益見其閎深。

白話試譯

先生說：「十家的小邑，其中必有像我般姿質忠信的人，但不能像我般好學呀！」

雍也篇第六

（一）

子曰：「雍也，可使南面。」仲弓問子桑伯子，子曰：「可也，簡。」仲弓曰：「居敬而行簡，以臨其民，不亦可乎？居簡而行簡，無乃太簡乎？」子曰：「雍之言然。」

注釋

南面　人君聽政之位。言冉雍之才德，可使任諸侯也。

仲弓問子桑伯子 子桑伯子，魯人，疑即莊子書中之子桑戶，與琴張為友者。仲弓之問，問伯子亦可使南面否，非泛問其為人。仲弓問以下，或別為一章，今不從。

可也，簡 簡，不煩義。子桑伯子能簡，故曰可，亦指可使南面。可者，僅可而未盡之義。

居敬而行簡 上不煩則民不擾，如漢初除秦苛法，與民休息，遂至平安，故治道貴簡。然須居心敬，始有一段精神貫攝。

居簡而行簡 其行簡，其心亦簡，則有苟且率略之弊。如莊子之言治道即是。

研析

本篇自十四章以前，亦多討論人物賢否得失，與上篇相同。十五章以下，多泛論人生。

白話試譯

先生說：「雍呀！可使他南面當一國君之位了。」仲弓問道：「子桑伯子如何呢？」先生說：「可呀！他能簡。」仲弓說：「若居心敬而行事簡，由那樣的人來臨居民上，豈不好嗎！若居心簡而行事簡，不就太簡了嗎？」先生說：「雍說得對。」

(二)

哀公問：「弟子孰為好學？」孔子對曰：「有顏回者好學，不遷怒，不貳過，不幸短命死矣，今也則亡，未聞好學者也。」

注釋

遷怒 如怒於甲，遷及乙。怒在食，遷及衣。

貳過 貳，復義。偶犯有過，後不復犯，是不貳過。一說：易傳稱顏子有過未嘗不知，知之未嘗復行。是只在念慮間有過，心即覺察，立加止絕，不復見之行事。今按：此似深一層求之，就本章言，怒與過皆已見在外，應從前解為允。又說：不貳過，非謂今日有過，後不更犯。明日又有過，後復不犯。當知見一不善，一番改時，即猛進一番，此類之過即永絕。故不遷怒如鏡懸水止，不貳過如冰消凍釋，養心至此，始見工夫。此說不貳過，亦似深一層說之，而較前第二解為勝。讀論語，於通解本文後，仍貴能博參眾說，多方體究，斯能智慧日進，道義日開矣。

今也則亡，未聞好學者也 亡，同無。兩句意相重複，蓋深惜顏子之死，又歎好學之難得。又一說，本當作今也則未聞好學者也，誤多一亡字。

研析

本章孔子稱顏淵為好學，而特舉不遷怒不貳過二事。可見孔門之學，主要在何以修心，何以為人，此為學的。讀者當取此章與顏淵子路各言爾志章對參。志之所在，即學之所在。若不得孔門之所志與所學，而僅在言辭間求解，則烏足貴矣！

白話試譯

魯哀公問孔子道：「你的學生們，哪個是好學的呀？」孔子對道：「有顏回是好學的，他有怒能不遷向別處，有過失能不再犯。可惜短壽死了，目下則沒有聽到好學的了。」

（三）

子華使於齊，冉子為其母請粟。子曰：「與之釜。」請益，曰：「與之庾。」冉子與之粟五秉。子曰：「赤之適齊也，乘肥馬，衣輕裘。吾聞之也，君子周急不繼富。」原思為之宰，與之粟九百，辭。子曰：「毋！以與爾鄰里鄉黨乎？」

注釋

子華　公西赤字，孔子早年弟子。

使於齊　孔子使之也。

冉子　論語有子、曾子、閔子皆稱子，此外冉求亦稱子，此冉子當是冉求。或疑為冉伯牛，今不從。或說：此章乃冉求門人所記，故稱冉子。然此章連記兩事，因記冉子之與粟，而並記原思之辭祿，以形見冉子之失，不應是冉求門人所記。論語何以獨於此四人稱子，未能得確解，但當存疑。

為其母請粟 冉求以子華有母為辭，代為之請也。粟米對文，粟有殼，米無殼。若單用粟字，則粟即為米。

釜 六斗四升為一釜。古量約合今量之半，三斗二升，僅一人終月之食。蓋孔子以子華家甚富，特因冉求之請而少與之。

請益 冉求更為之請增。

庾 二斗四升為一庾。謂於一釜外再增一庾，非以庾易釜。或說：一庾十六斗，然孔子本不欲多與，不應驟加十六斗，今不從。

五秉 十六斛為一秉，五秉合八十斛。一斛十斗。

周急不繼富 急，窮迫義。周，補其不足。繼，續其有餘。子華之去，乘肥馬，衣輕裘。雖有母在家，固不待別有給養。故冉求雖再請，孔子終不多與。乃冉求以私意多與之，故孔子直告之如此。

原思 孔子弟子原憲，字思。

為之宰 為孔子家宰，當在孔子為魯司空司寇時。或本以此下為另一章。

與之粟九百 家宰有常祿，原思家貧，孔子與之粟九百，當是九百斛。古制大夫家宰，用上士為之，原思所得，蓋略當一上士之祿。以斛合石，一石百二十斤，二斛約重一石又半。漢制田一畝收粟一石又半，百畝收百五十石，合二百斛。上士當得四百畝之粟，即八百斛，又加圭田五十畝，共一百斛，則為九百斛。略當其時四百五十畝耕田之收益。

辭 原思嫌孔子多與，故請辭。

毋 禁止辭，孔子命原思勿辭。

以與爾鄰里鄉黨　謂若嫌多，不妨以之周濟爾之鄰里鄉黨。

研析

本章孔子當冉有之請，不直言拒絕，當原思之辭，亦未責其不當。雖於授與之間，斟酌盡善而極嚴。而其教導弟子，宏裕寬大，而崇獎廉隅之義，亦略可見。學者從此等處深參之，可知古人之所謂義，非不計財利，亦非不近人情。

白話試譯

子華出使到齊國去，冉子代他母親請養米。先生說：「給她一釜吧！」冉子再請增，先生說：「加一庾吧！」冉子給了米五秉。先生說：「赤這次去齊國，車前駕著肥馬，身上穿著輕裘。吾聽說，君子遇窮急人該周濟，遇富有的便不必再幫助。」原思當先生的家宰，先生給他俸米九百斛。原思辭多了。先生說：「不要辭，可給些你的鄰里鄉黨呀！」

（四）

子謂仲弓曰：「犂牛之子騂且角，雖欲勿用，山川其舍諸？」

注釋

子謂仲弓曰 論語與某言，皆稱子謂某曰，此處應是孔子告仲弓語。或說：此章乃孔子論仲弓之辭，非是與仲弓語，否則下文豈有面其子而以犂牛喻其父之理？或又疑仲弓父冉伯牛，縱謂此章非孔子與仲弓言，孔子亦不當論仲弓之美而暗刺其父之名，比之為犂牛。故謂此章乃是泛論古今人而特與仲弓言之，不必即指仲弓也。子謂仲弓可使南面，仲弓為季氏宰，問焉知賢才而舉之，或仲弓於選賢舉才取擇太嚴，故孔子以此曉而廣之耳。

按子罕篇，子謂顏淵曰：「惜乎！吾見其進也，未見其止也。」正是評論顏子之辭，與此章句法相似。本篇前十四章，均是評論人物賢否得失，則謂此章論仲弓更合，惟以犂牛暗刺其父之名則可疑。

犂牛之子 犂牛，耕牛。古者耕牛不以為牲供祭祀。子，指犢言。

騂且角 騂，赤色。周人尚赤，祭牲用騂。角謂其角周正，合於犧牲之選。或說：童牛無角，今言角，謂其及時可用。

勿用 用，謂用以祭。

山川其舍諸 山川，指山川之神言。周禮，用騂牲者三事：一，祭天南郊。二，宗廟。三，望祀四方山川。耕牛之子騂且角，縱不用之郊廟，山川次祀宜可用。淮南子曰：「犂牛生子而犧，以沉諸河。河伯豈羞其所從出，辭而不享哉？」即運用論語此章義。故曰山川之神不舍也。此言父雖不善，不害其子之美，終將見用於世。

研析

史記言仲弓父賤，不言是伯牛子。惟王充論衡有云：「毋犂犢騂，無害犧牲，祖濁裔清，不妨奇人。鯀惡禹聖，叟頑舜神。伯牛寢疾，仲弓潔全，顏路庸固，回傑超倫。」始謂仲弓父乃冉伯牛，伯牛名耕，正是犂牛。王充漢人近古，博通墳典，所言宜有據，然孔子何竟暗刺其父名而以語其子，此終可疑。或毋犂犢騂之喻，古自有之，孔子偶爾運用，而論衡緣此誤據耳。是孔子只言才德不繫於世類，固非斥父稱子也。

白話試譯

先生評論仲弓說：「一頭耕牛，生了一頭通身赤色而又兩角圓滿端正的小牛，人們雖想不用牠來當祭牛，但山川之神會肯捨牠嗎？」

（五）

子曰：「回也，其心三月不違仁，其餘則日月至焉而已矣。」

注釋

其心三月不違仁 仁指心言，亦指德言。違，離義。心不違仁，謂其心合於是德也。三月，言其久。三月一季，氣候將變，其心偶一違仁，亦可謂心不離仁矣。

其餘 他人也。

日月至焉 至，即不違。違言其由此他去，至言其由彼來至。如人在屋，間有出時，是違。如屋外人，間一來入，是至。不違，是居仁也。至焉，是欲仁也。顏淵已能以仁為安宅，餘人則欲仁而屢至。日月至，謂一日來至，一月來至。所異在尚不能安。

而已矣 如此而止，望其再進也。

研析

孟子曰：「仁，人心也。」然有此心，未必即成此德，其要在能好學。淺譬之，心猶薪，仁猶火。薪無有不燃，然亦有溼燥之分。顏子之心，猶燥薪。學者試反就己心，於其賓主出入違至之間，仔細體會，日循月勉，庶乎進德之幾有不能自已之樂矣。

白話試譯

先生說：「回呀！其心能三月不違離於仁了。餘人只是每日每月來至於仁就罷了。」

（六）

季康子問：「仲由可使從政也與？」子曰：「由也果，於從政乎何有？」曰：「賜也可使從政也與？」曰：「賜也達，於從政乎何有？」曰：「求也可使從政也與？」曰：「求也藝，於從政乎何有？」

注釋

使從政　指使為大夫言。

果　有決斷。

何有　何難義。

達　通達。

藝　多才能。

研析

此章見孔子因材設教，故能因材致用。

白話試譯

季康子問道：「仲由可使管理政事嗎？」先生說：「由能決斷，對於管理政事何難呀？」季康子再問：「賜可使管理政事嗎？」先生說：「賜心通達，對於管理政事何難呀？」季康子又問：「求可使管理政事嗎？」先生說：「求多才藝，對於管理政事何難呀？」

（七）

季氏使閔子騫為費宰，閔子曰：「善為我辭焉！如有復我者，則吾必在汶上矣！」

注釋

季氏　此季氏不知是桓子，抑康子。

閔子騫　孔子早年弟子，名損。

費　季氏家邑。季氏不臣於魯，而其邑宰亦屢叛季氏，故欲使閔子為費宰。

辭　推辭。閔子不欲臣於季氏也，故告使者善為我推辭。

復　再義。謂重來召我。

汶上　汶，水名，在齊南魯北境上。水以北為陽，凡言某水上，皆謂水之北。言若季氏再來召，我將北之齊，不居魯。

白話試譯

季孫氏使人請閔子騫為其家費邑的宰。閔子說：「好好替我推辭吧！儻如再來召我的話，我必然已在汶水之上了。」

（八）

伯牛有疾。子問之，自牖執其手，曰：「亡之，命矣夫！斯人也，而有斯疾也！斯人也，而有斯疾也！」

注釋

伯牛　孔子弟子冉耕字。

有疾　伯牛有惡疾。淮南子伯牛為厲。厲癩聲近，蓋癩病也。

子問之　問其病。

自牖執其手　古人居室，北墉而南牖，墉為牆，牖為窗。禮，病者居北墉下，君視之，則遷於南牖下，使君得以南面視之。伯牛家以此禮尊孔子，孔子不敢當，故不入其室而自牖執其手。或說：伯牛有惡疾，不欲見人，故孔子從牖執其手。或說：齊、魯間土牀皆築於南牖下，不必引君臣之禮說之，是也。

曰　此曰字不連上文，孔子既退，有此言。

亡之 一說：亡同無。無之，謂伯牛無得此病之道。又一說：亡，喪也。其疾不治，將喪此人。就下文命矣夫語氣，當從後解。

命矣夫 孔子此來，蓋與伯牛為永訣。伯牛無得此病之道，而病又不可治，故孔子歎之為命。

斯人也，而有斯疾也 斯人指伯牛，斯疾指其癩。以如此之人而獲如此之疾，疾又不可治。孔子深惜其賢。故重言深歎之。

白話試譯

冉伯牛有病，甚重。先生去問病，在屋之南窗外握他的手和他為永訣。先生說：「喪失了此人，這真是命啊！這樣的人，會有這樣的病。這樣的人，會有這樣的病啊！」

（九）

子曰：「賢哉回也！一簞食，一瓢飲，在陋巷。人不堪其憂，回也不改其樂。賢哉回也！」

注釋

一簞食，一瓢飲 簞，竹器。瓢，以瓠為之，以盛水。

在陋巷　里中道曰巷，人所居亦謂之巷。陋巷，猶陋室。

研析

本章孔子再言賢哉回也，以深美其雖簞食瓢飲居陋室而能不改其樂。孔子亦自言：「飯疏食，飲水，曲肱而枕之，樂亦在其中。」宋儒有尋孔顏樂處所樂何事之教，其意深長。學者其善體之。

白話試譯

先生說：「怎樣的賢哪！回呀！一竹器的飯，一瓢的水，在窮陋小室中，別人不堪其憂，回呀！仍能不改其樂。怎樣的賢哪！回呀！」

（一〇）

冉求曰：「非不說子之道，力不足也。」子曰：「力不足者，中道而廢。今女畫。」

注釋

說子之道　說，同悅。冉有自謂非不悅於孔子之道，但無力更前進。

中道而廢 廢，置義。如行人力不足，置物中途，俟有力再前進。駑馬十駕，一息尚存，此志不懈。

今女畫 女，同汝。畫，同劃。中途停止，不欲再進，如劃地自限。

研析

孔子之道高且遠，顏淵亦有末由也已之歎，然歎於既竭吾才之後。孔子猶曰：「吾見其進也，未見其止也。」又曰：「求也退，故進之。」是冉、顏之相異，正在一進一退之間。孔子曰：「有能一日用其力於仁矣乎！我未見力不足者。」此即孟子不為不能之辨。學者其細思之。

白話試譯

冉求說：「我非不悅先生之道，只是自己力量不足呀！」先生說：「力量不足，半路休息些時，現在你是劃下界線不再向前呀！」

（一一）

子謂子夏曰：「女為君子儒。無為小人儒。」

研析

女，同汝。儒，說文術士之稱。謂士之具六藝之能以求仕於時者。儒在孔子時，本屬一種行業，後遂漸成為學派之稱。孔門稱儒家，孔子乃創此學派者。本章儒字尚是行業義。同一行業，亦有人品高下志趣大小之分，故每一行業，各有君子小人。孔門設教，必為君子儒，無為小人儒，乃有此一派學術。後世惟辨儒之真偽，更無君子儒、小人儒之分。因凡為儒者，則必然為君子。此已只指學派言，不指行業言。

儒本以求仕，稍後，儒轉向任教。蓋有此一行業，則必有此一行業之傳授人。於是儒轉為師，師儒聯稱，遂為在鄉里教道藝之人。故孔子為中國儒家之創始人，亦中國師道之創始人。惟來從學於孔子之門者，其前輩弟子，大率有志用世，後輩弟子，則轉重為師傳道。子游、子夏在孔門四科中，同列文學之科，當尤勝於為師傳道之任。惟兩人之天姿與其學問規模，亦有不同，觀子張篇子游、子夏辨教弟子一章可知。或疑子夏規模狹隘，然其設教西河，而西河之人擬之於孔子。其從學之徒如田子方、段干木、李克，進退有以自見。漢儒傳經，皆溯源於子夏。亦可謂不辱師門矣。孔子之誡子夏，蓋逆知其所長，而預防其所短。推孔子之所謂小人儒者，不出兩義：一則溺情典籍，而心忘世道。一則專務章句訓詁，而忽於義理。子夏之學，或謹密有餘，而宏大不足，然終可免於小人儒之譏。而孔子之善為教育，亦即此可見。

白話試譯

先生對子夏道：「你該為一君子儒，莫為一小人儒。」

（一二）

子游為武城宰，子曰：「女得人焉爾乎？」曰：「有澹臺滅明者，行不由徑，非公事未嘗至於偃之室也。」

注釋

武城 魯邑名。

女得人焉爾乎 女，同汝。焉爾，猶云於此。孔子欲子游注意人才，故問於武城訪得人才否。或本作焉耳乎，義不可通。

澹臺滅明 澹臺氏，字子羽，後亦為孔子弟子。

行不由徑 徑，小路可以捷至者。滅明不從。

非公事未嘗至於偃之室 偃，子游名。滅明從不以私事至。即此兩事，其人之品格心地可知。

白話試譯

子游做武城宰，先生說：「你在那裡求得了人才嗎？」子游說：「有一澹臺滅明，他從不走小道捷徑，非為公事，從未到過我屋中來。」

（一三）

子曰：「孟之反不伐。奔而殿，將入門，策其馬，曰：『非敢後也，馬不進也。』」

注釋

孟之反　魯大夫，名側。

不伐　伐，誇義。

奔而殿　軍敗而奔，在後曰殿。軍敗殿後者有功。

策其馬　策，鞭也。將入城門，不復畏敵，之反遂鞭馬而前。

白話試譯

先生說：「孟之反是一個不自誇的人。軍敗了，他獨押後。快進自己城門，他鞭馬道：『我不是敢在後面拒敵呀！我的馬不能跑前呀！』」

（一四）

子曰：「不有祝鮀之佞，而有宋朝之美，難乎免於今之世矣！」

注釋

祝鮀　祝，宗廟官名。祝鮀，衛大夫，字子魚。有口才。

宋朝　宋公子，出奔在衛，有美色。

研析

或說：而，猶與字。言不有祝鮀之佞，與不有宋朝之美。衰世好諛悅色，非此難免，不字當統下兩字。然依文法，下句終是多一有字，似不順。或說：此章專為衛靈公發，言靈公若不得祝鮀之佞，而專有宋朝之美，將不得免。然不當省去靈公字，又不當言難乎免於今之世，此亦不可從。一說：苟無祝鮀之佞，而僅有宋朝之美，將不得免於今之世。此解於文理最順適。蓋本章所重，不在鮀與朝，而在佞與美。美色人之所喜，然娥眉見嫉，美而不佞，仍不免於衰世。或說：美以喻美質，言徒有美質，而不能希世取容。此則深一層言之，不如就本文解說為率直。孔子蓋甚歎時風之好佞耳。祝鮀亦賢者，故知本章不在論鮀、朝之為人。

白話試譯

先生說：「一個人，若沒有像祝鮀般的能說，反有了像宋朝般的美色，定難免害於如今之世了。」

（一五）

子曰：「誰能出不由戶？何莫由斯道也！」

研析

莫字有兩解：一，無義。言人不能出不由戶，何故無人由道而行。另一解，莫，非義。謂何非由此道，即謂人生日用行習無非道，特終身由之而不知。今從前解，乃孔子怪歎之辭。

白話試譯

先生說：「誰能出外不從門戶呀？但為何沒有人肯從人生大道而行呢？」

（一六）

子曰：「質勝文則野，文勝質則史。文質彬彬，然後君子。」

注釋

質 樸也。

文 華飾也。

野 鄙野義。禮記云：「敬而不中禮謂之野。」是也。

史 宗廟之祝史，及凡在官府掌文書者。

彬彬 猶班班，物相雜而適均之義。

白話試譯

先生說：「質樸勝過文采，則像一鄉野人。文采勝過了樸質，則像廟裡的祝官（或衙門裡的文書員）。只有質樸文采配合均勻，才是一君子。」

（一七）

子曰：「人之生也直，罔之生也幸而免。」

研析

人群之生存，由有直道。罔者，誣罔不直義。於此人生大群中，亦有不直之人而得生存，此乃由於他人之有直道，乃幸而獲免。正如不仁之人而得生存，亦賴人群之有仁道。若使人群盡是不仁不直，則久矣無此人群。左傳曰：「民之多幸，國之不幸。」即謂此。

白話試譯

先生說：「人生由有直道，不直的人也得生存，那是他的幸免。」

（一八）

子曰：「知之者，不如好之者。好之者，不如樂之者。」

研析

本章之字指學，亦指道。僅知之，未能心好之，知不篤。心好之，未能確有得，則不覺其可樂，而所好亦不深。譬之知其可食，不如食而嗜之，尤不如食之而飽。孔子教人，循循善誘，期人能達於自強不息欲罷不能之境，夫然後學之與道與我，渾然而為一，乃為可樂。

白話試譯

先生說：「知道它，不如喜好它。喜好它，不如從心裡悅樂它。」

（一九）

子曰：「中人以上，可以語上也。中人以下，不可以語上也。」

研析

中人，中等之人。語，告義。道有高下，人之智慧學養有深淺。善導人者，必因才而篤之。中人以下，驟語以高深之道，不惟無益，反將有害。惟循序漸進，庶可日達高明。本章不可二字非禁止意，乃難為意。猶如云民可使由之，不可使知之。

白話試譯

先生說：「中才以上的人，可和他講上面的，即高深的。中才以下的人，莫和他講上面的，只該和他講淺近的。」

（二〇）

樊遲問知。子曰：「務民之義，敬鬼神而遠之，可謂知矣。」問仁。曰：「仁者先難而後獲，可謂仁矣。」

注釋

務民之義 專用力於人道所宜。用民字，知為從政者言。

敬鬼神而遠之 鬼神之禍福，依於民意之從違。故苟能務民之義，自能敬鬼神，亦自能遠鬼神，兩語當連貫一氣讀。敬鬼神，即所以敬民。遠鬼神，以民意尤近當先。左傳隨季梁曰：「民，神之主也。」與孔子此答大意近似。

先難而後獲 此句可有兩解：治人當先富後教，治己當先事後食。詩經曰：「彼君子兮，不素餐兮。」是也。宋范仲淹先天下之憂而憂，後天下之樂而樂，亦仁者之心。又一說：不以姑息為仁，先令民為其難，乃後得其效。後解專主為政治民言，前解乃指從政者自治其身言。兩義皆通，今姑從前解。

研析

論語樊遲凡三問仁，兩皆兼問知，而孔子所答各不同。解者每謂弟子問同而孔子答異，乃因材施教。然一人同所問，何以答亦各異。蓋所問之辭本不同，孔子特各就問辭為答。記者重在孔子之答，略其問辭之詳，但渾舉問仁問知之目，遂若問同而答異。樊遲本章所問，或正值將出仕，故孔子以居位臨民之事答之。

白話試譯

樊遲問如何是知。先生說：「只管人事所宜，對鬼神則敬而遠之，可算是知了。」又問如何是仁。先生說：「難事做在人前，獲報退居人後，可算是仁了。」

（二一）

子曰：「知者樂水，仁者樂山。知者動，仁者靜。知者樂，仁者壽。」

注釋

樂水　水緣理而行，周流無滯，知者似之，故樂水。

樂山　山安固厚重，萬物生焉，仁者似之，故樂山。性與之合，故樂。

研析

本章首明仁知之性。次明仁知之用。三顯仁知之效。然仁知屬於德性，非由言辭可明，故本章借山水以為形容，亦所謂能近取譬。蓋道德本乎人性，人性出於自然，自然之美反映於人心，表而出之，則為藝術。故有道德者多知愛藝術，此二者皆同本於自然。論語中似此章富於藝術性之美者尚多，鳶飛戾天，魚躍於淵，俯仰之間，而天人合一，亦合之於德性與藝術。此之謂美善合一，美善合一之謂聖。聖人之美與善，一本於其心之誠然，乃與天地合一，此之謂真善美合一，此乃中國古人所倡天人合一之深旨。學者能即就山水自然中討消息，亦未始非進德之一助。

白話試譯

先生說：「知者喜好水，仁者喜好山。知者常動，仁者常靜。知者常樂，仁者常壽。」

（二二）

子曰：「齊一變，至於魯。魯一變，至於道。」

研析

齊有太公之餘風，管仲興霸業，其俗急功利，其民喜夸詐。魯有周公伯禽之教，其民崇禮尚信，庶幾仁厚近道。道，指王道。孔子對當時諸侯，獨取齊、魯兩國，言其政俗有美惡，故為變有難易。當時齊強魯弱，而孔子則謂齊變始能至魯，魯變易於至道。惜孔子終不得試，遂無人能變此兩邦。

白話試譯

先生說：「齊國一變可以同於魯，魯國一變便可同於道了。」

（二三）

子曰：「觚不觚，觚哉！觚哉！」

研析

觚，行禮酒器。上圓下方，容二升。或曰：取名觚者，寡少義，戒人貪飲。時俗沉湎於酒，雖持觚而飲，亦不寡少，故孔子歎之。或曰：觚有棱，時人破觚為圓，而仍稱觚，故孔子歎之。

觚羊之論，所以存名。觚哉之歎，所以惜實。其為憂世則一。或說：觚乃木簡，此屬後起，今不從。

白話試譯

先生說：「觚早不是觚了，還稱什麼觚呀！還稱什麼觚呀！」

（二四）

宰我問曰：「仁者雖告之曰：『井有仁焉』，其從之也？」子曰：「何為其然也？君子可逝也，不可陷也。可欺也，不可罔也。」

注釋

井有仁焉　或本仁下有者字。或說：此仁字當作人。又一說：仁者志在救人，今有一救人機會在井中，即井有仁也。不言人而人可知。又分別井中之人為仁人或惡人，則大可不必。

其從之也　也，同邪，疑問辭。宰我問，儻仁者聞有人墮井，亦往救之否？從之，謂從入井中。

何為其然也　然，猶云如此，即指從入井中言。

可逝也，不可陷也　逝，往義。陷，陷害義。仁者聞人之告，可使往視，但不致被陷害，自投入井。

可欺也，不可罔也　欺，被騙。罔，迷惑。仁者聞人之告，可被騙往視，不至迷惑自投入井。

研析

本章問答，皆設喻。身在井上，乃可救井中之人。身入井中，則自陷，不復能救人。世有愚忠愚孝，然不聞有愚仁。蓋忠孝有時僅憑一心，心可以愚。仁則本於心而成德，德無愚。故曰：「仁者必有知，知者不必有仁。」此見仁德之高。或說：宰我此章之問，或慮孔子罹於禍而微諷之。如子欲赴佛肸、公山弗擾之召，子路不悅。宰我在言語之科，故遇此等事，不直諫而婉辭以諷。

白話試譯

宰我問道：「有人告訴仁者井中有人，會跟著入井嗎？」先生說：「為何會這樣呢？可誘騙仁者去看，但不能陷害他入井。他可被騙，但不會因騙而糊塗。」

（二五）

子曰：「君子博學於文，約之以禮，亦可以弗畔矣夫。」

注釋

博學於文　文，詩書禮樂，一切典章制度，著作義理，皆屬文。博學始能會通，然後知其真義。

約之以禮　禮，猶體。躬行實踐，凡修身、齊家、從政、求學一切實務皆是。約，要義。博學之，當約使歸己，歸於實踐，見之行事。

弗畔　畔，同叛，背義。君子能博約並進，禮文兼修，自可不背於道。

研析

就學言之謂之文，自踐履言之謂之禮，其實則一。惟學欲博而踐履則貴約，亦非先博文，再約禮，二者齊頭並進，正相成，非相矯。此乃孔門教學定法，顏淵喟然歎曰章可證。

白話試譯

先生說：「君子在一切的人文上博學，又能歸納到一己當前的實踐上，該可於大道沒有背離了！」

（二六）

子見南子，子路不說。夫子矢之曰：「予所否者，天厭之，天厭之。」

注釋

南子 衛靈公夫人，有淫行。史記：南子使人謂孔子曰：「四方之君子，辱欲與寡君為兄弟者，必見寡小君。寡小君願見。」孔子辭謝，不得已，而見之。

矢之 此矢字，舊說各不同。一曰矢，誓義。孔子因子路不悅，故指天而誓。一曰矢，陳義。孔子指天告子路云云。今從第一說。

予所否者，天厭之 古人誓言皆上用所字，下用者字，此句亦然。否字各解亦不同。一曰：否謂不合於禮，不由於道。孔子對子路誓曰：「我若有不合禮，不由道者，天將厭棄我。」一曰：否，乃否泰、否塞之否。孔子對子路曰：「我之所以否塞而道不行者，乃天命厭棄我。」蓋子路之不悅，非不悅孔子之見南子，乃不悅於孔子之道不行，至於不得已而作此委曲遷就。故孔子告之云云，謂汝不須不悅。一曰：否，猶不字義。孔子指天而告子路，曰：「我若固執不見，天將厭棄我。」細會文理，仍以第一說為是。古者仕於其國，有見其小君之禮，如左傳季文子如宋，宋公享之，穆姜出於房再拜，是也。聖人道大德全，在我有可見之禮則見之，彼之不善，我何與焉。如陽貨欲見孔子，孔子初不欲見，及其饋蒸豚，亦不得不往而謝之。然何不以此詳告子路，而為此誓辭？禮，在其國，不非其大夫，況於小君？若詳告，則言必及南子，故孔子不直答，而又為之誓。其實則是婉轉其辭，使子路思而自得之。

白話試譯

孔子去見南子，子路為此不悅。先生指著天發誓說：「我所行，若有不合禮不由道的，天會厭棄我，天會厭棄我。」

(二七)

子曰：「中庸之為德也，其至矣乎！民鮮久矣！」

研析

中庸之人，平人常人也。中庸之道，為中庸之人所易行。中庸之德，為中庸之人所易具。故中庸之德，乃民德。其所以為至者，言其至廣至大，至平至易，至可寶貴，而非至高難能。而今之民則鮮有此德久矣，此孔子歎風俗之敗壞。

小戴禮中庸篇有曰：「中庸其至矣乎？民鮮能久矣！」與論語本章異。論語言中庸，乃百姓日用之德，行矣而不著，習矣而不察，終身由之而不知其道。若固有之，不曰能。小戴禮中庸篇乃以中庸為有聖人所不知不能者，故曰民鮮能。若論語則必言仁與聖，始是民所鮮能。

白話試譯

先生說：「中庸之德，可算是至極的了！但一般民眾，少有此德也久了。」

（二八）

子貢曰：「如有博施於民而能濟眾，何如？可謂仁乎？」子曰：「何事於仁，必也聖乎？堯舜其猶病諸！夫仁者，己欲立而立人，己欲達而達人。能近取譬，可謂仁之方也已。」

注釋

博施於民而能濟眾　施，給與義。濟，救助義。子貢謂能廣博施與，普遍救濟，如此必合仁道。

何事於仁　此猶謂非仁之事。孔子非謂博施濟眾非仁，乃謂其事非僅於仁而可能。

必也聖乎　此處聖字作有德有位言。仁者無位，不能博施濟眾。有位無德，亦不能博施濟眾。

堯舜其猶病諸　病，有所不足義。堯舜，有德又有位，但博施濟眾，事無限量，雖堯舜亦將感其力之不足。但亦非即不仁，可見仁道與博施濟眾有辨。或說：聖乎堯舜連讀，義亦可通。今不從。

己欲立而立人，己欲達而達人　立，三十而立之立。達，如是聞非達之達。己欲立，思隨分立人。己欲達，思隨分達人。孔子好學不厭，是欲立欲達。誨人不倦，是立人達人。此心已是仁，行此亦即是仁道，此則固是人人可行者。

能近取譬，可謂仁之方也已 譬，取譬相喻義。方，方向、方術義。仁之方，即謂為仁之路徑與方法。人能近就己身取譬，立見人之與我，大相近似。以己所欲，譬之他人，知其所欲之亦猶己。然後推己及人，此即恕之事，而仁術在其中矣。子貢務求之高遠，故失之。

白話試譯

子貢說：「如有人，能對民眾廣博施與和救濟，這如何呢？可算是仁了吧？」先生說：「這哪裡是仁的事？必要等待聖人吧。堯舜還怕感到力量不足呀！仁者，只要自己想立，便也幫助人能立。自己想達，便也幫助人能達。能在切近處把來相譬，這就可說是仁的方向了。」

述而篇第七

（一）

子曰：「述而不作，信而好古，竊比於我老彭。」

述而不作。

注釋

述而不作　述，傳述舊聞。作，創始義，亦制作義。如周公制禮作樂，兼此二義。孔子有德無位，故但

信而好古　謂信於古而好之。孔子之學，主人文通義，主歷史經驗。蓋人道非一聖之所建，乃歷數千載

眾聖之所成。不學則不知，故貴好古敏求。

竊比於我老彭　老彭，商之賢大夫，其名見大戴禮。或即莊子書之彭祖。或說是老聃彭祖二人，今不從。

竊比於我，謂以我私比老彭。

研析

本篇多記孔子之志行。前兩篇論古今賢人，進德有漸，聖人難企，故以孔子之聖次之。前篇末章有有德無位之感，本篇以本章居首，亦其義。是亦有慽歎之心。

白話試譯

先生說：「只傳述舊章，不創始制作，對於古人，信而好之，把我私比老彭吧！」

（二）

子曰：「默而識之，學而不厭，誨人不倦，何有於我哉！」

注釋

默而識之　識，讀如志，記義。謂不言而存之心。默而識之，異乎口耳之學，乃所以蓄德。

何有於我哉 何有，猶言有何難，乃承當之辭。或說：除上三事外何有於我，謂更無所有。今從前說。

研析

本章所舉三事，盡人皆可自勉，孔子亦常以自居。然推其極，則有非聖人不能至者。其弟子公西華、子貢知之。或以本章為謙辭，實非。

白話試譯

先生說：「不多言說，只默記在心。勤學不厭，教人不倦，這三事在我有何難呀？」

（三）

子曰：「德之不修，學之不講，聞義不能徙，不善不能改，是吾憂也。」

注釋

德之不修 德必修而後成。

學之不講 學必講而後明。或說：講，習義。如讀書習禮皆是講。朋友講習，討論習行亦是講。

聞義不能徙 聞義，必徙而從之。

不善不能改　知不善，必不吝於改。

研析

本章所舉四端，皆學者所應勉。能講學，斯能徙義改過。能此三者，自能修德。此所謂日新之德。孔門講學主要工夫亦在此。本章亦孔子自勉自任之語，言於此四者有不能，是吾常所憂懼。

白話試譯

先生說：「品德不加意修養。學問不精勤講習。聽到義的，不能遷而從之。知道了不善的，不能勇於改正。這是我的憂懼呀！」

（四）

子之燕居，申申如也。夭夭如也。

注釋

燕居　閒居義。

申申如　伸舒貌。其心和暢。

夭夭如 弛婉貌。其心輕安。或說：申申象其容之舒，夭夭象其色之愉。

研析

本章乃所謂和順積中，英華發外，弟子記孔子閒居時氣象，申申、夭夭，似以樹木生意作譬，此乃整個神態，不專指容色言。大樹幹條直上，申申也。嫩枝輕盈妙婉，夭夭也。兼此二者，不過嚴肅，亦不過鬆放，非其心之和暢輕安，焉得有此？孔門弟子之善為形容，亦即其善學處。或說：申申，整飭義，言其敬。夭夭，言其和。

白話試譯

先生閒暇無事時，看去申申如，像很舒暢。夭夭如，又像很弛婉。

（五）

子曰：「甚矣吾衰也！久矣吾不復夢見周公！」

注釋

吾衰 年老意。

夢見周公　孔子壯盛時，志欲行周公之道，故夢寐之間，時或見之。年老知道不行，遂無復此夢矣。

研析

此章斷句有異，或作甚矣斷，吾衰也久矣斷，共三句。今按：甚矣言其衰，久矣言其不夢。仍作兩句為是。或本無復字，然有此字，感慨更深。此孔子自歎道不行，非真衰老無意於世。

白話試譯

先生說：「吾已衰極了！吾很久不再夢見周公了！」

（六）

子曰：「志於道，據於德，依於仁，游於藝。」

注釋

志於道　志，心所存向。

據於德　據，固執堅守義。道行在外，德修在己。求行道於天下，先自據守己德，如行軍作戰，必先有根據地。

依於仁 依，不違義。仁者，乃人與人相處之道，當依此道不違離。

游於藝 游，游泳。藝，人生所需。孔子時，禮、樂、射、御、書、數謂之六藝。人之習於藝，如魚在水，忘其為水，斯有游泳自如之樂。故游於藝，不僅可以成才，亦所以進德。

研析

本章所舉四端，孔門教學之條目。惟其次第輕重之間，則猶有說者。就小學言，先教書數，即游於藝。繼教以孝弟禮讓，乃及灑掃應對之節，即依於仁。自此以往，始知有德可據，有道可志。惟就大學言，孔子十五而志於學，即志於道。求道而有得，斯為德。仁者心德之大全，蓋惟志道篤，故能德成於心。惟據德熟，始能仁顯於性。故志道、據德、依仁三者，有先後無輕重。而三者之於游藝，則有輕重無先後，斯為大人之學。若教學者以從入之門，仍當先藝，使知實習，有真才。繼學仁，使有美行。再望其有德，使其自反而知有真實心性可據。然後再望其能明道行道。苟單一先提志道大題目，使學者失其依據，無所游泳，亦其病。然則本章所舉之四條目，其先後輕重之間，正貴教者學者之善為審處。顏淵稱孔子循循然善誘人，固難定刻板之次序。

白話試譯

先生說：「立志在道上，據守在德上，依倚在仁上，游泳在藝上。」

（七）

子曰：「自行束脩以上，吾未嘗無誨焉。」

注釋

束脩 一解，脩是乾脯，十脡為束。古人相見，必執贄為禮，束脩乃贄之薄者。又一解，束脩謂束帶脩飾。古人年十五，可自束帶脩飾以見外傅。又曰：束脩，指束身脩行言。今從前一解。

研析

本章謂只修薄禮來見，未嘗不教誨之。古者學術在官，事師必須宦學，入官乃能學藝。私家講學之風，自孔子開之。自行束脩，未嘗無誨，故雖貧如顏淵、原思，亦得及門受業。

白話試譯

先生說：「從帶著十脡乾脯為禮來求見的起，吾從沒有不與以教誨的。」

（八）

子曰：「不憤不啟。不悱不發。舉一隅不以三隅反，則不復也。」

注釋

不憤不啟　憤，心求通而未得。啟，謂開其意。

不悱不發　悱，口欲言而未能。發，謂開發之。

不以三隅反　物方者四隅，舉一隅示之，當思類推其三。反，還以相證義。

不復　不復教之。

研析

上章言孔子誨人不倦，編者以本章承其後，欲學者自勉於受教之地。雖有時雨，大者大生，小者小生，然不沃不毛之地則不生，非聖人之不輕施教。

白話試譯

先生說：「不心憤求通，我不啟示他。不口悱難達，我不開導他。舉示以一隅，不把其餘三隅自反自證，我不會再教他。」

（九）

子食於有喪者之側，未嘗飽也。子於是日哭，則不歌。

研析

喪者哀戚，於其旁不能飽食，此所謂惻隱之心。曰未嘗，則非偶然。哭指弔喪。一日之內，哭人之喪，餘哀未息，故不歌。曰則不歌，斯日常之不廢絃歌可知。然非歌則不哭。餘哀不懽，是其厚。餘懽不哀，則為無人心。顏淵不遷怒，孔子稱其好學。是哀可餘，樂與怒不可餘。此非禮制，乃人心之仁道。本章見聖人之心，即見聖人之仁。或分此為兩章，朱注合為一章，今從之。

白話試譯

先生在有喪者之側進食，從未飽過。那天弔喪哭了，即不再歌唱。

（一〇）

子謂顏淵曰：「用之則行，舍之則藏，唯我與爾有是夫！」子路曰：「子行三軍則誰與？」子曰：「暴虎馮河，死而無悔者，吾不與也。必也，臨事而懼，好謀而成者也。」

注釋

用之則行，舍之則藏　有用我者，則行此道於世。不能有用我者，則藏此道在身。舍，同捨，即不用義。

唯我與爾有是夫　爾指顏淵。身無道，則用之無可行，舍之無可藏。用舍在外，行藏在我。孔子之許顏淵，正許其有此可行可藏之道在身。有是夫是字，即指此道。有此道，始有所謂行藏。

子行三軍則誰與　凡從學於孔門者，莫不有用世之才，亦莫不有用世之志。子路自審不如顏淵，而行軍乃其所長，故以問。古制，大國三軍，則非粗勇之所勝任可知。

暴虎馮河　暴虎，徒手搏之。馮河，徒身涉之。此皆粗勇無謀，孔子特設為譬喻，非謂子路實有此。

臨事而懼，好謀而成　成，定義。臨事能懼，好謀始定。用舍不在我，我可以不問。行軍不能必勝而無敗，勝敗亦不盡在我，然我不可以不問。懼而好謀，是亦盡其在我而已。子路勇於行，謂行三軍，已所勝任。不知行三軍尤當慎，非曰用之則行而已。孔子非不許其能行三軍，然懼而好謀，子路或有所不逮，故復深一步教之。

研析

本章孔子論用行舍藏，有道亦復有命。如懷道不見用是命。行軍不能必勝無敗，亦有命。文中雖未提及命道二字，然不參入此二字作解，便不能得此章之深旨。讀論語，貴能逐章分讀，又貴能通體合讀，反覆沉潛，交互相發，而後各章之義旨，始可透悉無遺。

白話試譯

先生告顏淵說：「有用我的，則將此道行於世。不能有用我的，則將此道藏於身。只我與你能這樣了。」子路說：「先生儻有行三軍之事，將和誰同事呀？」先生說：「徒手搏虎，徒身涉河，死了也不追悔的人，我是不和他同事的。定要臨事能小心，好謀始作決定的人，我才和他同事吧。」

（一二）

子曰：「富而可求也，雖執鞭之士，吾亦為之。如不可求，從吾所好。」

研析

死生有命，富貴在天，此言不可求而必得。執鞭，賤職。周禮地官秋官皆有此職。若屬可求，斯即是道，故雖賤職，亦不辭。若不可求，此則非道，故還從吾好。吾之所好當惟道。孔子又曰：「知之者，不如好之者。好之者，不如樂之者。」昔人教人尋孔顏樂處，樂從好來。尋其所好，斯得其所樂。

上章重言道，兼亦有命。此章重言命，兼亦有道。知道必兼知命，知命即以善道。此兩章皆不言道命字，然當以此參之。

白話試譯

先生說：「富若可以求，就是執鞭賤職，吾亦願為。如不可求，還是從吾所好吧！」

（一二）

子之所慎：齊、戰、疾。

注釋

慎 不輕視，不怯對。

齊 讀齋。古人祭前之齋，變食遷坐，齊其思慮之不齊，將以交神明。子曰：「吾不與祭，如不祭。」若於齋不慎，則亦祭如不祭矣。

戰 眾之死生所關，故必慎。

疾 吾身生死所關，故必慎。

研析

此章亦言道命。神明、戰爭、疾病三者，皆有不可知，則亦皆有命。慎處其所不可知，即是道。孔子未嘗屢臨戰事，則此章殆亦孔子平日之言。

白話試譯

先生平常謹慎的有三件事：一齋戒，二戰陣，三疾病。

（一三）

子在齊聞韶，三月不知肉味，曰：「不圖為樂之至於斯也。」

注釋

子在齊聞韶 韶，舜樂名。或說：陳舜後，陳敬仲奔齊，齊亦遂有韶樂。

三月不知肉味 史記作「學之三月」，謂在學時不知肉味。或說：當以聞韶三月為句。此三月中常聞韶樂，故不知肉味。

不圖為樂之至於斯 孔子本好樂，聞韶樂而深美之，至於三月不知肉味，則其好之至矣。於是而歎曰：「不圖為樂之移人有至此。」或說：斯字指齊，謂不圖韶樂之至於齊。

研析

本章多曲解。一謂一旦偶聞美樂，何至三月不知肉味。二謂大學云：「心不在焉，食而不知其味。」豈聖人亦不能正心？三謂聖人之心應能不凝滯於物，豈有三月常滯在樂之理。乃多生曲解。不知此乃聖人一種藝術心情。孔子曰：「發憤忘食，樂以忘憂。」此亦一種藝術心情。藝術心情與道德心情交流合一，乃是聖人境界之高。讀書當先就本文平直解之，再徐求其深義。不貴牽他說，逞曲解。

白話試譯

先生在齊國，聽到了韶樂，三月來不知道肉味。他說：「我想不到音樂之美有到如此境界的。」

（一四）

冉有曰：「夫子為衛君乎？」子貢曰：「諾，吾將問之。」入，曰：「伯夷叔齊何人也？」曰：「古之賢人也。」曰：「怨乎？」曰：「求仁而得仁，又何怨？」出，曰：「夫子不為也。」

注釋

為衛君乎　為，贊助義。衛君，衛出公。靈公逐其太子蒯聵，靈公卒，衛人立蒯聵之子輒，是為出公。晉人納蒯聵，衛人拒之。時孔子居衛，其弟子不知孔子亦贊助衛君之以子拒父否？

伯夷叔齊　已見前。其父孤竹君將死，遺命立叔齊，叔齊讓其兄伯夷，伯夷遵父命逃去，叔齊亦不立而逃之。子貢不欲直問衛君事，故借問伯夷叔齊是何等人。

怨乎　孔子稱許伯夷叔齊為古之賢人，子貢又問得為國君而不為，其心亦有怨否？

求仁而得仁　此仁字亦可作心安解。父命叔齊立為君，若伯夷違父命而立，在伯夷將心感不安，此伯夷之能孝。但伯夷是兄，叔齊是弟，兄逃而己立，叔齊亦心感不安，遂與其兄偕逃，此叔齊之能弟。孝弟之心，即仁心。孝弟之道，即仁道。夷齊在當時，逃國而去，只求心安，故曰求仁而得仁，何怨也。

夫子不為也　夫子既許伯夷叔齊，可知其不贊成衛君之以子拒父。

白話試譯

冉有說：「我們先生是否贊助衛君呢？」子貢說：「對！吾將去試問。」子貢入到孔子之堂，問道：「伯夷叔齊可算何等人？」先生說：「是古代的賢人呀！」子貢說：「他們心下有怨恨嗎？」先生說：「他們只要求得心安，心已安了，又有什麼怨恨呀？」子貢走出，告訴他同學們說：「我們先生不會贊助衛君的。」

（一五）

子曰：「飯疏食，飲水，曲肱而枕之，樂亦在其中矣。不義而富且貴，於我如浮雲。」

注釋

飯疏食　飯，食義。食，音嗣。疏食，粗飯義。

曲肱而枕之　肱，臂也。曲臂當枕小臥。

樂亦在其中　樂在富貴貧賤之外，亦即在富貴貧賤之中。不謂樂貧賤。

不義而富且貴，於我如浮雲　中庸言：「素富貴，行乎富貴。素貧賤，行乎貧賤。君子無入而不自得。」然非言不義之富貴。孔子又言：「富與貴，是人之所欲也，不以其道，得之不處也。」不義而富且貴，是以不道得之，存心不義，營求而得。浮雲自在天，不行不義，則不義之富貴，無緣來相擾。

研析

本章風情高邈，可當一首散文詩讀。學者惟當心領神會，不煩多生理解。然使無下半章之心情，恐難保上半章之樂趣，此仍不可不辨。孟子書中屢言此下半章之心情，學者可以參讀。

白話試譯

先生說：「喫著粗飯，喝著白水，曲著臂膊當枕頭用，樂趣亦可在這裡了。不義而來的富貴，對我只像天際浮雲般。」

（一六）

子曰：「加我數年，五十以學，亦可以無大過矣。」

注釋

加我數年，五十以學 古者養老之禮以五十始，五十以前未老，尚可學，故曰四十五十而無聞焉，斯亦不足畏也已。如孔子不知老之將至，如衛武公耄而好學，此非常例。加，或作假。孔子為此語，當在年未五十時。又孔子四十以後，陽貨欲強孔子仕，孔子拒之，因謂如能再假我數年，學至於五十，此後出仕，庶可無大過。或以五十作卒，今不從。

亦可以無大過矣 此亦字古文論語作易，指周易，連上句讀。然何以讀易始可無過，又何必五十始學易。孔子常以詩書禮樂教，何以獨不以易教，此等皆當另作詳解。今從魯論作亦。

白話試譯

先生說：「再假我幾年，讓我學到五十歲，庶可不致有大過失了。」

（一七）

子所雅言，詩書執禮，皆雅言也。

注釋

雅言　古西周人語稱雅，故雅言又稱正言，猶今稱國語，或標準語。

詩書　孔子常以詩書教，誦詩讀書，必以雅言讀之。

執禮　執，猶掌義。執禮，謂詔、相、禮事，亦必用雅言。孔子魯人，日常操魯語。惟於此三者必雅言。

研析

孔子之重雅言，一則重視古代之文化傳統，一則抱天下一家之理想。孔子曰：「如有用我者，吾其為東周乎！」此章亦徵其一端。

白話試譯

先生平日用雅言的，如誦詩，讀書，及執行禮事，都必用雅言。

（一八）

葉公問孔子於子路，子路不對。子曰：「女奚不曰：『其為人也，發憤忘食，樂以忘憂，不知老之將至云爾。』」

注釋

葉公　葉，讀舒涉反。葉公，楚大夫沈諸梁，字子高。為葉縣尹，僭稱公。

子路不對　葉公問孔子之為人，聖人道大難名，子路驟不知所以答。

云爾　爾，如此義。云爾，猶如此說。

研析

此章乃孔子之自述。孔子生平，惟自言好學，而其好學之篤有如此。學有未得，憤而忘食。學有所得，樂以忘憂。學無止境，斯孔子之憤與樂亦無止境。如是孳孳，惟日不足，而不知年歲之已往，斯誠一片化境。今可稍加闡釋者，凡從事於學，必當從心上自知憤，又必從心上自感樂。從憤得樂，從樂起憤，如是往復，所謂純亦不已，亦即一以貫之。此種心境，實即孔子之所謂仁，此乃一種不厭不倦、不息不已之生命精神。見於行，即孔子之所謂道。下學上達，畢生以之。然則孔子之學與仁與道，亦即與孔子之為人合一而化，斯其所以為聖。言之甚卑近，由之日高遠。聖人之學，人人所能學，而終非人人之所能及，而其所不能及者，則仍在好學之一端。此其所以為大聖歟！學者就此章，通之於論語全書，入聖之門，其在斯矣。

白話試譯

葉公問子路：「你們先生孔子，究是怎樣一個人呀？」子路一時答不上，回來告先生。先生說：「你何不答道：『這人呀！他心下發憤，連喫飯也忘了。心感快樂，把一切憂慮全忘了，連自己老境快到也不知。你何不這般說呀！』」

（一九）

子曰：「我非生而知之者，好古，敏以求之者也。」

注釋

非生而知之　時人必有以孔子為生知，故孔子直言其非。

好古　好學必好古。若世無古今，人生限在百年中，亦將無學可言。孔子之學，特重人文，尤必從古史經驗前言往行中得之，故以好古自述己學。

敏以求之　敏，勤捷義，猶稱汲汲。此章兩之字，其義何指，尤須細玩。

白話試譯

先生說：「我不是生來便知的呀！我是喜好於古，勤快求來的呀！」

（二〇）

子不語怪、力、亂、神。

研析

此四者人所愛言。孔子語常不語怪，如木石之怪水怪山精之類。語德不語力，如盪舟扛鼎之類。語治不語亂，如易內蒸母之類。語人不語神，如神降於莘，神欲玉弁朱纓之類。力與亂，有其實，怪與神，生於惑。

白話試譯

先生平常不講的有四事。一怪異，二強力，三悖亂，四神道。

（二一）

子曰：「三人行，必有我師焉。擇其善者而從之，其不善者而改之。」

研析

三人行，其中一人是我。不曰三人居，而曰三人行，居或日常相處，行則道途偶值。何以必於兩人而始得我師，因兩人始有彼善於此可擇，我縱不知善，兩人在我前，所善自見。古代善道未昌，師道未立，群德之進，胥由於此。孟子曰：「舜之居深山之中，與木石居，與鹿豕遊，及其聞一善言，見一善行，沛然若決江河。」中庸亦言：「舜善與人同，樂取於人以為善。」皆發揮此章義。

孔子之學，以人道為重，斯必學於人以為道。道必通古今而成，斯必兼學於古今人以為道。道在人身，不學於古人，不見此道之遠有所自。不學於今人，不見此道之實有所在。不學於道途之人，則不見此道之大而無所不包。子貢曰：「夫子焉不學？而亦何常師之有？」可知道無不在，惟學則在己。能善學，則能自得師。

本章似孔子就眼前教人，實則孔子乃觀於古今人道之實如此而舉以教人。孔子之教，非曰當如此，實本於人道之本如此而立以為教。孔子曰：「性相近也，習相遠也。」此後孟子道性善，皆本於此章所舉人道之實然而推闡說之。然則孔子之創師道，亦非曰人道當有師，乃就於人道之本有師。中庸曰：「道不遠人。」其斯之謂矣。

白話試譯

先生說：「三人同行，其中必有我師了。擇其善的從之，不善的便改。」

（二三）

子曰：「天生德於予，桓魋其如予何？」

注釋

天生德於予 德由修養，然非具此天性，則修養無所施。孔子具聖德，雖由修養，亦是天賦，不曰聖德由我，故曰天生。

桓魋 宋司馬向魋，宋桓公之後，又稱桓魋。史記：「孔子過宋，與弟子習禮大樹下，桓魋伐其樹，孔子去。弟子曰：可速矣。」孔子作此章語。

其如予何 猶云無奈我何。桓魋縱能殺孔子之身，不能奪孔子之德，德由天生，斯不專在我。桓魋之所惡於孔子，惡孔子之德耳。桓魋不自知其無奈此德何。既無奈於此德，又何奈於孔子。弟子欲孔子速行，孔子告之以此，然亦即微服而去，是避害未嘗不深。然避害雖深，其心亦未嘗不閒。此乃孔子知命之學之實見於行事處，學者其深玩之。

研析

此章乃見聖人之處變，其不憂之仁，不惑之智，與不懼之勇。子貢所謂「夫子之言性與天道，不可得而聞」。蓋實有非言辭所能傳而達，知識所能求而得者。學者當與文王既沒章、在陳絕糧章參讀。

白話試譯

先生說：「天生下此德在我，桓魋能把我怎樣呀！」

(二三)

子曰：「二三子以我為隱乎？吾無隱乎爾！吾無行而不與二三子者，是丘也。」

注釋

二三子以我為隱 二三子，指諸弟子。隱，匿義。諸弟子疑孔子或有所隱匿，未盡以教。

無隱乎爾 爾指二三子。孔子言，我於諸君，無所隱匿。或云：乎爾，語助辭。孔子直言無隱。今不從。

吾無行而不與二三子者，是丘也 此重申上句意。孔子謂我平日無所行而不與二三子以共見。諸君所共見者，即丘其人。學於其人，其人具在，復何隱？此處孔子特地提出一行字，可謂深切之教矣。蓋諸弟子疑孔子於言有隱。孔子嘗曰：「不憤不啟。不悱不發。」又曰：「天何言哉？」「予欲無言。」不知天雖無言，時行物生，天道已昭示在人，而更何隱？諸弟子不求之行而求之言，故孔子以無行而不與之道啟之。

研析

本章孔子提醒學者勿盡在言語上求高遠，當從行事上求真實。有真實，始有高遠。而孔子之身與道合，行與學化。其平日之一舉一動，篤實光輝，表裡一體，既非言辨思議所能盡，而言辨思議亦無以超其外。此孔子之學所以為聖學。孔子曰：「默而識之。」其義可思矣。

白話試譯

先生說：「諸位以為我對你們有所隱匿嗎？吾對諸位，沒有什麼隱匿呀！我哪一行為不是和諸位在一起？那就是我了呀！」

（二四）

子以四教，文、行、忠、信。

研析

文，謂先代之遺文。行，指德行。忠信，人之心性，為立行之本。文為前言往行所萃，非博文，亦無以約禮。然則四教以行為主。

本章緊承上章，當合而參之。

白話試譯

先生以四項教人。一是典籍遺文，二是道德行事，三和四是我心之忠與信。

（二五）

子曰：「聖人，吾不得而見之矣！得見君子者斯可矣！」子曰：「善人，吾不得而見之矣！得見有恆者斯可矣！亡而為有，虛而為盈，約而為泰，難乎有恆矣。」

研析

聖人君子以學言，善人有恆以質言。亡，通無。時世澆漓，人尚誇浮，匿無為有，掩虛為盈，心困約而外示安泰，乃難有恆。人若有恆，三人行，必可有我師，積久為善人矣。善人不踐跡，若能博文好古，斯即為君子。君子學之不止，斯為聖人。有恆之與聖人，相去若遠，然非有恆，無以至聖。章末申言無恆之源，所以誡人，而開示其入德之門。

本章兩子曰，或說當分兩章，或說下子曰二字衍文。今按：兩子曰以下，所指稍異，或所言非出一時，而意則相足，子曰字非衍，亦不必分章為是。

當孔子時，聖人固不易得見，豈遂無君子善人與有恆者？所以云然者，以其少而思見之切。及其既見，則悅而進之，如曰「君子哉若人」是也。凡此類，當得意而忘言，不貴拘文而曲說。

白話試譯

先生說：「聖人，吾是看不到的了，得看到君子就好了。」先生又說：「善人，吾是看不到的了，得看到有恆的人就好了。沒有裝作有，空虛裝作滿足，困約裝作安泰，這所以難乎有恆了。」

（二六）

子釣而不綱，弋不射宿。

注釋

釣而不綱　釣，一竿一鉤。綱，大索，懸掛多鉤，橫絕於流，可以一舉獲多魚。

弋不射宿　古人以生絲繫矢而射為弋。又繫石於絲末，矢中鳥，石奮繫脫，其絲纏繞鳥翼。故古之善射，有能一箭獲雙鳥者，雙鳥並飛，長絲兼纏之也。絲謂之繳，若不施繳，射雖中，鳥或帶矢而飛，墜於遠處。宿，止義。宿鳥，棲止於巢中之鳥。射宿鳥，有務獲掩不意之嫌，並宿鳥或伏卵育雛，故不射。

研析

本章舊說：孔子之釣射，乃求供祭品。然漁獵亦以娛心解勞，豈必臨祭然後有射釣。孔子有多方面之人生興趣，惟綱漁而射宿，其志專為求得，斯孔子不為耳。故此章乃游於藝之事，非依於仁之事。否則一魚之與多魚，飛鳥之與宿鳥，若所不忍，又何辨焉。

白話試譯

先生亦釣魚，但不用長繩繫多鉤而釣。先生亦射鳥，但不射停止在巢中之鳥。

（二七）

子曰：「蓋有不知而作之者，我無是也。多聞，擇其善者而從之，多見而識之，知之次也。」

注釋

不知而作 此作字或解著作，然孔子時，尚無私家著作之風。或解作為，所指太泛，世之不知而作者多矣，不當用蓋有二字。此作字當同述而不作之作，蓋指創制立說言。

多見而識之 識，記義。聞指遠。古人之嘉言懿行，良法美制，擇而從之，謂傳述。見指近，當身所見，是非善惡，默識在心，備參究。

知之次也 作者之聖，必有創新，為古今人所未及。多聞多見，擇善默識，此皆世所已有，人所已知，非有新創，然亦知之次。知者謂知道。若夫不知妄作，自謂之道，則孔子無之。

研析

此章非孔子之自謙。孔子立言明道，但非不知而作。所謂「我非生而知之者，好古，敏以求之」。是孔子已自承知之。又曰：「溫故而知新，可以為師矣。」孔子以師道自居，則決非僅屬多聞多見之知可知。本章上半節，乃孔子之自述。下半節，則指示學者以從入之門。

白話試譯

先生說：「大概有並不知而妄自造作的吧！我則沒有這等事。能多聽聞，選擇其善的依從它，能多見識，把來記在心，這是次一級的知了。」

（二八）

互鄉難與言。童子見，門人惑。子曰：「與其進也，不與其退也，唯何甚？人潔己以進，與其潔也，不保其往也。」

注釋

互鄉難與言 互鄉，鄉名。其鄉風俗惡，難與言善。或說：不能謂一鄉之人皆難與言，章首八字當通為一句。然就其風俗而大略言之，亦何不可。若八字連為一句，於文法不順愜，今不從。

門人惑 門人不解孔子何以見此互鄉童子。

與其進也，不與其退也 與，贊可義。童子進請益，當予以同情，非即同情及其退後之如何。

唯何甚 甚，過分義。謂如此有何過分。孟子曰：「仲尼不為已甚。」即此甚字義。

人潔己以進 潔，清除汙穢義。童子求見，當下必有一番潔身自好之心矣。

不保其往也 保，保任義，猶今言擔保。往字有兩解。一說指已往。一說指往後。後說與不與其退重複，當依前說。或疑保字當指將來，然云不保證其已往，今亦有此語。或又疑本章有錯簡，當云與其潔不保其往，與其進不與其退始是。今按：與其進，不與其退，始為凡有求見者言。與其潔，不保其往，此為其人先有不潔者言。乃又進一層言之，似非錯簡。

研析

此章孔子對互鄉童子，不追問其已往，不逆揣其將來，只就其當前求見之心而許之以教誨，較之自行束脩以上章，更見孔門教育精神之偉大。

白話試譯

互鄉的人，多難與言（善）。一童子來求見，先生見了他，門人多詫異。先生說：「我只同情他來見，並不是即同情他退下的一切呀！這有什麼過分呢？人家也是有一番潔身自好之心才來的，我只同情他這一番潔身自好之心，我並不保證他以前呀！」

（二九）

子曰：「仁，遠乎哉？我欲仁，斯仁至矣。」

研析

仁道出於人心，故反諸己而即得。仁心仁道皆不遠人，故我欲仁，斯仁至。惟求在己成德，在世成道，則難。故孔子極言仁之易求，又極言仁之難達。此處至字，即日月至焉之至，當與彼章參讀。

白話試譯

先生說：「仁遠嗎，我想要仁，仁即來了。」

（三〇）

陳司敗問：「昭公知禮乎？」孔子曰：「知禮。」孔子退，揖巫馬期而進之，曰：「吾聞君子不黨，君子亦黨乎？君取於吳為同姓，謂之吳孟子。君而知禮，孰不知禮？」巫馬期以告。子曰：「丘也幸，苟有過，人必知之。」

注釋

陳司敗 陳，國名。司敗，官名，即司寇。

昭公 魯君，名稠。

巫馬期 名施，孔子弟子。

黨 偏私義。

君取於吳為同姓 取，同娶，魯吳皆姬姓。

謂之吳孟子 禮同姓不婚，吳女當稱孟姬，昭公諱之，稱曰孟子，子乃宋女之姓。魯人謂之吳孟子，乃譏諷之辭。

苟有過，人必知之 昭公習於威儀之節，有知禮稱。陳司敗先不顯舉其娶於吳之事，而僅問其知禮乎，魯乃孔子父母之邦，昭公乃魯之先君，孔子自無特援此事評昭公為不知禮之必要，故直對曰知禮，此本無所謂偏私。及巫馬期以陳司敗言告孔子，孔子不欲為昭公曲辨，亦不欲自白其為國君諱。且陳司敗之問，其存心已無禮，故孔子不論魯昭公而自承己過。然亦不正言，只說有人說他錯，這是他幸運。此種對答，委婉而嚴正，陳司敗聞之，亦當自愧其魯莽無禮。而孔子之心地光明，涵容廣大，亦可見。

白話試譯

陳司敗問孔子道：「昭公知禮嗎？」孔子說：「知禮。」及孔子退，陳司敗作揖請巫馬期進，對他說：「我聽說君子沒有偏私，君子也會偏私嗎？魯君娶於吳國，那是同姓之女，致於大家稱她吳孟子。若魯君算得知禮，誰不知禮呀！」巫馬期把陳司敗話告孔子。孔子說：「丘呀！也是幸運。只要有了錯，人家一定會知道。」

（三一）

子與人歌而善，必使反之，而後和之。

研析

反，復義。本章見孔子之愛好音樂，又見其樂取於人以為善之美德。遇人歌善，必使其重複再歌，細聽其妙處，再與之相和而歌。

白話試譯

先生與人同歌，遇人歌善，必請他再歌，然後再和他同歌。

（三二）

子曰：「文莫，吾猶人也。躬行君子，則吾未之有得。」

注釋

文莫 有兩義，乃忞慔之假借。說文：忞，強也。慔，勉也。忞，讀若旻，旻莫雙聲，猶言黽勉，乃努力義。一說以文字斷句，莫作疑辭。謂文或猶人，行則不逮。兩說均通，但疑孔子決不如此自謙。今從前解。

躬行君子 躬行者，從容中道，臻乎自然，已不待努力。

研析

本章乃孔子自謙之辭。然其黽勉終身自強不息之精神，實已超乎君子而優入聖域矣。

白話試譯

先生說：「努力，我是能及人的。做一個躬行君子，我還沒有能到此境界。」

（三三）

子曰：「若聖與仁，則吾豈敢？抑為之不厭，誨人不倦，則可謂云爾已矣。」公西華曰：「正唯弟子不能學也。」

注釋

聖與仁　聖智古通稱。此孔子自謙，謂聖智與仁德，吾不敢當。蓋當時有稱孔子聖且仁者，故為此謙辭。

為之不厭，誨人不倦　此之字即指聖與仁之道言。為之不厭，謂求知與仁努力不懈。亦即以所求不倦誨人。

可謂云爾　云爾，猶云如此說，即指上文不厭不倦言。

正唯弟子不能學也　正唯猶言正在這上，亦指不厭不倦。

研析

本章義與上章相發。為之不厭，誨人不倦，正是上章之文莫，黽勉終身，若望道而未至也。孔子不自當仁與知，然自謂終其身不厭不倦，黽勉求仁求知，則可謂能然矣。蓋道無止境，固當畢生以之。易言：「天行健，君子以自強不息。」人道與天行之合一，即在此不厭不倦上，是即仁知之極。四時行，百物生，此為天德。然行亦不已，生亦不已，行與生皆健而向前。故知聖與仁其名，為之不厭誨人不倦是其實。孔子辭其名，居其實，雖屬謙辭，亦是教人最真實話。聖人心下所極謙者，同時即是其所最極自負者，此種最高心德，亦惟聖人始能之。讀者當就此兩章細參。

白話試譯

先生說：「若說聖與仁，那我豈敢？只是在此上不厭地學，不倦地教，那我可算得是如此了。」公西華說：「正在這點上，我們弟子不能學呀！」

（三四）

子疾病，子路請禱。子曰：「有諸？」子路對曰：「有之。誄曰：『禱爾於上下神祇。』」子曰：「丘之禱久矣。」

注釋

疾病　疾甚曰病。

請禱　請代禱於鬼神。

有諸　諸，猶之乎。有之乎，問辭。或說：有此事否？病而禱於鬼神，古今禮俗皆然，孔子何為問此？或說：有此理否？孔子似亦不直斥禱神為非理。此語應是問有代禱之事是否。如周公金縢，即代禱也，然未嘗先告武王，又命祝史使不敢言。今子路以此為請，故孔子問之。

誄曰　誄一本作讄，當從之。讄，施於生者，累其功德以求福。誄，施於死者，哀其死，述行以謚之。

禱爾於上下神祇　子路引此讄詞也。上下謂天地，神屬天，祇屬地。爾，訓汝。禱爾於三字，即別人代禱之辭，故子路引此以答。

丘之禱久矣　孔子謂我日常言行，無不如禱神求福，素行合於神明，故曰禱久矣，則無煩別人代禱。

研析

子路之請禱，乃弟子對師一時迫切之至情，亦無可深非。今先以請於孔子，故孔子告之以無須禱之義。若孔子而同意子路之請，則為不安其死而諂媚於神以苟期須臾之生矣，孔子而為之哉？

孔子遇大事常言天，又常言命，獨於鬼神則少言。祭祀所以自盡我心，故曰：「吾不與祭，如不祭。」知命則不待禱，故曰：「獲罪於天，無所禱也。」然此章固未明言鬼神之無有，亦不直斥禱神之非，學者其細闡之。

白話試譯

先生病得很重，子路請代先生禱告。先生說：「有此事嗎？」子路回答說：「有的。從前的誄文上說：『禱告你於上下神祇！』」先生說：「我自己已禱告很久了。」

（三五）

子曰：「奢則不孫，儉則固，與其不孫也寧固。」

研析

奢者常欲勝於人。孫字又作遜，不遜，不讓、不順義。固，固陋義。務求於儉，事事不欲與人通往來，易陷於固陋。二者均失，但固陋病在己，不遜則陵人。孔子重仁道，故謂不遜之失更大。

白話試譯

先生說：「奢了便不遜讓，儉了便固陋，但與其不遜讓，還是寧固陋。」

（三六）

子曰：「君子坦蕩蕩，小人長戚戚。」

研析

坦，平也。蕩蕩，寬廣貌。君子樂天知命，俯仰無愧，其心坦然，蕩蕩寬大。戚戚，蹙縮貌，亦憂懼義。小人心有私，又多欲，馳競於榮利，耿耿於得喪，故常若有壓迫，多憂懼。本章分別君子小人，單指其心地與氣貌言。讀者常以此反省，可以進德。

白話試譯

先生說：「君子的（心胸氣貌）常是平坦寬大，小人的（心胸氣貌）常是迫促憂戚。」

（三七）

子溫而厲，威而不猛，恭而安。

研析

溫，和順義。厲，嚴肅貌。厲近有威，溫近不猛。恭常易近於不安。孔子修中和之德，即在氣貌之間，而可以窺其心地修養之所至。學者當內外交修，即從外面氣貌上，亦可驗自己之心德。

白話試譯

先生極溫和，而嚴厲。極有威，但不猛。極恭敬，但安舒。

泰伯篇第八

（一）

子曰：「泰伯，其可謂至德也已矣！三以天下讓，民無得而稱焉。」

注釋

泰伯　周太王之長子。次仲雍，季歷。季歷生子昌，有聖德，太王意欲立之。太王疾，泰伯避適吳，仲雍從之逃亡。季歷立為君，傳子昌，是謂文王。

至德　德之至極之稱。

三以天下讓　或說：泰伯乃讓國，其後文王、武王卒以得天下，故稱之為讓天下。或說：時殷道漸衰，泰伯從父意讓季歷及其子昌，若天下亂，必能匡救，是其心為天下讓。三讓，一說：泰伯避之吳，一讓。太王沒，不返奔喪，二讓。免喪後，遂斷髮文身，終身不返，三讓。一說：季歷、文、武三人相傳而終有天下，皆泰伯所讓。今按：泰伯之讓，當如史記，知其父有立昌之心故讓。孔子以泰伯之德亦可以有天下，故曰以天下讓，非泰伯自謂以天下讓。三讓當如第二說。

民無得而稱　泰伯之讓，無跡可見。相傳其適吳，乃以采藥為名，後乃斷髮文身卒不歸，心在讓而無讓事，故無得而稱之。

研析

本章孔子極稱讓德，又極重無名可稱之隱德，讓德亦是一種仁德，至於無名可稱，故稱之曰至德。

白話試譯

先生說：「泰伯可稱為至德了。他三次讓了天下，但人民拿不到實跡來稱道他。」

（二）

子曰：「恭而無禮則勞。慎而無禮則葸。勇而無禮則亂。直而無禮則絞。君子篤

於親，則民興於仁。故舊不遺，則民不偷。」

注釋

勞、葸、亂、絞　勞，勞擾不安義。葸，畏懼。亂，犯上。絞，急切。恭慎勇直皆美行，然無禮以為之節文，則僅見其失。

君子篤於親，則民興於仁　此君子指在上者。篤，厚義。興，起義。在上者厚於其親，民聞其風，亦將興於仁。或說：君子以下當別為一章，惟為何人之言則失之。或說：當出曾子，因與慎終追遠民德歸厚之說相近。然無確據，今不從。

故舊不遺，則民不偷　遺，忘棄。偷，薄義。在上者不忘棄其故舊，則民德自歸於厚。

白話試譯

先生說：「恭而沒有禮，便會勞擾不安。慎而沒有禮，便會畏怯多懼。勇而沒有禮，便會犯上作亂。直而沒有禮，便會急切刺人。在上位的若能厚其親屬，民眾便會興起於仁了。在上位的若能不遺棄與他有故舊之人，民眾便會不偷薄了。」

（三）

曾子有疾，召門弟子曰：「啟予足，啟予手。詩云：『戰戰兢兢，如臨深淵，如履薄冰。』而今而後，吾知免夫！小子！」

注釋

有疾　疾，重病。

啟予足，啟予手　啟字有兩解。一說：開義。曾子使弟子開衾視其手足。一說：啟，同𥉻視。使弟子視其手足。當從後解。

詩云　詩小旻之篇。

戰戰兢兢　戰戰，恐懼貌。兢兢，戒謹貌。

如臨深淵，如履薄冰　臨淵恐墜，履冰恐陷。

吾知免夫　一說：引大戴禮曾子大孝篇，樂正子春引曾子曰：「父母全而生之，子全而歸之，可謂孝矣。」孝經云：「身體髮膚，受之父母，不敢毀傷。」將死知免，免即全而歸之。或說：免謂免於刑戮，毀傷亦指刑言，古者墨、劓、刵、宮，皆肉刑。孔子曰：「君子懷刑。」其稱南容，曰：「邦無道免於刑戮。」曾子此章，亦此義。樂正子春下堂傷足之所言，則失其初旨而近迂。今從後說。

研析

論語言「殺身成仁」，孟子言「舍生取義」，曾子臨終則曰「吾知免夫」，雖義各有當，而曾子此章，似乎氣象未宏。然子思師於曾子，孟子師於子思之門人，一脈相傳，孟子氣象固極宏大。論學術傳統，當通其先後而論之。謂曾子獨得孔門之傳固非，謂曾子不傳孔子之學，亦何嘗是。學者貴能大其心以通求古人學術之大體，以過偏過苛之論評騭古人，又焉所得。

白話試譯

曾子得了重病，召他的門弟子說：「看看我的手和足吧！詩經上說：『小心呀！小心呀！像臨深潭邊，像蹈薄冰上。』自今而後，我知道能免了。小子呀！」

（四）

曾子有疾，孟敬子問之。曾子言曰：「鳥之將死，其鳴也哀。人之將死，其言也善。君子所貴乎道者三：動容貌，斯遠暴慢矣。正顏色，斯近信矣。出辭氣，斯遠鄙倍矣。籩豆之事，則有司存。」

注釋

孟敬子問之 孟敬子，魯大夫仲孫捷。問者，問其病。

曾子言曰 此處何以不徑作曾子曰，而作曾子言曰？或說：一人自言曰言，兩人相對答曰語。此處乃曾子自言。然論語凡一人自言，不必都加言字，亦不應孟敬子來問病，而曾子一人自言，不照顧問病者。又一說：曾子不言己病，獨告以君子修身之道，記者鄭重曾子此番臨終善言，故特加一言字，而曾子病之不起，亦見於言外。兩義相較，後說似勝。

鳥之將死，其鳴也哀。人之將死，其言也善 此兩語相連，可有兩解。一曰：鳥畏死，故鳴哀。人窮反本，故言善。死到臨頭，更何惡意，故其說多善，此曾子之謙辭，亦欲敬子之信而識之。又一說：鳥獸將死，不遑擇音，故只吐哀聲。人之將死，若更不思有令終之言，而亦哀懼而已，則何以別於禽獸？後說曲深，不如前解平直，今從前解。

君子所貴乎道者三 此君子以位言。

動容貌，斯遠暴慢矣 動容貌，今只言動容。一說：人能動容對人，人亦不以暴慢對之。又一說：能常注意動容貌，己身可遠離於暴慢。暴，急躁。慢，怠放。今從後說。

正顏色，斯近信矣 正顏色，今只言正色。一說：人能正色對人，則易啟人信。或說：人不敢欺。又一說：能常注意正顏色，己身可以日近於忠信。今從後說。

出辭氣，斯遠鄙倍矣 辭，指言語。氣，指音聲。出者，吐辭出音之爽朗明確。倍，同背，違悖義。一說：人不敢以鄙陋背理之言陳其前。又一說：己身可遠於鄙倍。今從後說。

籩豆之事，則有司存　籩豆，禮器。籩，竹為之。豆，木為之。有司，管事者。曾子意，此等皆有管理專司，卿大夫不煩自己操心。存，在義。

研析

或說：孟敬子為人，舉動任情，出言鄙倍，且察察為明，近於苛細，曾子因以此告。此說近推測。曾子為學，蓋主謹於外而完其內。孟子乃主由中以達外。要之，學脈相承，所謂一是皆以修身為本。中庸言：「喜怒哀樂未發之謂中，發而皆中節之謂和。」容貌顏色辭氣，喜怒哀樂之所由表達。鄙之與雅，倍之與順，正之與邪，信之與偽，暴之與和，慢之與莊，即中節不中節之分。後人皆喜讀孟子中庸，若其言之闊大而高深。然曾子此章，有據有守，工夫平實，病危臨革而猶云云，可見其平日修養之誠且固。言修身者，於此不當忽。

白話試譯

曾子得了重病，孟敬子來問病。曾子道：「鳥將死，鳴聲悲。人將死，說話也多善言。君子所貴於道的有三事：能常注意動容貌，便可遠離暴慢。能常注意正顏色，便可日近於誠信。能常注意吐言出聲清整爽朗，便可遠離鄙倍了。至於那些籩豆之類的事，都有專責管理的人在那裡呀！」

（五）

曾子曰：「以能問於不能，以多問於寡，有若無，實若虛，犯而不校。昔者吾友嘗從事於斯矣。」

注釋

犯而不校　犯者，人以非禮犯我。校，計較義。然人必先立乎無過之地，不得罪於人，人以非禮相加，方說是犯，始可言校。若先以非禮加人，人以非禮答我，此不為犯，亦無所謂不校矣。

吾友　舊說：指顏子。其心惟知義理之無窮，不見物我之有間，故能爾。孟子橫逆之來章可參讀。

白話試譯

曾子說：「自己才能高，去問才能低於他的人。自己知道多，去問比他知道少的人。有了像沒有，充實像空虛。別人無理犯我，我能不計較。以前我的朋友曾在這上面下過工夫了。」

（六）

曾子曰：「可以託六尺之孤，可以寄百里之命，臨大節而不可奪也，君子人與？

君子人也。」

注釋

託六尺之孤　古人以七尺指成年。六尺，十五歲以下。託孤，謂受前君命輔幼主。

寄百里之命　此是攝國政。百里，大國也。

臨大節而不可奪　大節，國家安危，個人死生之大關節處。奪，強之放棄義。受人之託，守人之寄，一心以之，不可搖奪也。

君子人也　此處君子有兩說：一，受託孤之責，己雖無欺之之心，卻被人欺。膺百里之寄，己雖無竊之之心，卻被人竊。亦是不勝任。君子必才德兼全，有德無才，不能為君子。此說固是。但後世如文天祥史可法，心盡力竭，繼之以死，而終於君亡國破。此乃時命，非不德，亦非無才，甯得不謂之君子？故知上句不可奪，在其志，而君子所重，亦更在其德。蓋才有窮時，惟德可以完整無缺。此非重德行而薄事功，實因德行在我，事功不盡在我。品評人物，不當以不盡在彼者歸罪於彼。

白話試譯

曾子說：「可以把六尺的孤兒託付他，可以把百里的政令寄放於他，臨到大關節處，搖奪不了他，這等人，可稱君子了吧！真可算得君子了！」

（七）

曾子曰：「士不可以不弘毅，任重而道遠。仁以為己任，不亦重乎？死而後已，不亦遠乎？」

注釋

弘毅　弘，弘大。毅，強毅。非弘大強毅之德，不足以擔重任，行遠道。

仁以為己任　仁，人道。仁以為己任，即以人道自任。

死而後已　一息尚存，此志不懈，而任務仍無完成之日，故曰死而後已。

研析

本章以前共五章，皆記曾子語。首記曾子臨終所示畢生戰兢危懼之心。次及病革所舉注意日常容貌顏色辭氣之微。再記稱述吾友之希賢而希聖。以能問於不能，是弘。大節不可奪，是毅。合此五章觀之，心彌小而德彌恢，行彌謹而守彌固。以臨深履薄為基，以仁為己任為量。曾子之學，大體如是。後兩章直似孟子氣象，於此可見學脈。

白話試譯

曾子說：「一個士，不可不弘大而強毅，因他擔負重而道路遠。把全人群的大道來做自己的擔負，不重嗎？這個擔子須到死才放下，不遠嗎？」

（八）

子曰：「興於詩，立於禮，成於樂。」

注釋

興於詩 興，起義。詩本性情，其言易知，吟詠之間，抑揚反覆，感人易入。故學者之能起發其心志而不能自已者，每於詩得之。

立於禮 禮以恭敬辭讓為本，而有節文度數之詳。學者之能卓然自立，不為事物所搖奪者，每於禮得之。

成於樂 樂者，更唱迭和以為歌舞，學其俯仰疾徐周旋進退起迄之節，可以勞其筋骨，使不至怠惰廢弛。束其血脈，使不至猛厲僨起。而八音之節，可以養人之性情，而蕩滌其邪穢，消融其渣滓。學者之所以至於義精仁熟而和順於道德者，每於樂得之。是學之成。

研析

本章見孔子之重詩教，又重禮樂之化。後世詩學既不盡正，而禮樂淪喪，幾於無存，徒慕孔門之教於語言文字間，於是孔學遂不免有若為乾枯，少活潑滋潤之功。此亦來學者所當深體而細玩之。

白話試譯

先生說：「興起在詩，卓立在禮，完成在樂。」

（九）

子曰：「民可使由之，不可使知之。」

研析

上章言教化，本章言行政，而大義相通。孟子曰：「行之而不著焉，習矣而不察焉，終身由之而不知其道者眾也。」中庸曰：「百姓日用而不知。」皆與此章義相發。民性皆善，故可使由。民性不皆明，有智在中人以下者，故有不可使知者。若在上者每事於使民由之之前，必先家喻戶曉，日用力於語言文字，以務使知之，不惟無效，抑且離析其耳目，蕩惑其心思，而天下從此多故。即論教化，詩與禮樂，仍在使由。由之而不知，自然而深入，終自可知。不由而使知，知終不真，而相率為欺偽。易傳云：「通其變，使民不倦。神而化之，使民宜之。」亦為民之不可使知，而謀求其可由，乃有此變通神化之用。近人疑論語此章謂孔子主愚民便專制，此亦孔子所以有不可使知之慨歟！

白話試譯

先生說：「在上者指導民眾，有時只可使民眾由我所指導而行，不可使民眾盡知我所指導之用意所在。」

（一〇）

子曰：「好勇疾貧，亂也。人而不仁，疾之已甚，亂也。」

研析

本章亦言治道。若其人好勇，又疾貧，則易生亂。疾，惡義。若對不仁之人，疾惡之過甚，使無所容，亦易生亂。論語先進篇子路為政，可使民知勇，見勇為美德。孔子告冉有曰：「先富後教。」見貧必救治。又曰：「好仁而惡不仁。」見不仁誠當惡。惟主持治道，則須善體人情，導之以漸。一有偏激，世亂起而禍且遍及於君子善人，是不可不深察。

白話試譯

先生說：「若其民好勇，又惡貧，就易於興亂。若惡不仁之人太甚，也易於興亂。」

（一一）

子曰：「如有周公之才之美，使驕且吝，其餘不足觀也已。」

注釋

周公之才之美 周公旦多才，其才又甚美。

驕且吝 吝，慳嗇義。驕者恃才凌人，吝者私其才不以及人。非其才不美，乃德之不美。

其餘不足觀 其餘，驕吝之所餘，指其才言。用才者德，苟非其德，才失所用，則雖美不足觀。必如周公，其才足以平禍亂，興禮樂，由其不驕不吝，乃見其才之美。

白話試譯

先生說：「若有人能有像周公的才那樣美，只要他兼有著驕傲與吝嗇，餘下的那些才，也就不足觀了。」

（一二）

子曰：「三年學，不至於穀，不易得也。」

研析

穀，祿也。當時士皆以學求仕，三年之期已久，而其向學之心不轉到穀祿上，為難能。

白話試譯

先生說：「學了三年，其心還能不到穀祿上去的人，是不易得的呀！」

（一三）

子曰：「篤信好學，守死善道。危邦不入，亂邦不居。天下有道則見，無道則隱。

邦有道，貧且賤焉，恥也。邦無道，富且貴焉，恥也。」

注釋

篤信好學，守死善道　信，信此道。非篤信則不能好學。學，學此道，非好學亦不能篤信。能篤信，又能好學，然後能守之以至於死，始能善其道。善道者，求所以善明此道、善行此道。或說：守死於善與道之二者，今不從。

危邦不入，亂邦不居　危國不可入，亂國不可居。不入危邦，則不被其亂。不居亂邦，則不及其禍。全身亦以善道。然君子身居其邦，義不可去，有見危而授命者，亦求善其道而已。此皆守死善道。蓋守死者，有可以死，可以不死之別。必知不入不居之幾，乃能盡守死善道之節。

天下有道則見，無道則隱　見，猶現，猶今云表現。君子或見或隱，皆所以求善其道。

邦有道，貧且賤焉，恥也　邦有道而屈居貧賤，不能自表現，亦不能善道之徵。

邦無道，富且貴焉，恥也　邦無道而高居富貴，更是不能善道之徵矣。蓋世治而我身無可行之道，世亂而我心無可守之節，皆可恥之甚。

研析

合本章通體觀之，一切皆求所以善其道而已。可以富貴，可以貧賤，可以死，可以不死，其間皆須學。而非信之篤，則亦鮮有能盡乎其善者。

白話試譯

先生說：「該篤信，又該好學，堅執固守以至於死，以求善其道。危邦便不入，亂邦便不居。天下有道，該能有表現。天下無道，該能隱藏不出。若在有道之邦，仍是貧賤不能上進，這是可恥的。若在無道之邦，仍是富貴不能退，也是可恥的。」

（一四）

子曰：「不在其位，不謀其政。」

研析

本章與上章相發明。不在其位，不謀其位之政。然謀政，僅求所以明道之一端。貧賤富貴，隱顯出處，際遇有異，其當明道善道則一。不謀其政，豈無意於善道之謂？

白話試譯

先生說：「不在此職位上，即不謀此職位上的事。」

（一五）

子曰：「師摯之始，關雎之亂，洋洋乎盈耳哉！」

注釋

師摯之始，關雎之亂 師摯，魯樂師，名摯。關雎，國風周南之首篇。始者，樂之始。亂者，樂之終。古樂有歌有笙，有間有合，為一成。始於升歌，以瑟配之。如燕禮及大射禮，皆由太師升歌。摯為太師，是以云師摯之始。升歌三終，繼以笙入，在堂下，以磬配之，亦三終，然後有間歌。先笙後歌，歌笙相禪，故曰間，亦三終。最後乃合樂。堂上下歌瑟及笙並作，亦三終。周南關雎以下六篇，乃合樂所用，故曰關雎之亂。升歌言人，合樂言詩，互相備足之。

洋洋乎盈耳哉 此孔子讚歎之辭。自始至終，條理秩然，譽樂美盛。或以洋洋盈耳專指關雎合樂，或以關雎之亂專指關雎之卒章，恐皆未是。

研析

史記云：「孔子自衛反魯而正樂。」當時必是師摯在官，共成其事。其後師摯適齊，魯樂又衰。此章或是師摯在魯時，孔子歎美其正樂後之美盛。或師摯適齊之後，追憶往時之盛而歎美之。不可確定矣。

白話試譯

先生說：「由於太師摯之升歌開始，迄於關雎之合樂終結，洋洋乎樂聲美盛，滿在我的耳中呀。」

（一六）

子曰：「狂而不直，侗而不愿，悾悾而不信，吾不知之矣。」

注釋

狂而不直 狂者多爽直，狂是其病，爽直是其可取。凡人德性未醇，有其病，但同時亦有其可取。今則徒有病而更無可取，則其天性之美已喪，而徒成其惡，此所謂小人之下達。

侗而不愿 侗，無知義。無知者多謹愿，今則既無知，又不謹愿。

悾悾而不信 悾悾，愚慤義。愚慤者多可信，今則愚慤而又不可信。

吾不知之矣 此為深絕之之辭。人之氣質不齊，有美常兼有病，而有病亦兼有美。學問之功，貴能增其美而釋其病，以期為一完人。一任乎天，則瑕瑜終不相掩。然苟具天真，終可以常情測之。今則僅見其病，不見其美，此非天之生人乃爾，蓋習乎下流而天真已失。此等人不惟無可培育，抑亦不可測知，此孔子所以深絕之。

白話試譯

先生說：「粗狂而不爽直，顢頇而不忠厚，愚慤而不可信靠，這樣的人我真不曉得他了。」

（一七）

子曰：「學如不及，猶恐失之。」

研析

學問無窮，汲汲終日，猶恐不逮。或說：如不及，未得欲得也。恐失之，既得又恐失也。上句屬溫故，下句屬知新。穿鑿曲說，失平易而警策之意。今不取。

白話試譯

先生說：「求學如像來不及般，還是怕失去了。」

（一八）

子曰：「巍巍乎！舜禹之有天下也，而不與焉。」

注釋

巍巍 高大貌。

不與 此有三說：一、舜禹有天下，任賢使能，不親預其事，所謂無為而治也。一、舜禹之有天下，非求而得之，堯禪舜，舜禪禹，皆若不預己事然。一、舜禹有天下，而處之泰然，其心邈然若無預也。三說皆可通。然任賢使能，非無預也。讀下章「禹吾無間然」，知其非無為。第二說，魏晉人主之，因魏晉皆託禪讓得國。然舜禹之為大，不在其不求有天下而終有之。既有之矣，豈遂無復可稱？故知此說於理未足。第三說，與孟子「君子有三樂而王天下不與存焉」相似，然此亦不足以盡舜禹之大。宋儒又謂「堯舜事業，只如一點浮雲過目」。此謂堯舜不以成功自滿則可，謂堯舜不以事業經心則不可。蓋舜禹之未有天下，固非有心求之。及其有天下，任賢使能，亦非私天下於一己。其有成功，又若無預於己然。此其所以為大也。

白話試譯

先生說：「這是多麼偉大呀！像舜禹般，有此天下，像不預己事般。」

（一九）

子曰：「大哉！堯之為君也。巍巍乎！唯天為大，唯堯則之。蕩蕩乎！民無能名焉。巍巍乎！其有成功也。煥乎！其有文章。」

注釋

唯堯則之　則，準則義。堯之德可與天準。或曰：則，法則義，言堯取法於天。今取前解。

蕩蕩乎　空廣貌。

民無能名　名，指言語稱說。無能名，即無可指說。

煥乎其有文章　煥，光明貌。文章，禮樂法度之稱。

研析

本章孔子深歎堯之為君，其德可與天相準。乃使民無能名，徒見其有成功，有文章，猶天之四時行，百物生，而天無可稱也。

白話試譯

先生說：「偉大呀！像堯的為君呀！高大呀！只有天能那麼高大，只有堯可與天相似，同一準則了。廣大呀！民眾沒有什麼可以指別稱說於他的了。高大呀！那時的成功呀！光明呀！那時的一切文章呀！」

（二〇）

舜有臣五人而天下治。武王曰：「予有亂臣十人。」孔子曰：「才難，不其然乎？唐虞之際，於斯為盛。有婦人焉，九人而已。」「三分天下有其二，以服事殷，周之德，其可謂至德也已矣。」

注釋

舜有臣五人　此起首兩語亦孔子之言，記者移孔子曰三字於武王曰之後，此處遂不加子曰字。

有亂臣十人　舊文或無臣字，作有亂十人。亂，治義。謂有助之治者十人。

才難，不其然乎　才難，人才難得。古有此語，孔子引之，謂其信然。

唐虞之際，於斯為盛　此兩語有四說：一唐虞之際比周初為尤盛。一唐虞之際不如周初。一唐虞之際與此周初為盛。於，解作與。一際，邊際義，即以後、以下義，謂自唐虞以下，周初為盛。今按：唐虞與周初不相際。本章言才難，不在比優劣。惟第三說得之。蓋謂唐虞之際，人才嘗盛，於斯復盛，以一盛字兼統二代，於字似不須改解作與字。

有婦人焉　十人中有一婦人，或說乃文母太姒，或說武王妻邑姜。當以指邑姜為是。

九人而已　婦女不正式參加朝廷。

三分天下有其二，以服事殷　或說此下當另為一章，上文言才難，與此下不涉。又此語亦孔子以前所有，孔子引之，下面自加稱歎。若另為一章，則此下應別加孔子曰三字。**周之德，其可謂至德也已矣** 若三分天下以下另為一章，此至德顯稱文王。若連上為一章，則於論武王下獨稱文王之德，言外若於武王有不滿。或又曰：周之德，當兼文武言，武王其先亦未嘗不服事殷，惟紂為獨夫，不得不討。此說牽強。分兩章說之則無病。

白話試譯

舜有賢臣五人而天下治。武王說：「我有相輔為治的十人。」先生說：「古人說人才難得，不真對嗎？唐虞之際下及周初算是盛了，但其中還有一婦人，則只九人而已。」

先生又說：「把天下三分，周朝有了兩分，但仍還服事殷朝，周朝那時的德，真可稱是至德了！」

（二一）

子曰：「禹，吾無間然矣。菲飲食而致孝乎鬼神，惡衣服而致美乎黻冕，卑宮室而盡力乎溝洫。禹，吾無間然矣。」

注釋

無間然 間，罅隙義，即非難義。無間，謂無罅隙可非議。

菲飲食 菲，薄義。自奉薄，而祭祀鬼神極豐盛，蓋以為民祈福。

黻冕 冕，冠也。大夫以上冠皆通稱冕。黻，黼黻之黻，是冕服之衣。黻冕皆祭服。

溝洫 田間水道。禹時有洪水之災，人民下巢上窟，不得平土而居之，禹盡力溝洫，使人人得安宅。

研析

本章孔子深讚禹之薄於自奉而盡力於民事，亦有天下而不與之一端。事生以飲食為先，衣服次之，宮室又次之。奉鬼神在盡己心，故曰致孝。祭服備其章采，故曰致美。溝洫人功所為，故曰盡力。

白話試譯

先生說：「禹，我對他是無話可批評的了。他自己飲食菲薄而盡心孝敬鬼神。自己衣服惡劣，而講究祭服之美。自己宮室卑陋，而盡力修治溝洫水道。禹，我對他真是無話可批評的了。」

子罕篇第九

（一）

子罕言利，與命，與仁。

研析

利者，人所欲，啟爭端，群道之壞每由此，故孔子罕言之。罕，稀少義。蓋群道終不可不言利，而言利之風不可長，故少言之。與，贊與義。孔子所贊與者，命與仁。命，在外所不可知，在我所必當然。命原於天，仁本於心。人能知命依仁，則群道自無不利。或說：利與命與仁，皆孔子所少言，此決不然。論語言仁最多，言命亦不少，並皆鄭重言之，烏得謂少？或說：孔子少言利，必與命與仁並言之，然論語中不見其例，非本章正解。

白話試譯

先生平日少言利，只贊同命與仁。

（二）

達巷黨人曰：「大哉孔子！博學而無所成名。」子聞之，謂門弟子曰：「吾何執？執御乎？執射乎？吾執御矣！」

注釋

達巷黨人 或疑達是巷名，則不應復稱黨。因說巷黨連讀，達是此巷黨之名。或說達巷是此黨名。或說此達巷黨人即項橐也。項橐又稱大項橐，大項即達巷之轉音，橐是其名，達巷則以地為氏。其人聰慧不壽如顏回，故古人常以顏項並稱，惟項橐未及孔子之門。觀此章，其讚孔子之辭，知其非一尋常之黨人矣。

博學而無所成名 言其不可以一藝稱美之。孔子博學，而融會成體，如八音和為一樂，不得仍以八音之一名之。

吾何執 執，專執也。孔子聞黨人之稱美，自謙我將何執，射與御，皆屬一藝，而御較卑。古人常為尊長御車，其職若為人下。又以較射擇士，擅射則為人上。故孔子謙言若我能專執一藝而成名，則宜於執御也。

白話試譯

達巷的黨人說：「偉大呀孔子！他博學無所不能，乃至沒有一項可給他成名了。」先生聽了，對門弟子說：「我究竟該專執哪一項呢？是專執御，抑專執射呢？我想還是專執御吧！」

（三）

子曰：「麻冕，禮也，今也純，儉，吾從眾。拜下，禮也，今拜乎上，泰也。雖違眾，吾從下。」

注釋

麻冕 古制績麻為冕，其工細，故貴。

純 黑絲。以黑絲為冕，較用麻為儉。

拜下 一說古制，臣與君行禮，皆在堂下再拜稽首，君辭之，又升而再拜稽首於堂上。後漸驕泰，即在堂上拜，不先拜於堂下。又一說，拜君必在堂下，左傳周襄王賜齊侯胙，桓公下拜登受，秦穆公享晉公子重耳，公子降拜稽首，皆其證。儀禮始有升而成拜之文，即孔子所譏之拜乎上。蓋儀禮之書尚在孔子後，不可據以說論語此章之古禮。

研析

本章見禮俗隨世而變，有可從，有不可從。孔子好古敏求，重在求其義，非一意遵古違今。此雖舉其一端，然教儉戒驕，其意深微矣。

白話試譯

先生說：「麻冕是古禮，現在改用黑絲作冕，比麻冕節省了，我從眾，也用黑絲冕。臣對君在堂下拜，這是古禮，現在都在堂上拜，我覺得這樣似太驕了，雖違逆於眾，我還是在堂下拜。」

（四）

子絕四：毋意，毋必，毋固，毋我。

注釋

絕四 絕，無之盡。毋，即無字，古通用。下文四毋字非禁止辭。孔子絕不有此四者，非在心求禁絕。

毋意 意，讀如億，億測義。事未至，而妄為億測。或解是私意，今不從。

毋必 此必字有兩解。一，固必義。如言必信，行必果，事之已往，必望其常此而不改。一，期必義。事之未來，必望其如此而無誤。兩說均通。如用之則行，舍之則藏，即毋必。

毋固 固，執滯不化義。出處語默，惟義所在，無可無不可，即毋固。或說固當讀為故，所謂彼一時，此一時，不泥其故。兩義互通，今仍作固執解。

毋我 我，如我私、我慢之我。或說：孔子常曰「何有於我哉」，「則吾豈敢」，此即無我。又說孔子述而不作，處群而不自異，惟道是從，皆無我。兩說亦可互通。聖人自謙者我，自負者道，故心知有道，不存有我。

研析

本章乃孔子弟子記孔子平日處事立行之態度，而能直探其心以為說，非其知足以知聖人，而又經長期之詳審而默識者，不易知。

白話試譯

先生平日絕無四種心。一無億測心，二無期必心，三無固執心，四無自我心。

（五）

子畏於匡。曰：「文王既沒，文不在茲乎？天之將喪斯文也，後死者不得與於斯文也。天之未喪斯文也，匡人其如予何？」

注釋

畏於匡 匡，邑名。相傳陽虎嘗暴匡人，孔子弟子顏剋與虎俱。後剋為孔子御至匡，匡人識之。又孔子貌與虎相似，乃圍孔子，拘之五日，欲殺之。古謂私鬥為畏，匡人之拘孔子，亦社會之私鬥，非政府之公討。或說畏懼有戒心，非是，今不從。

文不在茲乎 文指禮樂制度，人群大道所寄。孔子深通周初文武周公相傳之禮樂制度，是即道在己身。或說：孔子周遊，以典籍自隨，文指詩書典冊。今不從。

後死者 孔子自指。若天意欲喪斯文，不使復存於世，即不使我知之。斯文即道，與於斯文，即使己得此道。

匡人其如予何 今我既得此道，知天意未欲喪斯文，則匡人亦無奈我何。

研析

孔子臨危，每發信天知命之言。蓋孔子自信極深，認為己之道，即天所欲行於世之道。自謙又甚篤，認為己之得明於此道，非由己之知力，乃天意使之明。此乃孔子內心誠感其如此，所謂信道篤而自知明，非於危難之際所能僞為。

白話試譯

先生在匡地被拘，他說：「文王既死，道不就在此嗎？若天意欲喪斯道，不會使後死者亦得知此道。若天意不欲喪斯道，匡人能把我怎樣呀？」

（六）

大宰問於子貢曰：「夫子聖者與？何其多能也！」子貢曰：「固天縱之將聖，又多能也。」子聞之，曰：「大宰知我乎？吾少也賤，故多能鄙事。君子多乎哉？不多也。」牢曰：「子云：『吾不試，故藝。』」

注釋

大宰　官名。舊注有吳、陳、魯、宋四國之說。或以左傳說苑證此太宰乃吳之太宰嚭，或即是。

夫子聖者與？何其多能也　聖字古人所指甚泛，自孔子後，儒家始尊聖人為德之最高者。太宰此問，蓋以多能為聖。或說：疑孔子聖人，何其多能於小藝，與下文不相應，今不從。

天縱之將聖　縱，不加限量義。將，大義。將聖，猶言大聖。言天意縱使之成為大聖。

又多能也　太宰之問，即以多能為聖。子貢之答，孔子既是大聖，又多能，皆天縱使然，則多能之非即是聖，其意亦顯。

多能鄙事　孔子自謙，謂因少時賤，必執事為生，而所能又皆鄙事，非因己之聖而無所不能。

君子多乎哉　孔子既自承多能，又說君子不必多能。然亦非謂多能即非君子。此處不言聖人，而改言君子，固亦孔子之謙，不欲以聖自居。然謂君子不必多能，其所指示則更深切矣。或說此章云：聰明人詩文字畫諸事皆能，但有不能為人者，此言亦可作深長思。

牢曰　牢，孔子弟子。史記仲尼弟子列傳無其人，當是偶闕。或說即子琴張。今按：論語編者，於孔子弟子必稱字而不名，然稱字亦必加子字，其有同字者，則配氏以別之。以牢為琴張之名，亦無據。然此處牢字必是名，一部論語，惟此及憲問章單稱名，或此兩章是此二人所記，故自書名，編者仍其舊而未改。或遂謂上論成於琴張，下論成於原思，則失之。牢曰以下或另分章，今不從。

子云　云與曰同義。牢引孔子語。或說孔子為本章語時，牢在旁舉所聞，與孔子語相發。一說門弟子記孔子語，因並及牢平日所述，用相印證。

吾不試，故藝　試，用義。孔子言，我不大用於世，故能多習於藝。

白話試譯

太宰問子貢道：「你們的先生是聖人了吧？為何這樣多能呀？」子貢說：「固是天意縱使他成為一大聖，又縱使他這樣多能呀。」先生聽到了說：「太宰真知道我嗎？我只因年輕時貧賤，故多能些鄙事。君子要多能嗎？不多的呀！」牢說：「先生曾說：『因我沒有被大用，所以學得許多藝。』」

（七）

子曰：「吾有知乎哉？無知也。有鄙夫問於我，空空如也，我叩其兩端而竭焉。」

注釋

空空如也　或說：孔子自言無知。或說：此指鄙夫來問者，言此鄙夫心中空空。就文理，後說為是。或說：空空，即悾悾，誠愨貌。鄙夫來問，必有所疑，有所疑，即非空空。然此鄙夫心中只有疑，並無知，則仍是空空，兩義可兼說。

我叩其兩端而竭焉　叩，如叩門，使門內人聞聲開門。又如叩鐘使自鳴。孔子轉叩問此鄙夫，使其心自知開悟。兩端者，凡事必有兩端，孔子就此鄙夫所疑之事之兩端叩而問之。竭，盡義。於此兩端，窮竭叩問，使鄙夫來問者，對其本所懷疑之事之兩端均有開悟，則所疑全體皆獲通曉，更無可疑。然此非孔子先自存有一番知識，專待此鄙夫之問。孔子僅就其所疑而叩之，使自開悟，故曰：「吾有知乎哉？無知也。」正為此鄙夫心悾悾如，誠懇有疑，又自承無知，故能循孔子之叩而逐步自有所開悟。若使此鄙夫胸有成見，不誠不懇，別懷他腸而來問難，則孔子雖善叩，此鄙夫必抱持己見，深閉固拒，不能有所開悟矣。故孔子雖善教，此鄙夫亦善學。孔子之善教，正因其自認無知。此鄙夫之善學，亦正因其心空空誠懇求問。蓋問者心虛，而答者亦心虛，故使答者能轉居於叩問之地位，而問者轉居於開悟對答之地位。而此所疑之事，乃躍然明顯，不明顯於孔子之口，乃明顯於此鄙夫來問者之心頭。此章亦孔子循循善誘之一例。

研析

本章言學問求知，必心虛始能有得，此其一。學問有所得，必由其心自有開悟，此其二。學日進，心日虛，得一知，必知更多為我所不知者。孔子曰：「吾有知乎哉？無知也。」此非謙辭，正乃聖人心虛德盛之徵，此其三。學者當取與知之為知之章合參。

白話試譯

先生說：「我有知嗎？我實是無知呀！有鄙夫來問於我，他心空空，一無所知，只誠懇地來問，我亦只就他所問，從他所疑的兩端反過來叩問他，一步步問到窮竭處，就是了。」

（八）

子曰：「鳳鳥不至，河不出圖，吾已矣夫！」

注釋

鳳鳥不至，河不出圖　鳳鳥至，河出圖，古人謂乃聖人受命而王之兆。尚書顧命篇有河圖，與大玉夷玉天球並列東序，則河圖亦當是玉石之類，自然成文，而獲得於河中者。河指黃河。

吾已矣夫　或曰：孔子傷時無明王，故已不見用。或曰：孔子自傷不得王天下，故無此瑞應，則世無太平之象，而孔子所欲行之道，其前途亦不卜可知矣。

研析

本章著重在第三句，不在第一、第二句。孔子乃歎無此世運，非必信有河圖鳳鳥之瑞。讀者當取乘桴浮海無所取材章同參齊玩。

白話試譯

先生說：「鳳鳥不來，河中不再出圖，大概我是完了吧！」

（九）

子見齊衰者，冕衣裳者，與瞽者，見之，雖少必作，過之，必趨。

注釋

齊衰　衰，同縗，喪服也。齊，縫緝義。緝邊者曰齊衰，以熟麻布為之。不緝邊曰斬衰，以至粗生麻布為之。齊衰服輕，斬衰服重，言齊衰可兼斬衰，言斬衰則不兼齊衰也。

冕衣裳　一說：冕，冠也。衣上服，裳下服。冕而衣裳，貴者之盛服。見之必作必趨，以尊在位。一說：冕，魯論作絻，亦喪服，而較齊衰為輕。喪禮，去冠括髮，以布廣一寸，從項中而前，交於額上，又卻向後，繞於髻，是謂絻。言絻衣裳，則此衣裳亦喪服。此章言孔子哀有喪而敬之。下及瞽者，亦所哀。今從後說。

瞽者　無目之人。或曰：瞽者瞽師。今按：承上文喪服者，則以其瞽，不以其為師。今不從。

見之　此見字是人來見而孔子見之，上見字是孔子見其人，上見字又兼指此見之與下過之言。或以子見齊衰者為句，冕衣裳者與瞽者見之為句，如此分句，則下文過之必趨四字應移冕衣裳者之前始是，今不取。

雖少必作　作，起義。其人來見，雖年少，孔子必自坐而起。

過之必趨　過之，謂孔子行過其人之前。趨，猶疾行。古人以疾行示敬。

研析

昔宋儒謝良佐，嘗舉此章，及師冕章，而曰：「聖人之道，無微顯，無內外，由灑掃應對而上達天道，本末一以貫之。一部論語只如此看。」今按：本章又見鄉黨篇。聖人心德之盛，愈近愈實，愈細愈密，隨時隨地而流露，有不期然而然者。此誠學者所宜留意。

白話試譯

先生見到服齊衰喪服的，以及輕喪去冠括髮的，以及瞽者無目的，他們若來見先生，先生必從坐席上起身，雖是年輕人亦一樣。若先生在這些人身旁走過，則必改步疾行。

（一〇）

顏淵喟然歎曰：「仰之彌高，鑽之彌堅，瞻之在前，忽焉在後。夫子循循然善誘人，博我以文，約我以禮。欲罷不能，既竭吾才，如有所立卓爾，雖欲從之，末由也已。」

注釋

喟然 歎息聲。

仰之彌高，鑽之彌堅 仰彌高，不可及。鑽彌堅，不可入。之字指孔子之道，亦指孔子其人，此乃顏淵日常心所嚮往而欲至者。

瞻之在前，忽焉在後 在前在後，喻恍惚不可捉摸。

循循然善誘人 循循，有次序貌。誘，引進義。孔子之教，依學者之所已至而循序誘進之。

博我以文，約我以禮 此孔門教法最大綱領，顏子舉此以言孔子之教，可謂切當深透之至。文，猶孔門四科之言文學。禮，指人生實踐。

欲罷不能，既竭吾才，如有所立卓爾 顏子因孔子之循循善誘，而欲罷不能，但已竭己才，仍見前面如有所立卓爾者。此卓爾，亦指孔子之道，乃及孔子之人格氣象。卓爾，峻絕義。所謂高山仰止望見之而力不能至。

雖欲從之，末由也已 末，無也。顏子言，悅之深而力已盡，雖欲再進，而已無路可由，亦所謂猶天之不可階而升。

研析

本章記顏子讚歎孔子之道之高且深，而顏子之好學，所以得為孔門最高弟子，亦於此見矣。惟孔子之道，雖極高深，若為不可幾及，亦不過在人性情之間，動容之際，飲食起居交接應酬之務，君臣父子夫婦兄弟之常，出處去就辭受取舍，以至政事之設施，禮樂文章之講貫。細讀論語，孔子之道，盡在其中，所謂無行而不與二三子者是丘也。非捨具體可見之外，別有一種不可測想推論之道，使人無從窺尋。學者熟讀論語，可見孔子之道，實平易而近人。而細玩此章，可知即在此平易近人之中，而自有其高深不可及處。雖以顏子之賢，而猶有此歎。今欲追尋孔子之道，亦惟於博文約禮，欲罷不能中，逐步向前，庶幾達於顏子所歎欲從末由之一境，則已面對孔子之道之極高峻絕處。若捨其平實，而索之冥漠，不務於博文約禮，而別作仰鑽，則未為善讀此章。

白話試譯

顏淵喟然歎道：「我仰望它，愈望愈高。我鑽研它，愈鑽愈堅。一忽兒看它在前面，一忽兒又像在後面。先生循著次第，一步步地誘導我，他是如何般的善教呀！他以文章開博我，以禮行節約我，使我欲罷不能。但我才知已盡，像見它在前面矗立著，高峻卓絕，我想再向前追從，但感到無路可由了。」

（一一）

子疾病，子路使門人為臣。病間，曰：「久矣哉！由之行詐也！無臣而為有臣，吾誰欺？欺天乎？且予與其死於臣之手也，無寧死於二三子之手乎？且予縱不得大葬，予死於道路乎？」

注釋

疾病　疾甚曰病。

使門人為臣　為孔子家臣也。大夫之喪，由家臣治其禮。為家臣者，蓋謂制喪服及一切治喪之具之準備。門人，即諸弟子。

病間　病少輕減。

久矣哉！由之行詐也　孔子病時不知，輕減後始知。責子路行詐道，謂其不自今日始，蓋子路咎在不知，其所不知則非自今日始。子路無宿諾，憑其片言而可以折獄，豈有久矣行詐之事？故知行詐專指此事言。久矣哉，指此行詐之所由來。

無臣而為有臣　孔子嘗為大夫，有家臣。今已去位，若病不起，不得仍以大夫禮葬。子路使門人為家臣，故曰無臣而作為有臣，將誰欺？欺天，則正見其無人可欺。

且予與其死於臣之手也，無寧死於二三子之手乎　無寧，寧義。孔子謂我與其有家臣治喪，豈不更願由門弟子治此喪事？大夫喪有定禮，門弟子之喪其師，則無禮可據。孔子日常好言禮，相傳孺悲學禮於孔子而士喪禮於是乎書，其事當在此章之後，則孔子此番病時，尚亦無士喪禮可循。且左傳禮不下庶人，刑不上大夫，其間別無士之一級。在大夫與庶人之間有士，禮之及於士，其事皆由孔門設教始。今孔子若病而卒，在當時實亦無禮可循，無喪可治。子路心尊孔子，謂不宜臨喪無禮，乃欲以大夫禮治孔子之喪，而不知其不可。其後孔子死，諸弟子心喪三年，此為無禮起禮，其事備載於史記。而孔子此處之所以告子路，則尤有深意。孔子之道之尊，在其有門人弟子，豈在其能有家臣？孔子心之所重，亦重在其有諸弟子，豈重在其能有家臣？子路泥禮未達，使諸弟子作為孔子之家臣，欲以大夫禮喪孔子，即諸弟子殆亦與子路同此見解。今經孔子發此一問，正好使子路及諸弟子共作深長之思。讀此章者，當悟孔子當時言禮之真實分際所在，又當知孔子言禮，與其言仁言道所分別處。至於孔子之可尊，其所以為百世之聖者，在其創師道，不在其曾為大夫。此在今日，人盡知之。然在當時，即孔子弟子，或所不知。然孔子亦不欲明白以此自尊，而此一問，則已深切道出此意。此章雖具體敘述一事，而涵蘊義深，讀者其細思之。

大葬　謂以君臣禮葬。

死於道路　謂棄於道路，無人葬之。或說：此章乃孔子將返魯，於道中適得病，故有死於道路之語。然孔子此問，其於無禮起禮之義，啟發深切，不可不知。

研析

孔子有言：「人而不仁，如禮何？」此章子路使諸弟子為孔子家臣，亦其平日尊親其師之意，其心有仁，而終未達一間，則若不為仁而為詐。是亦所謂如禮何之一例。學者遇此等處，最當深究。

白話試譯

先生病得很重，子路派使先生門人作為先生的家臣，來預備喪事。先生病減了，說：「很久了呀，由的行此詐道呀！我沒有家臣，裝作有家臣，這將騙誰呢？難道要騙天嗎？而且我與其死在家臣們手裡，還不是寧願死在你們學生們的手裡嗎？我縱使不得用君卿大夫們的葬禮，難道我就死在道路上，沒人來葬我嗎？」

（一二）

子貢曰：「有美玉於斯，韞匵而藏諸？求善賈而沽諸？」子曰：「沽之哉！沽之哉！我待賈者也。」

注釋

韞匵而藏諸　韞即藏義。匵，即匱，謂藏之匱中。諸，問辭，猶言之乎。

求善賈而沽諸　沽，賣義。賈，同價，善價，猶云高價。或說：猶言良賈。惟下文言待賈，顯謂待善價，當從前說。

研析

本章子貢以孔子懷道不仕，故設此問。孔子重言沽之，則無不仕之心可知。蓋孔子與子貢之分別，在求字與待字上。用之則行，舍之則藏，若有求無待，則將炫之，與藏之相異。

白話試譯

子貢說：「若有一塊美玉在這裡，是裝在匣中藏起呢？還是求一個高價出賣呢？」先生說：「賣呀！賣呀！我只在這裡等待出價的。」

（一三）

子欲居九夷。或曰：「陋，如之何？」子曰：「君子居之，何陋之有？」

注釋

九夷 東方之群夷。子欲居之，亦乘桴浮海之意。

陋 文化閉塞。

君子居之，何陋之有　若有外來君子居其地，即證其地非閉塞。孔子此答，亦與浮海章無所取材語風趣略同。若必謂孔子抱化夷為夏之志，則反失之。

白話試譯

先生想居住到九夷去。有人說：「九夷閉塞，怎住下呀？」先生說：「有外面君子去住，哪還稱什麼閉塞呢？」

（一四）

子曰：「吾自衛反魯，然後樂正，雅頌各得其所。」

注釋

樂正　此有兩解：一是正其樂章，一是正其樂音。兩義可兼采。

雅頌各得其所　詩篇之分雅頌以體製，樂之分雅頌則以音律。正其樂章，如鹿鳴奏於鄉飲酒、鄉射、燕禮。清廟奏於祀文王、大嘗禘、天子養老、兩君相見之類。正其樂音，正其音律之錯亂。

白話試譯

先生說：「我自衛返到魯國，始把樂釐正了。雅與頌各自獲得了它們原來應有的處所。」

（一五）

子曰：「出則事公卿，入則事父兄，喪事不敢不勉，不為酒困，何有於我哉？」

研析

言此數事，於我無難。或說：孔子幼孤，其兄亦早亡，此章未必在早年，則不專為己發。要之是日常庸行，所指愈卑，用意愈切，固人人當以反省。

白話試譯

先生說：「出外奉事公卿，入門奉事父兄，有喪事不敢不勉盡我力，不要被酒困擾了，這些對我有何困難呀？」

（一六）

子在川上，曰：「逝者如斯夫！不舍晝夜。」

研析

逝，往義。舍，同捨。或訓止，然晝夜不止，不當言不止晝夜。不捨晝夜者，猶言晝夜皆然。年逝不停，如川流之長往。或說：本篇多有孔子晚年語，如鳳鳥章，美玉章，九夷章，及此章，身不用，道不行，歲月如流，遲暮傷逝，蓋傷道也。或說：自本章以下，多勉人進學之辭。此兩說皆得之。宋儒以道體之說釋此章，亦一解。

白話試譯

先生在川水之上，說：「去的就像這樣呀！它不捨晝夜地向前。」

（一七）

子曰：「吾未見好德如好色者也。」

研析

本章歎時人之薄於德而厚於色。或說：好色出於誠，人之好德，每不如好色之誠。又說：史記：「孔子居衛，靈公與夫人同車，使孔子為次乘，招搖市過之。」故有此言。今按：孔子此章所歎，古固如此，今亦同然，何必專於衛靈公而發。讀論語，貴親從人生實事上體會，不貴多於其他書籍牽說。

白話試譯

先生說：「我沒有見過好德能像好色般的人呀。」

（一八）

子曰：「譬如為山，未成一簣，止，吾止也。譬如平地，雖覆一簣，進，吾往也。」

研析

簣，土籠。本章言學者當自彊不息，則積久而終成。若半途而廢，則前功盡棄。其止其進，皆在我，不在人。

白話試譯

先生說：「譬如堆一山，只一簣未成，停止了，這是我自己停止了的呀。譬如在平地，僅堆著一簣土，繼續向前堆，這也是我自己在向前堆的呀。」

(一九)

子曰：「語之而不惰者，其回也與！」

研析

惰，懈怠義。本章承上章。然讀者易於重視不惰二字，而忽了語之二字。蓋答問多因其所疑，語則教其所未至。聞所語而不得於心，故惰。獨顏子於孔子之言，觸類旁通，心解力行，自然不懈。此見顏子之高。

白話試譯

先生說：「和他講說了不怠懈的，只是顏回了吧！」

（二〇）

子謂顏回，曰：「惜乎！吾見其進也，未見其止也。」

研析

子謂顏回句斷，下曰字自為一句。本章乃顏淵既死而孔子惜之之辭。進止二字與上為山章同義。

白話試譯

先生說到顏淵，歎道：「可惜呀！我只見他向前，沒見他停下呀！」

（二一）

子曰：「苗而不秀者有矣夫！秀而不實者有矣夫！」

研析

穀始生曰苗，成穗為秀，成穀曰實。或說本章承上章，惜顏子。或說起下章，勵學者。玩本章辭氣，慨歎警惕，兼而有之。顏淵不幸短命，故有志者尤當學如不及。

白話試譯

先生說：「發了苗，沒有結成穗的有了吧！結了穗，沒有長成穀的有了吧！」

（二二）

子曰：「後生可畏，焉知來者之不如今也。四十五十而無聞焉，斯亦不足畏也已！」

注釋

後生可畏 後生，指年少者，因其來日方長，前途無限，故可畏。

焉知來者之不如今 來者，今日之後生。今，今日之成人。就目前言，似後生不如成人。然他年後生長成，焉知其必不如今日之成人乎？後來居上，出類拔萃者，亦可有之。

四十五十而無聞 無聞有兩解：一，無聲聞於世。一，謂其無聞於道。今從前解。古人四十曰強仕，五十而爵，四十五十，乃德立名彰之時，故孔子據以為說。

研析

本章警人及時勉學，而樂育英才之旨，亦可於此深味矣。

白話試譯

先生說：「年輕人是可畏的呀！哪知後一輩的將來定不如今天這一輩的呢？若到四十五十歲還沒有令聞在世，那就不足畏了。」

（二三）

子曰：「法語之言，能無從乎？改之為貴。巽與之言，能無說乎？繹之為貴。說而不繹，從而不改，吾末如之何也已矣！」

注釋

法語之言　法，法則義。語，告誡義。謂人以法則告誡之辭正言相規。

巽與之言　巽，恭順義。與，許與義。謂人以恭順許與之辭婉言相勸。

繹之為貴　繹，尋繹義。人之於我，不以莊論，而以恭巽讚許之辭相誘導，我雖悅其言，貴能尋繹其言之微意所在。

研析

本章見教在人而學在己。人縱善教，己不善學，則教者亦無如之何。

白話試譯

先生說：「別人用規則正言來告誡我，能不服從嗎？但能真實改過才好呀！別人用恭順婉辭來讚許我，能不喜悅嗎？但能尋繹他言外微意才好呀！只知喜悅，不加尋繹，只表服從，不肯自改，那我就無奈他何了！」

（二四）

子曰：「主忠信，毋友不如己者，過則勿憚改。」

研析

本章重出，已見學而篇。或曰：聖人隨機立教，一事時或再言，弟子重師訓，故復書而存之。

（二五）

子曰：「三軍可奪帥也，匹夫不可奪志也。」

研析

匹夫，猶謂獨夫。或曰：夫婦相匹配，故分言則曰匹夫匹婦。三軍雖眾，其帥可奪而取。志則在己，故雖匹夫，若堅守其志，人不能奪。

自子在川上章起，至此十章，皆勉人為學，然學莫先於立志。有志則進，如逝川之不已。無志則止，如為山虧一簣。故凡學而卒為外物所奪，皆是無志。

白話試譯

先生說：「三軍之眾，可把他元帥奪了。匹夫立志，誰也奪不成。」

（二六）

子曰：「衣敝緼袍，與衣狐貉者立，而不恥者，其由也與！」「不忮不求，何用不臧？」子路終身誦之。子曰：「是道也，何足以臧？」

注釋

敝縕袍 敝，破壞義。縕，亂絮。古無木棉，袍皆以絮。絮之好者稱綿，如今之絲綿。

狐貉 以狐貉之皮為裘，裘之貴者。

其由也與 檀弓，子路曰：「傷哉貧也，生無以為養，死無以為禮也。」家語：子路為親負米。則衣敝縕袍乃實況，非設辭。

不忮不求，何用不臧 此衛風雄雉之詩。忮，害義。嫉人之有而欲加以害傷之心也。求，貪義。恥己之無而欲求取於人。臧，善義。若能不忮不求，則何為而不善？

是道也，何足以臧 孔子引詩以美子路，子路終身誦之。是以一善沾沾自喜，將不復於道更求進，故孔子復言此以警之。或說：不忮不求以下當別為一章。今按：不忮不求，正承上敝縕狐貉之對立來，分章則義不見，今不從。

白話試譯

先生說：「穿著破舊的綿絮袍，和穿狐裘的人同立在一起，能不感為恥辱的，只有由了吧！」「詩經上說不忮刻，不貪求，有什麼不好呀？」子路聽了，從此常誦此詩。先生說：「這樣又何夠算好呀。」

（二七）

子曰：「歲寒，然後知松柏之後凋也。」

研析

凋，凋傷義。凋在眾木之後，曰後凋。春夏之交，眾木茂盛，及至歲寒，盡歸枯零。獨有松柏，支持殘局，重待陽和，所謂士窮見節義，世亂識忠臣。然松柏亦非不凋，但其凋在後，舊葉未謝，新葉已萌，雖凋若不凋。道之將廢，雖聖賢不能回天而易命，然能守道，不與時俗同流，則其緒有傳，其風有繼。本章只一語，而義喻無窮，至今通俗皆知，詩人運用此章義者尤廣。吾中華文化之歷久常新，孔子此章所昭示，其影響尤為不小。

白話試譯

先生說：「要到歲寒，才知松柏的後凋呀！」

（二八）

子曰：「知者不惑，仁者不憂，勇者不懼。」

注釋

知者不惑　知者明道達義，故能不為事物所惑。

仁者不憂　仁者悲天憫人，其心渾然與物同體，常能先天下之憂而憂，然其為憂，惻怛廣大，無私慮私憂。

勇者不懼　勇者見義勇為，志道直前。

研析

本章知仁勇三德，知以明之，仁以守之，勇以行之，皆達德。學者能以此自反而加體驗，則此心廣大高明，希聖希賢，自能循序日進矣。

白話試譯

先生說：「知者心無惑亂，仁者心無愁慮，勇者心無懼怕。」

（二九）

子曰：「可與共學，未可與適道。可與適道，未可與立。可與立，未可與權。」

注釋

適道 適，往赴義。同一向學，或志不在道，如學以求祿之類。故可與共學，未必可與共適道。

立 強立不反義。知向道，亦有中途見奪者。

權 稱物之錘名權。權然後知輕重。孟子曰：「男女授受不親，禮也。嫂溺援之以手，權也。」論語曰：「立於禮。」然處非常變局，則待權其事之輕重，而後始得道義之正。但非義精仁熟者，亦不能權。藉口適時達變，自謂能權，而或近於小人之無忌憚，故必能立乃始能權。

研析

本章告人以進學之階程，志學者可本此自省，亦當本此擇友取益。

白話試譯

先生說：「有人可和他共同向學，但未必可和他共同向道。有人可和他共同向道，但未必可和他共同強立不變。有人可和他共同強立不變，但未必可和他共同權衡輕重。」

（三〇）

「唐棣之華，偏其反而。豈不爾思？室是遠而。」子曰：「未之思也，夫何遠之有？」

注釋

唐棣之華，偏其反而　棣花有赤白兩種，樹高七八尺，其花初開相反，終乃合併。實大如李，六月中熟，可食。唐棣白色，華即花字。偏亦作翩，反或說當與翻同。翩翻，花搖動貌。

豈不爾思？室是遠而　棣花翩翻搖動，似有情，實無情。詩人借以起興，言我心搖搖，亦如棣花翩翻，非不相念於爾，但居室遠隔，不易常親耳。上四句是逸詩。

未之思也，夫何遠之有　孔子引此逸詩而說之，謂實不思而已。若果思之，即近在我心，何遠之有。

研析

此章言好學，言求道，言思賢，言愛人，無指不可。中國詩妙在比興，空靈活潑，義譬無方，讀者可以隨所求而各自得。而孔子之說此詩，可謂深而切，遠而近矣。仁遠乎哉，道不遠人，思則得之，皆是也。此章罕譬而喻，神思綿邈，引人入勝，論語文章之妙，讀者亦當深玩。本章舊與上章相連，宋朱子始為分章，今從之。

白話試譯

詩經上說：「唐棣花開，翩啊翻啊地搖動著。我心豈不想念於你呀！但我們的居室相隔太遠了！」先生說：「只是沒有想念吧！真想念就近在心中，還有什麼遠的呢？」

鄉黨篇第十

（一）

孔子於鄉黨，恂恂如也，似不能言者。其在宗廟朝廷，便便言，唯謹爾。

注釋

鄉黨　孔子生陬邑之昌平鄉，後遷曲阜之闕里，亦稱闕黨。此稱鄉黨，應兼兩地言。

恂恂　溫恭信實之貌。

似不能言　謙卑遜順，不欲以己之賢知先人。鄉黨乃父兄宗族之所在，孔子居鄉黨，其容貌辭氣如此。

宗廟朝廷 此指魯國之宗廟朝廷。廷者平地，朝有治朝內朝，皆在平地，無堂階，故稱朝廷。

便便言 便便，辯也。或說：閑雅之貌。

唯謹爾 宗廟朝廷，大禮大政所在，有所言，不可不明而辯，惟當謹敬而已。

研析

本篇記孔子居鄉黨，日常容色言動，以見道之無不在，而聖人之盛德，亦宛然在目矣。舊不分章，今依朱子分十七節。

白話試譯

孔子在鄉里間，其貌溫恭謙遜，好像不能說話的一般。他在宗廟朝廷時，說話極明白，不含糊，只是極謹敕。

（二）

朝，與下大夫言，侃侃如也。與上大夫言，誾誾如也。君在，踧踖如也，與與如也。

注釋

朝 此言君未視朝之時。

侃侃 和樂貌。

誾誾 中正有諍貌。

君在 君視朝時。

踧踖 恭敬貌。

與與 猶徐徐也，威儀中適之貌。單言踧踖，若有不寧。單言與與，似近於慢。故合言之。

研析

此一節記孔子在朝廷遇上接下之不同。

白話試譯

孔子在朝廷，當他和下大夫交談時，侃侃然和氣而又歡樂。當他和上大夫交談時，誾誾然中正而有諍辨。君視朝時，孔子恭恭敬敬，但又威儀中適。不緊張，也不弛懈。

（三）

君召使擯，色勃如也，足躩如也。揖所與立，左右手，衣前後，襜如也。趨進，翼如也。賓退，必復命，曰：「賓不顧矣。」

注釋

使擯　擯亦作儐，國有賓客，使孔子迎之。

勃如　變色莊矜貌。

躩如　盤辟貌。盤辟，猶言盤旋盤散，謂如臨深履危，舉足戒懼，必擇地始下，不如在平地之常步。或說：躩，速貌，不暇閒步也。此言孔子作擯時，容貌行走，皆竦然見敬意。此統言之，下特言之。

揖所與立，左右手　所與立，謂同為儐者。儐或五人，或四人，或三人。揖左邊人，則移其手向左，揖右邊人，則移其手向右。或曰：下言復命，則孔子必為上儐，其所與立者，但在左無在右。左右手，謂左其右手也。或說：本篇之辭，亦如記曲禮者然，非定記孔子某一時事。有為上擯，有為承擯，此兼記之。

衣前後，襜如也　擯者揖必俛其首，揖畢而仰，揖分左右，又兼俛仰，衣亦隨之前後轉擺。襜如，整貌。衣裳擺動而不亂。

趨進翼如　擯者從中庭進至阼階，其間有數十步，不宜紓緩，故必趨。翼如，如鳥舒翼，言其端好。

賓不顧矣　君命上擯送賓，復命白賓已去。此惟上擯事。

研析

此一節記孔子為君擯相之容。

白話試譯

君召孔子使作擯相，孔子必變容莊敬，行路如腳下有戒懼般。對同立的其他擯相作揖，左邊右邊，揮張兩手，衣服前後開動，整停不亂。由中庭趨進時，如鳥舒翼（狀態端好）。賓退了，必回復所命，說：「賓不再回頭了。」

（四）

入公門，鞠躬如也，如不容。立不中門。行不履閾。過位，色勃如也，足躩如也，其言似不足者。攝齊升堂，鞠躬如也，屏氣似不息者。出降一等，逞顏色，怡怡如也。沒階，趨進，翼如也。復其位，踧踖如也。

注釋

公門　古者天子五門，諸侯三門。入公門，應指第一門庫門言。

鞠躬如也　鞠躬，一說，曲身義。一說，當讀為鞠窮，謹敬自斂之狀。鞠窮踧踖皆雙聲複語。若言曲身，依文法不得再加一如字。今從後說。

如不容　公門高大，若不容，言其謹敬自斂之至。

立不中門　門兩邊立長木，謂之棖。中央豎短木，謂之闑。門以向堂為正，東為闑右，西為闑左。東西各有中。出入之法，主由闑右，賓由闑左。禮，士大夫出入君門由闑右。諸侯西一門常掩，謂之賓門。臣統於君，故出入亦由東門。君行出入始中門，非尊者皆偏近闑而行，以避尊者。立不中門，與下行不履閾互文避複，實亦謂行不中門。此中謂闑右之中。

行不履閾　閾，門限。行當跨限而過，若踐其上，則汙限，並將汙跨者之衣。

過位　古禮，君每日在治朝與群臣揖見，此位即君在治朝所立之位。議論政事，則在路寢之朝。治朝退，適路寢，則治朝之位虛。群臣遇議政當入內朝，則過此位。過位必敬，故色勃如而足躩如。

其言似不足　謂同朝者或與語，不得不應，然答而不詳，如不足。既過位，漸近君，故然。

攝齊升堂　此堂，路寢之堂。齊，裳下之縫。攝，摳也。將升堂，兩手摳衣使去地一尺。恐躡之，傾跌失容。

屏氣似不息　屏，藏也。息，鼻息。猶今言屏著氣，如不呼吸。

出降一等　降，下義。等，堂階之級。此謂見君既畢，下堂降階第一級時。

逞顏色　逞，放義。舒氣解顏，故怡怡然和悅。

沒階，趨進　沒，盡義。沒階，謂下盡諸級，至平地時。去君遠，故徐趨而翼如。進，前義。凡有所去，皆可曰進。此方自堂下退，向路門而前。一本無進字。

復其位　謂又過初入時所過君之空位。

研析

此一節記孔子在朝之容。

白話試譯

孔子跑進公門，必斂身謹敬，像那公門容不下他身子般。不在門中間立，亦不把腳踏門限上。行過國君所常立之位，容色必變，舉足盤辟，若履危臨深般，說話像不夠的般。牽衣升堂時，斂身屏氣，像不呼吸般。待退下自堂，降堂階一級，顏色便舒展了，怡怡然有和悅之容。走盡堂階，下及平地，便疾步向前，像鳥張翼般，端好而開展。再過君位時，踧踧踖踖，又是一番起敬。

（五）

執圭，鞠躬如也，如不勝。上如揖，下如授，勃如戰色，足蹜蹜如有循。享禮，有容色。私覿，愉愉如也。

注釋

執圭　圭，玉器。聘問鄰國，執君之圭以為信。

如不勝　聘禮所執圭，長八寸，執輕如不勝其重，言敬謹之至。本篇三言鞠躬如也，一則曰如不容，再則曰屏氣似不息，三則曰如不勝，皆形容其謹。

上如揖，下如授　執圭與心齊，上不過揖，下不過授。過高過卑，皆是不敬。

戰色　戰戰兢兢之色，莊矜也。

蹜蹜如有循　蹜蹜，舉足促狹，猶云舉前曳踵，略舉前趾，曳後跟而行，足不高離於地。如有循，如腳下有物，循之而前。

享禮　享者，聘後之禮，獻物也。或皮馬，或錦繡，或土產，羅列於庭，謂之庭實。或曰：禮與享為二事。禮謂主人以醴禮賓。既聘乃享，既享乃禮，既禮乃有私覿。

有容色　言和氣滿容，不復有勃戰之色。

私覿　覿，見也。行聘享公禮已畢，使臣於他日齎己物見其所使之國君。

愉愉如　愉愉，顏色之和，又增於享禮時。

研析

此節記孔子為其君聘鄰國之禮。或曰：孔子仕魯時，絕不見有朝聘往來之事，疑乃孔子嘗言其禮當如此，而弟子記之，非記孔子之行聘。本篇如此例者尚有之，如上使擯一節，疑亦然。又說：孔子教弟子以禮，不徒言其義，又肄其容。子所雅言，詩書執禮，執禮即兼教弟子習禮。史記又云：「孔子適宋，與弟子習禮大樹下。」由此言之，或是教弟子習禮而載之此篇。或說：使擯執圭二條，此定公十年齊聘魯，魯使孔子報聘。不見於春秋，孔子削之，並歸女樂亦削之，嫌於暴己功，顯君相之失。此兩條所記容色，乃弟子從旁模擬，決非孔子教人語。以理斷之，若後說為是。然謂春秋削去，則左傳何亦不載，又不見他書稱述，終可疑。

白話試譯

孔子為聘使，執君之圭，斂著身，像不勝其重的樣子。執圭在上，像和人作揖般，在下，像授物與人般。面色戰戰兢兢，兩足像邁不開步，又像足下有物，循之而前般。及享禮時，便有容色了。神氣開發，不再那麼作戰兢之態了。待作私人相見時，更是愉愉然，和顏滿容了。

（六）

君子不以紺緅飾，紅紫不以為褻服。當暑，袗絺綌，必表而出之。緇衣羔裘，素衣麑裘，黃衣狐裘。褻裘長，短右袂。必有寢衣，長一身有半。狐貉之厚以居。去喪無所不佩。非帷裳，必殺之。羔裘玄冠不以弔。吉月，必朝服而朝。

注釋

君子　指孔子。改言君子者，上文各節記容貌，由中達外，非學養深者不能為。此節記冠服，人人易以取法，若非屬一人之事。

紺緅飾　紺，紫玄之類。緅，紅纁之類。玄纁皆所以為祭服，故不以為飾。飾者，領與袖之邊。

褻服　私居時所服。紅紫非正色，私居尚所不服，則不用為正服可知。正色謂青赤白黑黃。青加黃為綠，赤加白為紅，白加青為碧，黑加赤為紫，黃加黑為緇，皆閒色。

袗絺綌　袗，單衣。葛之精者曰絺，粗者曰綌，當暑居家，可單衣絺綌。

必表而出之　表者上衣。古人冬衣裘，夏衣葛，在家不加上衣，出門必加。雖暑亦然。古本或作必表而出，無之字。或曰：之字當在而字上。

緇衣羔裘　衣，即上衣。古人服裘毛向外，外加上衣，當與裘之毛色相稱，故緇衣之內宜羔裘，黑羊皮。素衣之內宜麑裘。麑，鹿子，色白。黃衣之內宜狐裘，狐色黃。緇衣朝服，素衣凶服，黃衣蜡祭之服，亦兵服。

褻裘長　褻裘，在家私居所穿。長，取其溫煖。

短右袂　所以便作事。或說：兩袂無一長一短之理，右字當讀作又，又袂猶言手袂。短手袂，言兩袂皆短。一說：卷右袂使短。

必有寢衣，長一身有半　一說：大被曰衾，寢衣，小臥被。一說：古人衣不連裳，僅在股以上。此言長一身有半者，頂以下踵以上謂之身，頸以下股以上亦謂之身，一身有半，亦及膝耳。寢衣殆如今之睡衣，或是孔子特製。又說：此句當移承上文當暑而言，或謂當移下在齊必有明衣布之上。今按：此言寢衣，下言坐褥，明與上文言衣裘有別，非錯簡。

狐貉之厚以居　居，坐義。以狐貉之皮為坐褥，取其毛之深，既溫且厚，適體也。

去喪無所不佩　去，除也。佩，繫於大帶。名其器，則字從玉為珮。稱其備人用，則字從人為佩。惟喪事則去飾去佩。

非帷裳必殺之　帷裳謂朝祭之服，其制用正幅布為之如帷。殺謂縫，帷裳腰有襞績，旁無縫殺。其餘裳當用縫殺，以二幅斜裁為四幅，寬頭向下，狹頭向上，縫之使合，上狹下廣。意當時或有不用斜裁者，而孔子則必依古制斜裁。

羔裘玄冠不以弔　喪主素，吉主玄，吉凶異服。

吉月　吉，訓善，亦可訓始。吉月即始月，謂正月。月吉則為月之朔日。或說每月之朔，孔子必朝服而朝。

研析

此節記孔子衣服之制。或曰：鄉黨一篇，乃孔氏之遺書，多雜記。曲禮如此，非必專是孔子始如此。如此節言君子可證。或曰：戴記有與論語同者，乃勦之論語，非論語有所襲。孔子動作衣服有與眾同者，亦有獨焉者。門人記孔子所親行而已，不得謂君子不指孔子。今按：後說得之。

白話試譯

君子不把玄色纁色來做衣領與袖之邊。不把紅色紫色做日常私居之服。當暑天時，在室內穿葛單衣，但出外必加上衣。黑衣內用羔羊皮的裘，素衣用小鹿皮裘，黃衣用狐裘。在家私居時所穿之裘，較出門所穿者稍長，又把右袂裁短些。夜睡必有寢衣，其長過身一半，下及兩膝。冬天把狐貉皮來做坐褥。除去在喪事中，大帶上沒有不佩一切備用的玉器的。除非朝祭用正幅的帷裳，其餘所穿裳，總是開剪斜幅縫製的。弔喪不穿黑羔裘，不戴玄色冠。每年正月歲首，必穿著朝服上朝去。

（七）

齊，必有明衣，布。齊必變食。居必遷坐。

注釋

齊 或作齋，古人臨祭之前必有齋。

明衣布 或說：明衣，襯身內衣。然不必齋時始衣。又說：明衣，浴衣。齋必沐浴，明衣浴竟所服。浴方竟，身未燥，故有浴衣，用布為之，著之以待身燥。明者，猶明水明火，取其明潔義。

變食 改常食。不飲酒，不茹葷，如蒜韭之類。

遷坐 謂易常所居處。古人齋戒必居外寢，外寢稱正寢，齋與疾皆居之。內寢又稱燕寢，乃常居之處。

白話試譯

遇齋戒時，必有特備的浴衣，用布為之。齋時必改變日常的食品，又改變日常的居處。

（八）

食不厭精，膾不厭細。食饐而餲，魚餒而肉敗，不食。色惡，不食。臭惡，不食。失飪，不食。不時，不食。割不正，不食。不得其醬，不食。肉雖多，不使勝食氣。惟酒無量，不及亂。沽酒，市脯，不食。不撤薑食。不多食。祭於公，不宿肉。祭肉不出三日，出三日，不食之矣。食不語，寢不言。雖疏食、菜羹、瓜，祭，必齊如也。

注釋

食不厭精，膾不厭細　食，飯也。牛羊魚肉細切曰膾。厭，饜足義。不厭，不飽食也。孔子曰：「疏食飲水，樂在其中。」又曰：「士恥惡食，不足與議。」不因食膾之精細而特飽食。或說：食精則能養人，膾粗則能害人，故食膾不厭精細，謂以精細為善。今不從。

饐而餲　饐，食傷溼，餿臭也。餲，猶鬱蒸之暍，食因久鬱而味變。

魚餒而肉敗　魚爛曰餒，肉腐曰敗。

色惡　食失常色。

臭惡　變味也。

失飪　飪，烹調生熟之節。

不時　物非其時者不食。或說：食有常時。古人大夫以下，食惟朝夕二時。

割不正　古者先以割肉載於俎，食時自切之，略如今西餐法。其割截皆有一定，不正，謂不合割之常度。孔子以其失禮，故不食。漢以後既割之，又切之，始加烹調，非古制矣。或說：切肉不方不食，今不從。

不得其醬　食肉用醬，各有所宜，如魚膾用芥醬之類，亦如今之西餐法。不得其醬，謂設醬不以所宜，與割不正皆以背禮故不食。

不使勝食氣　食，音嗣，飯也。食肉多於飯氣，則傷人。古食禮，牛羊魚豕腸胃之肉皆盛於俎，醯醢之醬調味者盛於豆，正饌之外又設加饌，肉品特多，黍稷稻粱則設於簋，進食不宜偏勝。一說：氣當讀作餼，食餼猶云飯料。說文氣作既，小食也。今皆不從。

惟酒無量，不及亂　酒無限量，隨己所能飲，以不及醉亂為度。

沽酒市脯不食　詩曰：「無酒酤我。」一宿之酒曰酤，沽與酤通，酒經一宿，非美者，亦可謂尚未成酒，故不食。脯，乾肉。不自作而買於市，則不知何物之肉，故亦不食。酒當言飲，云不食，因脯並言也。

不撤薑食　撤，去義。食事既畢，諸食皆撤，而薑之在豆者獨留，因薑有辛味而不熏，可以卻倦，故不撤。今飯後進茶或咖啡，古昔無之，故獨留薑。

不多食　此三字單承上薑食言。薑雖不撤，亦不多食。或說：自此以上，皆蒙齋必變食來，平常不必然。今不從。凡前所舉，似不必齋時始然。後人於割不正不食，沽酒市脯不食之類，皆以昧於古今之變而不得其解，故疑為承齋事言之。

祭於公，不宿肉　謂助祭於君。凡助祭皆得賜肉，凡殺牲皆於臨祭之日清晨行事。獨天子諸侯之祭，其明日又再祭，謂之繹祭。繹祭畢始頒賜，則胙肉之來或已三日，不可再宿，故頒到即以分賜。

祭肉不出三日　此謂家祭之肉，皆於三日內頒賜，過此，肉或敗，故不食。

食不語，寢不言　此處語言二字通用，謂食寢時不言語。

雖疏食、菜羹、瓜，祭，必齊如　疏食，粗食。古人以稗食為粗食。菜羹，以菜和米屑為羹。瓜，北方常用。有生食，有熟食。瓜字或本作必。古人臨食，每品各出少許，置籩豆之間，以祭先代始為飲食之人，所以報功，不忘本。謂雖疏食菜羹瓜類，以祭則必齊如也。當孔子時，非貴品或不祭，而孔子臨食，雖菲薄亦必祭，又必致其肅敬之容。齊，嚴敬貌。

研析

此一節記孔子飲食之節。

白話試譯

喫飯不因飯米精便多喫了。食肉不因膾的細便多食了。飲食因溼傷變味，魚爛了，肉腐了，都不喫。色變了，也不喫。味變了，也不喫。煮的生熟失度，也不喫。不當時的不喫。割的不照正規的不喫。調味之品不合適的不喫。案上肉品雖多，不使喫的分量勝過了五穀。只有酒，不加限制，不及醉而止。只做得一夜的酒，外面街市上賣的肉脯，都不喫。喫完了，薑碟仍留著不撤，但亦不多喫。若赴公家助祭，所得祭肉不過夜，便分頒於人了。自己家裡的祭肉，不出三天，也必喫完分完，過了三天，便不喫了。食時、寢時都不言語。即使是粗飯、菜湯、瓜類，臨食前也必祭，而且必其貌肅恭，有敬意。

（九）

席不正，不坐。

研析

不正，謂席有移動偏斜。臨坐先正席，然後坐。此句孤出，於上下文皆不得其類，疑是錯簡，當在割不正不食句之下，如食不語連及寢不言之例。又說：古人坐席，天子五重，諸侯三重，大夫再重，南北向，以西為上，東西向，以南為上，此席之正。

白話試譯

坐席沒有端正，不坐。

（一〇）

鄉人飲酒，杖者出，斯出矣。鄉人儺，朝服而立於阼階。

注釋

鄉人飲酒 此即古者鄉飲酒之禮。此禮之行，約分四事。一，三年賓賢能。二，鄉大夫飲國中賢者。三，州長習射飲酒。四，黨正蜡祭飲酒。此節所記，當屬蜡祭，主於敬老。

杖者出，斯出矣 杖者，老人也。古制，五十杖於家，六十杖於鄉。蜡祭飲酒，必序齒位，然及其禮末，則以醉為度。子貢觀於蜡，曰：「一國之人皆若狂」是也。孔子與於蜡祭，年當不及六十，杖者出即隨之，不與眾皆醉。

鄉人儺　儺者，古人驅逐疫鬼，兼及無主之殤鬼而祭之於道上。

朝服而立於阼階　阼階，東階。或說：鄉人驅鬼，恐驚先祖之神，故朝服而立於廟之阼階，俾神依己而安。或說：此亦孔子敬其鄉黨群眾之意。蓋儺者為一鄉儺，是亦為我儺。為我儺，斯我為主，立於阼階，主人位。

研析

此一節記孔子居鄉事。

白話試譯

鄉人飲酒，待老人持杖者離席，也就離席了。逢鄉人行儺禮驅鬼，便穿上朝服，立在家廟的東階上。

（一一）

問人於他邦，再拜而送之。康子饋藥，拜而受之，曰：「丘未達，不敢嘗。」

注釋

問人於他邦　孔子周遊列國，皆交其名卿大夫。問者問候。古問人必以物。

再拜而送之　拜送使者，如拜所問候之人。再拜者，以手據地，首俯而不至手，如是者再，為再拜。使者不答拜。

康子饋藥　饋，餉也。康子饋藥致問。

拜而受之　凡言拜，只是一拜。孔子既能拜而受，見不在疾時，是康子所饋藥，殆如今之丸散補劑，乃通用之品。

未達，不敢嘗　賜食物，遇可嘗，當先嘗，示鄭重其人之賜。今告使者，未達藥性，故不嘗，亦謹篤之表示。

研析

此一節記孔子與人交之誠意。

白話試譯

孔子使使者向他邦友人問好，必再拜而送之。季康子送藥品來問候，孔子拜而受之。告使者道：「我還不知道那藥性，暫時不嘗了。」

（一二）

廄焚，子退朝，曰：「傷人乎？」不問馬。

注釋

廄　養馬之處。或說是國廄，或說是孔子家私廄。

子退朝　孔子從朝退至家，始知家廄焚燒，急問傷人乎？

不問馬　此三字，乃門人記者加之。

白話試譯

孔子家裡的馬房被燒了，孔子退朝回來，知道了此事急問：「傷人了嗎？」但沒有問到馬。

（一三）

君賜食，必正席先嘗之。君賜腥，必熟而薦之。君賜生，必畜之。侍食於君，君祭先飯。疾，君視之，東首，加朝服拖紳。君命召，不俟駕行矣。

注釋

正席先嘗　敬君之惠。

腥必熟而薦之　腥，生肉。薦，薦於先祖。熟而先以薦，鄭重君賜。

生必畜之　君賜生物，不欲無故殺之。

君祭先飯　古者臨食之前必祭。君賜食則不祭。於君祭時先自食飯，若為君嘗食然，亦表敬意。

東首　古制室中尊西，君入室，背西面東，病者首在東臥，正面對於君。

加朝服拖紳　拖，曳也。紳，大帶。臥病不能著衣束帶，故加朝服於身，又引大帶於上。

不俟駕行矣　逢君命之召，即徒行而出，俟車已駕，隨至，始乘。

研析

此一節記孔子事君之禮。

白話試譯

君賜食物，必正了席位先嘗它。君賜腥的，必煮熟後先薦奉於祖先。君賜活的，必養著。侍奉國君同食，在君祭時，便先自喫飯了。遇疾病，君來問視，頭著在東邊臥，身上加披朝服，還拖上一條大帶。君有命來召，不待僕者駕車，徑就徒步先行了。

（一四）

入太廟，每事問。

研析

此條重出。孔子入太廟，未必僅一次，豈每入必每事而問乎？下一條朋友死，亦偶有此事，而記者收入本篇，則疑若常有之事。此皆貴乎學者之善讀。

白話試譯

先生走進太廟，遇見每件事，他都要問。

（一五）

朋友死，無所歸，曰：「於我殯。」朋友之饋，雖車馬，非祭肉不拜。

注釋

無所歸　無親屬可歸。

曰於我殯　死者殮在棺，暫停宅內以待葬，其柩名曰殯，謂以賓遇之。禮記檀弓：「賓客至，無所館，夫子曰：『生於我乎館，死於我乎殯。』」此與本節所記當屬一事。檀弓曰「賓客」，言其來自他鄉。本節言「朋友」，言其與孔子有素。當是其人病危，孔子呼而館之，謂病中館我處，死亦殯我處。本節特記所重，故單言「於我殯」。然先言死無所歸，則若其人已死，已殮，乃呼其柩而殯之，此決無之事。後人乃疑孔子任其殯資，就其所在殯之，不迎於家，然又與「於我乎」三字不合。故知本節文略，必連檀弓兼釋乃得。此必實有其事，而事出偶然，非孔子時時作此言。檀弓所記，若不兼本節合釋，亦復難通。讀古書，有不可拘而釋之者，如此類皆是。此見孔子於朋友，仁至而義盡，然亦非如後世任俠好行其德之比。

非祭肉不拜　朋友有通財之義，故雖車馬之重可不拜。惟饋祭肉則拜者，敬其祖考，同若己親。

研析

此一節記孔子交友之義。

白話試譯

有朋友將死，其人沒有歸處，先生迎之來，說：「病中在我處寄居，死了在我處停柩吧！」朋友有饋送，除了祭肉，雖是車馬貴物，先生受贈都不拜。

（一六）

寢不尸，居不容。見齊衰者，雖狎必變。見冕者與瞽者，雖褻必以貌。凶服者式之。式負版者。有盛饌，必變色而作。迅雷風烈必變。

注釋

寢不尸　不舒布四體偃臥如死人。此非惡其類死者，乃惡夫惰慢之氣之肆而不知戒。

居不容　一說：不為儀容，申申夭夭，亦自然。一說：容字當作客，謂不莊敬如作客。今從後解。

見齊衰者，雖狎必變　狎，謂素親狎者。變謂改容，致哀戚者以同情。

見冕者與瞽者，雖褻必以貌　褻，一說於燕私時見，一說卑褻義。以貌，一說：以禮貌也。又一說：必變與以貌，辭有輕重。親狎者當重，故曰必變。卑褻者可輕，故曰以貌。今從後說。此兩語先見子罕篇。據本節上下文連讀，知冕當作絻，亦指喪服。

凶服者式之　凶服，有喪者之服。式，車前橫木。乘者立車上，有所敬，俯而憑之曰式。式凶服，哀有喪。

式負版者　負版，一說：謂負邦國之版圖。式之，重戶籍民數。或說：負版疑當作負販，承上凶服者式之之言，謂其人雖負販之賤亦式之。語法參次遞下。若分作兩事，當曰式凶服者，式負版者，作平列語始得。又一說：版者，哀服之領，惟三年喪之衰，乃有此領，故負版乃喪服之最重者。果如所說，凶服可以兼負版，不煩重句。以雖狎必變，雖褻必以貌例之，當從第二說。

有盛饌，必變色而作 作，起義。主人設盛饌，見其對客禮重，故必於坐起身以敬主人，非為饌也。

迅雷風烈 迅，疾義。烈，猛義。必變，所以敬天意之非常。

研析

此一節見孔子容貌之變。

白話試譯

寢臥時，不直挺著四肢像個尸。居家時，不過為容儀像作客。見有穿喪服的，雖是平素親狎之人，也必變容色誌哀悼。見戴絻的和瞽者，雖是卑褻之人，也必在容貌上誌不安。路遇凶服的人，雖負販之賤，也必憑軾表敬意。宴會有盛饌，必從席上變色起身。遇疾雷猛風，必變色表不安。

（一七）

升車，必正立執綏。車中不內顧，不疾言，不親指。

注釋

執綏　綏，挽以升車之索。必正立執綏以升，所以為安。

不內顧，不疾言，不親指　內顧，言回視。疾言，乃高聲。親指，兩手親有所指。或說：親字無解。《曲禮》：車上不妄指，親疑妄字誤。此三者易於使人見而生疑，故不為。

研析

此一節記孔子升車之容。

白話試譯

升車時，必正立著，兩手把執那繩子才上去。在車上，不回著頭看，不高聲說話，不舉起兩手來東西指點。

（一八）

色斯舉矣，翔而後集。曰：「山梁雌雉！時哉！時哉！」子路共之，三嗅而作。

注釋

色斯舉矣 舉，起義。言鳥見人顏色不善，或四圍色勢有異，即舉身飛去。

翔而後集 翔，其飛迴旋。集，鳥止於木之義。言鳥之將集，必迴翔審顧而後下。此兩句殆亦逸詩。此下孔子讚雉，引此以明時哉之義。雉飛僅能竦翅直前，徑落草中，不能運翅迴翔，然其警覺見幾，則與詩辭所詠無殊。

曰：山梁雌雉！時哉！時哉 曰，孔子歎也。梁，水上架木作渡。孔子路見一雌雉在山梁之上，神態閒適，因歎曰：時哉時哉！雖雉之微，尚能知時，在此僻所，逍遙自得，歎人或不能然也。

子路共之 共字或作拱。子路聞孔子讚歎此雉，竦手上拱作敬意。或說：共，同眾星共之，方向義。或說：共作供。子路聞孔子美之，投糧以供。

三嗅而作 嗅，本作臭，當是狊字，從目從犬，乃犬視貌。借作鳥之驚視。雉見子路上拱其手，疑將篡己，遂三狊而起飛。言三狊者，驚疑之甚，此即所謂見幾而作。或說：子路投以糧，雉三嗅之，不敢食而起飛。

研析

此章實千古妙文，而論語編者置此於鄉黨篇末，更見深義。孔子一生，車轍馬跡環於中國，行止久速，無不得乎時中。而終老死於闕里。其處鄉黨，言行臥起，飲食衣著，一切以禮自守，可謂謹慎之至，不苟且，不鹵莽之至。學者試取莊子逍遙遊人間世與此對讀，可見聖人之學養意境，至平實，至深細，較之莊生想像，遏乎遠矣。然猶疑若瑣屑而拘泥。得此一章，畫龍點睛，竟體靈活，真可謂神而化之也。

此章異解極多，姑參眾說，解之如此，讀者如有疑，可自尋眾說。

論語之編輯，非成於一時。自此以前十篇為上論，終之以鄉黨篇，為第一次之結集，下論十篇為續編。此篇本不分章，今依朱子分為十七節，而最後別加山梁雌雉一章，亦猶下論末堯曰篇不分章，最後亦加不知禮不知命不知言一章。鄉黨篇彙記孔子平日之動容周旋，與其飲食衣服之細，堯曰篇則總述孔子之道統與其抱負。雌雉章見孔子一生之行止久速，不知禮章則孔子一生學問綱領所在。

白話試譯

只見人們有少許顏色不善，便一舉身飛了。在空中迴翔再四，瞻視詳審，才再飛下安集。先生說：「不見山梁上那雌雉嗎！牠也懂得時宜呀！懂得時宜呀！」子路聽了，起敬拱手，那雌雉轉睛三驚視，張翅飛去了。

下編

先進篇第十一

（一）

子曰：「先進於禮樂，野人也。後進於禮樂，君子也。如用之，則吾從先進。」

注釋

先進後進　一說：先進指五帝，後進指三王，如禮運言大同，表記言四代優劣。然此義後起墨家道家始有，孔子時無有。一說：先進指殷以前，後進指周初。然孔子明言「周監於二代，郁郁乎文哉，吾從周。」則此說亦未當。一說：先進謂文王武王時，後進指春秋之世。孔子殆不以春秋僭亂與周初文武相擬，亦未是。另一說：先進後進，猶言前輩後輩，皆指孔子弟子。先進如顏、閔、仲弓、子路，下章前三科諸人。後進如下章後一科，子游、子夏。本章乃孔子分別其門弟子先後不同。說最近是，今從之。

野人君子 野人，樸野之人。先進之於禮樂，文質得宜，猶存淳素之風。較之後輩，轉若樸野。君子多文，後進講明禮樂愈細密，文勝質，然非孔子心中所謂文質彬彬之君子。

如用之 孔子五十以前，有用世之志，當時諸弟子相從，所講多重實用。自周遊返魯，已值晚年，用世之心稍淡，後進弟子於禮樂文章研討益精，然漸有文勝之風。故孔子謂禮樂如復見用於世，吾當從先進諸弟子後。用之之字即指禮樂。

研析

論語分上下編，上編首學而篇，末鄉黨篇，多學而優則仕一邊語。下編首先進篇，末堯曰篇，多士而優則學一邊語。其餘各篇大率皆然，讀者試自參之。

本篇多評門弟子賢否，編者首以此章，為其分別門弟子先後學風最扼要。

白話試譯

先生說：「先進一輩，從禮樂方面講，像是樸野人。後進一輩，從禮樂方面講，真像君子了。但若用到禮樂的話，吾還是願從先進的一輩。」

（二）

子曰：「從我於陳蔡者，皆不及門也。」德行：顏淵、閔子騫、冉伯牛、仲弓。言語：宰我、子貢。政事：冉有、季路。文學：子游、子夏。

注釋

從我於陳蔡　孔子有陳蔡之厄，其時相從者，皆孔門前輩弟子。

不及門　一說：孔子言，此時陳蔡相從諸弟子，皆不在門。一說：及門謂及仕進之門，諸弟子相從於陳蔡者，其時皆不出仕，故與陳蔡諸大夫少交際而遇此厄，孟子所謂無上下之交也。從上章及下文細參，似前說為是。孔子有吾從先進之說，其時先進諸弟子都不在門，故孔子思之。孔子厄於陳蔡，時年六十一，此章之歎，蓋在七十以後，相從於陳蔡者，一時死散殆盡矣。

德行：顏淵、閔子騫、冉伯牛、仲弓　此下非孔子語，乃記者因孔子言而附記及之，以見孔門學風先後之異。若記孔子語，則諸弟子當稱名，不稱字。四科中前三科，皆屬先進弟子，惟第四科文學子游、子夏屬後進，亦不從在陳蔡。或疑游夏亦在相從陳蔡之列，以年齡計之，決知其非。或以此下另為一章，則從我於陳蔡兩句，全無意義可說，今不從。

言語：宰我、子貢　言語，指外交之辭命，此兩人皆擅於使命應對。

政事：冉有、季路　冉有理財，季路治軍，皆政事。

文學：子游、子夏　孔子言詩書禮樂文章，皆與言語政事相通，本章文學特成一科，蓋所偏重，乃若與言語政事兩科有異。子游、子夏於此最所擅長，不惟子貢、宰我、冉有、季路非其倫，即顏淵、閔子騫、冉伯牛、仲弓視之，殆亦有遜色，故游夏得於三科之外特標文學一目。此可見孔門晚年文勝之風。

研析

本章四科之分，見孔門之因材設教，始於文，達之於政事，蘊之為德行，先後有其階序，而以通才達德為成學之目標。四科首德行，非謂不長言語，不通政事，不博文學，而別有德行一目。孔門所重，正在用之則行，舍之則藏，不務求祿利有表現，而遂特尊之曰德行。自德行言之，餘三科皆其分支，皆當隸於德行之下，孟子稱冉伯牛、閔子騫、顏淵具體而微，此三人皆在德行之科，可見德行之兼包下三科。文學亦當包前三科，因前三科必由文學入門。孔門之教，始博文，終約禮，博文，即博求之於文學。約禮，則實施之於政事，而上企德行之科。後世既各騖於專門，又多重文以為學，遂若德行之與文學，均為空虛不實，而與言語政事分道揚鑣，由此遂失孔門教育人才之精意。即孔子及身，已有我從先進之歎，而論語編者亦附記此四科之分於孔子言先進後進章之後，是知孔門弟子，雖因風會之變，才性之異，不能一一上追先進弟子之所為，然於孔子教育精神大義所在，則固未忘失。後進弟子中如有子、曾子，亦庶乎德行之科，故猶為並輩及再傳弟子以下所推尊。本章所以不列者，顏閔諸人已足為德行科之代表，有曾皆後起晚進，故不復多及。

白話試譯

先生說：「以前從我在陳蔡的，此刻都不在我門下了。」德行：有顏淵、閔子騫、冉伯牛、仲弓。言語：有宰我、子貢。政事：有冉有、季路。文學：有子游、子夏。

（三）

子曰：「回也，非助我者也，於吾言無所不說。」

注釋

非助我者　道本難窮，問難愈多，精微益顯。顏子聞一知十，不復問難，故曰非助我者。其辭若有憾，實乃深喜之。

無所不說　說，同悅。聞語即解，心感悅懌。

白話試譯

先生說：「回呀！他不是一個有助於我的人呀。他對我說的話，都是悅懌的。」

（四）

子曰：「孝哉閔子騫！人不間於其父母昆弟之言。」

注釋

孝哉閔子騫 論語記孔子言及其門弟子，例呼名。此篇記閔子言行共四章，三章皆稱字，一章直曰閔子，不知何故。或說此篇乃閔子門人所記，亦無據。

不間於其父母昆弟之言 間，如「禹，吾無間然矣」之間，非議義。此句有兩解。一說：閔子之父母兄弟皆稱閔子之孝，而人無異詞。又一說：謂人無非間之言及其父母昆弟。相傳閔子騫兄弟二人，母死，父更娶，復有二子，後母薄待閔子，父知而將遣之，感閔子言而止。後母及兩弟亦感之，一家孝友克全，能使人無有非間及其父母昆弟，見閔子之孝。然依後說，不字當作無字解，當云「無間於其父母昆弟」，仍多之言二字，似當從前說。蓋閔子處家庭困逆之境，能使父母昆弟皆言其孝，則閔子純孝感格之效已見矣。他人聞其父母昆弟之言而皆信，益徵閔子孝行之積於內而著於外，故孔子如此歎美之。

白話試譯

先生說：「閔子騫真孝呀！他的父母兄弟都說他孝，別人聽了，也從沒有什麼非議。」

（五）

南容三復白圭，孔子以其兄之子妻之。

研析

詩大雅抑之篇曰：「白圭之玷，尚可磨也。斯言之玷，不可為也。」南容一日三復此言，蓋有意於以謹言自戒。孔子曾稱之，曰：「邦無道免於刑戮。」正為其能慎言。

白話試譯

南容一天三次反覆讀那白圭之詩，孔子把姪女嫁了他。

（六）

季康子問：「弟子孰為好學？」孔子對曰：「有顏回者好學，不幸短命死矣。今也則亡。」

研析

季康子此問與魯哀公所問同，而孔子對有詳略，或說君臣之分不同。或謂哀公有為之君，得賢可以自輔，故孔子以顏子之學詳告之。康子權臣，其延攬人才，欲為強私弱公之助，故孔子只惜顏子之死，而更無他辭。其說當否，無可確論。

論語前十篇記孔子答定、哀公之問，皆稱「孔子對曰」，至答康子、懿子、武伯之問，則但稱「子曰」。此章及顏淵篇季康子三問，皆稱「孔子對曰」，與前十篇不同。或說：前十篇或是有子、曾子門人所記，後十篇又出此後人續記。其時卿位益尊，卿權益重，君卿之間，益見其無別，故前後論體例亦異。此意或然，亦無可確論。

白話試譯

季康子問孔子：「你的弟子哪個是好學的呀？」孔子對道：「有顏回是好學的，不幸短命死了，現在是沒有了。」

（七）

顏淵死，顏路請子之車以為之椁。子曰：「才不才，亦各言其子也。鯉也死，有椁而無椁。吾不徒行以為之椁，以吾從大夫之後，不可徒行也。」

注釋

顏路 顏淵父，名無繇，小孔子六歲，亦孔子弟子。

請子之車以為之椁 椁，外棺。請賣孔子之車以買椁。

才不才，亦各言其子 孔子之子伯魚，才不及顏淵，論父子之親，則各是我與汝之子也。

鯉也死 鯉，伯魚名，先顏淵卒。

徒行 出無車，則必徒步行。

吾從大夫之後 孔子時已致仕，不在位，然尚從大夫之列，禮不可出門步行。

研析

本章極多疑者。謂顏氏家貧，孔子何不能為辦一椁？顏路請孔子助椁，何為獨指明欲賣孔子之車？孔子不欲賣車徒行，豈更無他長物可賣？且孔子之車，當是諸侯賜命之車，豈可賣之於市？而顏路請之？孔子在衛，曾脫驂以贈舊館人之喪，至是必別買有驂，顏路何不以賣驂請？竊謂孔子距今逾兩千五百年，此等細節，豈可一一知之。所知者，伯魚卒，孔子已年七十，不為辦椁。翌年，顏淵死，孔子亦不為辦椁，此則明白可知者。若上舉諸疑，瑣碎已甚，豈能必求答案。有志於學者，不宜在微末處騁才辯，滋枝節。

白話試譯

顏淵死了，他父親顏路請求先生把車賣了好替顏淵做一棺外之槨。先生說：「才與不才，說來都是兒子。從前我子鯉死時，也是只有棺，沒有槨，我並不曾賣了車徒步行走來替他做一槨。因我尚跟從在大夫之後，不可徒步出門呀！」

（八）

顏淵死，子曰：「噫！天喪予！天喪予！」

研析

噫，傷痛聲。天喪予，悼道無傳，若天喪己也。

白話試譯

顏淵死了，先生說：「啊！天喪了我，天喪了我。」

（九）

顏淵死，子哭之慟。從者曰：「子慟矣。」曰：「有慟乎？非夫人之為慟而誰為？」

研析

慟，哭哀傷過度。言從者，孔子赴哭於顏子之家也。夫人猶言此人，指顏子。

白話試譯

顏淵死後，先生去哭他，哭得哀傷過分。跟隨的人說：「先生過哀了。」先生說：「我哭得過哀了嗎？」隨又說：「我不為哭那人過哀，又為哭誰過哀呀？」

（一〇）

顏淵死，門人欲厚葬之。子曰：「不可！」門人厚葬之。子曰：「回也，視予猶父也，予不得視猶子也。非我也，夫二三子也。」

注釋

門人欲厚葬 喪具當稱家之有無，家貧葬厚，非禮。所謂厚，亦指踰其家之財力言。門人，指孔子之門人。

予不得視猶子也 孔子謂不能以葬伯魚之禮止其門人之厚葬顏子。

夫二三子 夫，猶彼。指門人言。顏子貧窶，若稱其家財而葬，恐惟有斂手足形，虆梩掩之而已。孔子門人於顏子皆所尊親，朋友有通財之義，故請於孔子而欲厚葬之。孔子不可其請，孔子之親顏子，一如伯魚。而門人終厚葬之，此亦門人親顏子之意，孔子所不得而止。仲尼不為已甚，若孔子固不許門人之厚葬顏子，斯已甚矣，孔子不為也。然使起顏子於地下，將樂與孔子同意，孔子深知之，故本章所言，若對顏子有餘疚。觀此四章，孔門師弟子對顏子之喪之情義備至，真千古如見矣。

研析

或曰：顏淵死凡四章，以次第言，當是天喪第一，哭之慟第二，請車第三，厚葬第四，而特記請車在前，因若連記請車厚葬，使人疑孔子不予車，即為禁厚葬，故進請車章在前，使人分別求之。

孔子曰：「禮，與其奢也寧儉。喪，與其易也寧戚。」其言讀者絕不疑。獨於此四章，每疑孔子之於顏淵，若情深而禮薄，此知博文之非難，而能約禮之為難。

墨家後起，以提倡厚葬非儒，觀此諸章，見其不然。

白話試譯

顏淵死後，門人同學想要厚葬他。先生說：「不可的。」門人終於厚葬了顏子。先生說：「回呀！他看待我像父親般，我不得看待他像兒子般，這不是我要如此呀！都是他們那些人作的主呀！」

（一二）

季路問事鬼神。子曰：「未能事人，焉能事鬼？」「敢問死。」曰：「未知生，焉知死。」

注釋

問事鬼神　問祭祀奉事鬼神之道。
未能事人，焉能事鬼　人鬼一理，不能奉事人，何能奉事鬼。
問死　問死後事。
未知生，焉知死　死生一體，不知生，即不知死。

研析

孔子曾告子路：「知之為知之，不知為不知，是知也。」生人之事，人所易知，死後鬼神之事則難知。然孔子又曰：「舉一隅不以三隅反，則不復也。」蓋人所不知，尚可就其所知推以知之，故子貢聞一以知二，顏子聞一以知十。死生本屬一體，蚩蚩而生，則必昧昧而死。生而茫然，則必死而惘然。生能俯仰無愧，死則浩然天壤。今日浩然天壤之鬼神，皆即往日俯仰無愧之生人。苟能知生人之理，推以及於死後之鬼神，則由於死生人鬼之一體，而可推見天人之一體矣。孔子之教，能近取譬。或謂鬼神及死後事難明，語之無益。又或謂孔子只論人生，不問鬼神事。似孔子有意不告子路之問，其實乃所以深告之，學固不可以躐等而求。

白話試譯

子路問：「如何奉事鬼神？」先生說：「不能奉事人，哪能奉事鬼呀？」子路又問：「人死後如何？」先生說：「還沒知得生，哪知得死呀？」

（一二）

閔子侍側，誾誾如也。子路，行行如也。冉有、子貢，侃侃如也。子樂。「若由也，不得其死然。」

注釋

閔子　或說此下當脫一騫字。

誾誾如　中正貌。

行行如　剛強貌。

侃侃如　和樂貌。

子樂　樂得英才而教育之，使各盡其性。或說：此樂字當是曰字誤。或說：樂下當有曰字。或說：樂下脫子曰二字，或子曰下當別為一章。今按：皇侃義疏本樂下有曰字，當從之。

不得其死然　謂不得以壽終。後子路果死於衛孔悝之難。此處然字乃未定之辭，非謂其必然。

白話試譯

閔子騫侍奉在側，誾誾如一派中正氣象。子路行行如一派剛強之氣。冉有、子貢，侃侃如一派和樂之氣。先生很歡樂。但說：「由呀！我怕他會不保天年呀！」

（一三）

魯人為長府。閔子騫曰：「仍舊貫，如之何？何必改作？」子曰：「夫人不言，言必有中。」

注釋

為長府　藏貨財之所曰府。魯昭公居長府伐季氏，事見左傳。為，改作。

仍舊貫　仍，因義。貫，猶事也。仍舊貫，猶云照舊制。改作與修新不同。仍舊制，可加修新，不煩改作。

夫人不言，言必有中　夫人猶言彼人，指閔子。中謂當理。

研析

本章有兩解。一說：魯昭公伐季氏，謀居於長府，欲藉其貨財結士心，因謀改作以強戒備。稱魯人，蓋諱言之。時公府弱，季氏得民心，閔子意諷公無輕舉。如之何者，謂昭公照舊行事，季氏亦無奈公何。又一說：魯人指三家，昭公居長府以攻季氏，三家共逐公，遜於齊。三家欲改作長府，當在昭公卒後定哀之際。蓋魯人之見長府，猶如見昭公，故三家欲改作之以毀其跡。閔子當時無諫諍之責，乃以微言諷之，長府之舊貫尚當仍，況君臣之舊貫乎。故孔子深賞其言。今按：閔子少孔子十五歲，生在昭公之六年，昭公見逐，閔子止二十歲，依後說為是。左傳定公元年，昭公之喪至自乾侯，季孫使役如闞公氏，將溝焉，是其餘怒未息也。若欲改作長府在其時，則閔子已二十八歲矣。於情事為合。

白話試譯

魯人計畫要改作長府。閔子騫說：「照舊樣子，不好嗎？何必改作呀！」先生說：「此人只要不開口，一開口，說話必中肯的。」

（一四）

子曰：「由之瑟，奚為於丘之門？」門人不敬子路。子曰：「由也升堂矣，未入於室也。」

注釋

由之瑟，奚為於丘之門　子路性剛勇，其鼓瑟聲亦然，夫子戒之，蓋亦有由也不得其死之憂。

升堂入室　喻入道深淺。子路可使從政，特未達禮樂德性之奧耳。

白話試譯

先生說：「由的鼓瑟聲，為何發在我的門內呀？」門人聽了不敬子路。先生說：「由呀！他已升堂了，只是未入室罷了。」

（一五）

子貢問：「師與商也孰賢？」子曰：「師也過，商也不及。」曰：「然則師愈與？」子曰：「過猶不及。」

注釋

師與商 師，子張。商，子夏。

師也過，商也不及 譬之於射，過與不及，皆未至於鵠的。子張才高意廣，所失常在於過之。子夏篤信謹守，所失常在於不及。此皆材質有偏，而學問之功有所未至。

師愈與 愈，勝義。子貢疑過者勝於不及，故疑師應賢乎商。

過猶不及 射皆未及鵠的，即是皆有差失，更無所謂孰勝。

研析

本章不當以中庸「賢者過之不肖者不及」為釋。子張既非賢於子夏，子貢亦非視子夏為不肖，且亦不能謂賢猶不肖。論語中庸多有不當合說者，據此章可見。

禮記載子張、子夏各除喪見孔子，子張哀痛已竭，彈琴成聲，曰：「不敢不及。」子夏哀痛未忘，彈琴不成聲，曰：「不敢過。」與本章所言若相似而又相背。本章言子張之失常在過之，而戴記言其不敢不及。本章言子夏之失常在不及，而戴記言其不敢過。若以喪尚哀戚言，則是子夏過之而子張不及矣。故知戴記與論語亦有不當牽連合說者。讀書貴能會通，然亦貴能分別言之，如此等處皆是。

論語記子張子夏各章，可與本章合參。

白話試譯

子貢問道：「師與商孰賢呀？」先生說：「師呀！常是過了，商呀！又常是不及了。」子貢說：「那麼該是師勝了些？」先生說：「過和不及，還是相等。」

（一六）

季氏富於周公，而求也為之聚斂而附益之。子曰：「非吾徒也！小子鳴鼓而攻之可也。」

注釋

周公　此乃周公旦次子世襲為周公而留於周之王朝者。周、召世為周王室之公，猶三桓之世為魯卿。今季氏以諸侯之卿而富過於王朝之周公。

為之聚斂而附益之 冉有善理財，為季氏多方聚斂以附益其所固有。

子曰非吾徒也 子曰二字宜在本章之首，今移在此，則非吾徒也四字語氣更見加重。

小子鳴鼓而攻之 小子指言門人。鳴鼓攻之，聲其罪而討之。攻冉求，實以攻季氏。

白話試譯

季氏比周天子王朝的周公還富了，而求呀，還替他聚斂附益。先生說：「這人不是我的門徒呀！小子們，你們都可打起鼓去聲討他。」

（一七）

「柴也愚，參也魯，師也辟，由也喭。」

注釋

柴也愚 高柴，字子羔，亦孔子弟子。愚，好仁之過。家語記其足不履影，啟蟄不殺，方長不折，執親之喪，泣血三年，可以見其為人矣。

參也魯 魯，遲鈍義。

師也辟 辟，偏義。子張志高而流於偏。或曰辟同闢，言其過為張大。

由也喭　喭，剛猛義。

研析

本章乃孔子平時之言，門人彙記於此。或說章首脫子曰二字，或疑與下章當通為一章。

白話試譯

「柴性愚直，參性魯鈍，師性偏辟，由性剛猛。」

（一八）

子曰：「回也其庶乎，屢空。賜不受命而貨殖焉，億則屢中。」

注釋

其庶乎　庶，庶幾義。言其近道。

屢空　空，窮乏之義。屢空，謂屢陷於空乏之。或說：屢即窮窶窶字，窶空謂其窮窶空乏之，亦通。今從前解。

不受命而貨殖　不受命，一說：不受祿命。一說：古者商賈由公家主之，子貢未受命於公家而自以其私財市賤鬻貴，逐什一之利。今從後說。貨殖者，謂積貨財以務生殖。貨殖本商賈之事，今子貢未受命，故不曰商賈而曰貨殖也。

億則屢中　億，猜度義。中，猶得義。謂其猜度物價貴賤屢中不爽。

白話試譯

先生說：「回呀！差不多了，可惜他屢在空乏之中。賜沒有受公家之命而經營貨殖，他猜度物價總猜中了。」

（一九）

子張問善人之道。子曰：「不踐迹，亦不入於室。」

注釋

善人之道　猶言善人之行為。

不踐迹，亦不入於室　善人質美，行事一本天性，故能不踐跡，猶謂不照前人腳印走路，即不依成法。此言其未經學問，雖亦能善，而不到深奧處。見美質有限，必學問始無窮。

白話試譯

子張問善人的行為。先生說：「善人能不踏著前人腳印走，但亦進不到室內去。」

（二〇）

子曰：「論篤是與，君子者乎？色莊者乎？」

研析

與，許與義。若但許可其言論之篤實，則不知其果為君子，抑是色莊之徒。色莊，猶言色厲，外容莊嚴，而心實不然。舊以此章連上章，朱子始別分為章，今從之。

白話試譯

先生說：「但聽他議論篤實，便讚許他，哪知他真是一君子呢？還是僅在容貌上那麼地莊嚴呢？」

（二一）

子路問：「聞斯行諸？」子曰：「有父兄在，如之何其聞斯行之？」冉有問：「聞斯行諸？」子曰：「聞斯行之。」公西華曰：「由也問：『聞斯行諸？』子曰：『有父兄在。』求也問：『聞斯行諸？』子曰：『聞斯行之。』赤也惑，敢問。」子曰：「求也退，故進之。由也兼人，故退之。」

注釋

聞斯行諸 聞斯行，謂聞義即當勇為。或說：此專指賑窮救乏之事。今不從。諸，之乎二字之合，疑問辭。

有父兄在 曲禮：「父母在，不許友以死，不有私財。」言父母生時，為子者自身之生命及錢財皆不得自專，其他自當商之父兄。

求也退 冉有姿性懦弱，見義不前，故孔子教其應爾。

由也兼人 子路性勇敢前，常若一人可兼兩人之所為，故孔子戒其不得爾。

研析

公西華少子路二十三歲，為此問時，應在既冠之後，子路年已四十四、五。子路有負米之歎，其父母當早卒，或尚有兄長在。

白話試譯

子路問：「是否聽到了就該做呢？」先生說：「還有父兄在上，怎可聽到便做呀？」冉有問：「是否聽到了就該做呢？」先生說：「自然聽到便該做呀。」公西華說：「由問：『聽了便該做嗎？』先生說：『有父兄在上。』求問：『聽了便該做嗎？』先生說：『聽到便該做。』赤對此有疑惑，敢再問個明白。」先生說：「求呀！他老是退縮，所以我要拉他向前。由呀！他一人要兼兩人事，所以我要抑他退後。」

（二二）

子畏於匡，顏淵後。子曰：「吾以女為死矣。」曰：「子在，回何敢死？」

注釋

子畏於匡　檀弓：「死而不弔者三，畏、厭、溺。」厭，同壓。畏，乃民間私鬥。孔子為匡人所圍，亦如一種私鬥。

顏淵後　孔子既避去，顏淵相失在後。

以女為死矣　女，同汝。顏淵失群後至，孔子疑其與匡人鬥而死矣。此驚喜交集之辭。

子在，回何敢死　何敢死，言不敢輕身赴鬥。孔子尚在，明道傳道之責任大，不敢輕死，一也。弟子事師如事父，父母在，子不敢輕死，二也。顏子雖失在後，然明知孔子之不輕死，故己亦不敢輕身赴鬥，三也。曾子曰：「任重而道遠，死而後已。」重其任，故亦重其死。

白話試譯

先生在匡被圍，顏淵落在後。先生說：「我當你已死了。」顏淵說：「先生尚在，回哪敢輕易去死呀！」

（二三）

季子然問：「仲由冉求可謂大臣與？」子曰：「吾以子為異之問，曾由與求之問！所謂大臣者，以道事君，不可則止。今由與求也，可謂具臣矣。」曰：「然則從之者與？」子曰：「弒父與君，亦不從也。」

注釋

季子然　季氏子弟，因季氏得用子路、冉有為臣，故喜而問之。

異之問　異，異事。孔子謂，我謂汝當問他事。

曾由與求之問　曾，猶乃義。孔子故輕二子以抑季然，謂乃問此二人。

不可則止　止謂去其位。

具臣　猶云備位充數之臣。

從之者與　季然因問是否當一切聽命。

白話試譯

季子然問道：「仲由、冉求是否可得稱是大臣呀！」先生說：「我以為你會問些別的事，哪知你只問由、求兩人呀！所謂的大臣，應能以道事君，看來不可，便不幹了。現在由與求，只算是備位充數的臣罷了！」季然說：「那麼他們該是肯聽話的人吧？」先生說：「若要弒父弒君，他們也是不會聽從的。」

（二四）

子路使子羔為費宰。子曰：「賊夫人之子。」子路曰：「有民人焉，有社稷焉，何必讀書，然後為學？」子曰：「是故惡夫佞者。」

注釋

子路使子羔為費宰 子路為季氏宰，而舉使之。

賊夫人之子 時子羔尚年少，故稱夫人之子。賊，害義。學未成熟，使之從政，適以害之。

社稷 社，土神。稷，穀神。二者共祀於一壇。

何必讀書，然後為學 子路謂為宰當治民，當臨祀事神，此皆是學，不必讀書始是學。

惡夫佞者 佞者以口辨應人。子路本意亦非欲子羔真以從政為學，只是針對孔子語隨口答辨而已。孔子謂我之所惡於佞者，正如此類。

白話試譯

子路使子羔去當費宰。先生說：「害了那個年輕人了。」子路說：「那裡有人民，有社稷，治民事神皆可學，何必讀書才是學呀？」先生說：「正如你這樣，所以我厭惡那些利口善辨的人呀！」

（二五）

子路、曾皙、冉有、公西華侍坐。子曰：「以吾一日長乎爾，毋吾以也。居則曰：『不吾知也。』如或知爾，則何以哉？」子路率爾而對曰：「千乘之國，攝乎大國之間，加之以師旅，因之以饑饉，由也為之，比及三年，可使有勇，且知方也。」夫子哂之。「求爾何如？」對曰：「方六七十，如五六十，求也為之，比及三年，可使足民。如其禮樂，以俟君子。」「赤爾何如？」對曰：「非曰能之，願學焉。宗廟之事，如會同，端章甫，願為小相焉。」「點爾何如？」鼓瑟希，鏗爾，舍瑟而作，對曰：「異乎三子者之撰。」子曰：「何傷乎！亦各言其志也。」曰：「莫春者，春服既成，冠者五六人，童子六七人，浴乎沂，風乎舞雩，詠而歸。」夫子喟然歎曰：「吾與點也！」三子者出，曾皙後。曾皙曰：「夫三子者之言何如？」子曰：「亦各言其志也已矣。」曰：「夫子何哂由也？」曰：「為國以禮，其言不讓，是故哂之。」「唯求則非邦也與？」「安見方六七十，如五六十，而非邦也者？」「唯赤則非邦也與？」「宗廟會同，非諸侯而何？赤也為之小，孰能為之大？」

注釋

曾皙 名點，曾參父。

以吾一日長乎爾，毋吾以也 爾即汝。孔子言，我雖年長於爾輩，然勿以我長而難言。

則何以哉 以，用義。言如有知爾者，則何用以自見。

率爾而對 率，輕率義。或說率字當作卒，急猝義。

攝乎大國之間 攝，迫蹙義，猶言夾在大國之間。

且知方也 方，義方。即猶言義。

夫子哂之 哂，微笑。孔子既喜子路之才與志，而猶欲引而進之，故微笑以見意。

求爾何如 孔子呼其名而問。下赤爾、點爾同。

如五六十 如，猶與義。言方六七十里與方五六十里之小國。

宗廟之事，如會同 宗廟之事，指祭祀。諸侯時見曰會，眾見曰同。

端章甫 端，玄端，衣名。章甫，冠名。當時之禮服。

願為小相 相，相禮者。

鼓瑟希，鏗爾 希，瑟聲希落。蓋是間歇鼓之，故孔子與二子語，瑟聲不為喧擾，而三子之語亦一一入耳，聖容微哂，亦明見無遺。鏗，以手推瑟而起，其音鏗然。

異乎三子者之撰 撰，當作僎，讀為詮，猶言善。曾點謂所言不能如三人之善。孔子曰：「何傷」，猶云無害。或曰撰即撰述，陳說義。

莫春者　莫字亦作暮。暮春，三月近末，時氣方暖。

春服既成　春服，單夾衣。

浴乎沂　夏曆三月，在北方未可入水而浴。或說近沂有溫泉。或說浴，盥濯義，就水邊洗頭面兩手。或說：浴乃沿字之誤，謂沿乎沂水而閒遊。今仍從浴字第二解。

風乎舞雩　舞雩，祭天禱雨之處，其處有壇有樹。風者，迎風當涼也。一說：風當讀放，蓋謂沿乎沂水而放乎舞雩，乘興所至。今從上解。

吾與點也　與，贊同義。言吾贊同點之所言。蓋三人皆以仕進為心，而道消世亂，所志未必能遂。曾皙乃孔門之狂士，無意用世，孔子驟聞其言，有契於其平日飲水曲肱之樂，重有感於浮海居夷之思，故不覺慨然興歎也。然孔子固抱行道救世之志者，豈以忘世自樂，真欲與許巢伍哉？然則孔子之歎，所感深矣，誠學者所當細玩。

曾皙後　曾皙自知所答非正，而孔子贊與之，故獨留續有所問。

夫子何哂由也　孔子聞子路言而笑，故曾皙特以為問。孔子答，非笑子路之志，乃笑子路之直言不讓耳。

唯求則非邦也與　此句有兩解。一說：乃曾皙再問，孔子再答。蓋曾皙雖已知孔子深許子路確有治國之才，而未知對冉求、公西華兩人亦許之否，故再問也。一說：乃孔子自為問答，孔子續申其笑子路者，非笑其所志，否則冉求、公西華同是有志邦國，何獨不笑。今從前說。

赤也為之小，孰能為之大　此美子華之謙，而所以笑子路之意益見，聖語之妙有如此。今觀孔子之深許三人，益知孔子之歎，所感深矣。

研析

本章吾與點也之歎，甚為宋明儒所樂道，甚有謂曾點便是堯舜氣象者。此實深染禪味。朱注論語亦采其說，然此後語類所載，為說已不同。後世傳聞有朱子晚年深悔未能改注此節留為後學病根之說，讀朱注者不可不知。

白話試譯

子路、曾晢、冉有、公西華四人在先生處侍坐。先生說：「我是長了你們幾天，但你們莫把此在意。平常總說沒人知道得自己，若有人知道你們了，怎辦呀？」子路連忙答道：「儻使有一個千乘之國夾在大國間，外面軍事戰爭不斷壓迫著，內部又接連年歲荒歉，讓由去管理，只要三年，可使民眾有勇，並懂得道義。」先生向他微笑。又問：「求！你怎樣？」冉有對道：「六七十方里或五六十方里的地，使求去管理，只要三年，可使人民衣食豐足。至於禮樂教化，那得待君子來設施了。」先生又問：「赤！你怎樣呢？」公西華對道：「我不敢說我能了，只是願意學習罷。宗廟裡的事，以及諸侯相會見，披著玄端衣，戴著章甫帽，我希望能在那裡面當一個小小的相禮者。」先生問：「點！你怎樣呀？」曾晢正在鼓瑟，瑟聲稀落，聽先生叫他，鏗的一響，捨了瑟站起，對道：「我不能像他們三人所說的那樣好呀！」先生說：「有什麼關係呢？只是各言己志而已。」曾晢說：「遇到暮春三月的天氣，新縫的單夾衣上了身，約著五六個成年人、六七個童子，結隊往沂水邊，盥洗面手，一路吟風披涼，直到舞雩臺下，歌詠一番，然後取道回家。」話猶未了，先生喟然歎道：「我贊成點呀！」子路等三人退了，曾晳留在後，問先生道：「他們三人說的怎樣呀？」先生說：「這亦只是各言己志而已。」曾晳說：「先生為何要笑由呢？」先生說：「有志為國，當知有禮，他言語不讓，故我笑了他。」曾晳說：「只是求不算有志為國嗎？」先生說：「哪裡有六七十方里、五六十方里土地還不是一個國的呢？」曾晳又說：「那麼赤不是有志為國嗎？」先生說：「說到宗廟祭祀和諸侯會見，還不是諸侯之事，是什麼？像赤這樣的人，還只去當小相，誰去當大相呀！」

顏淵篇第十二

（一）

顏淵問仁。子曰：「克己復禮為仁。一日克己復禮，天下歸仁焉。為仁由己，而由人乎哉？」顏淵曰：「請問其目。」子曰：「非禮勿視，非禮勿聽，非禮勿言，非禮勿動。」顏淵曰：「回雖不敏，請事斯語矣。」

注釋

克己　克，猶剋。有約束義，有抑制義。克己，約束己身。或說：克去己私。下文為仁由己，同一己字，皆指身，不得謂上一己字特指私欲。或又說：克己猶言任己，謂由己身肩任。然下文四勿，明言約束，非肩任義。蓋人道相處必以仁，古訓，「仁者相人偶」。若立心行事，專以己身為主，不顧及相偶之對方，此乃一切不仁之本源，故仁道必以能約束己身為先。

復禮 復如言可復也之復，謂踐行。又說：復，反也。如湯武反之之反。禮在外，反之己身而踐之。故克己復禮，即猶云約我以禮。禮者，仁道之節文，無仁即禮不興，無禮則仁道亦不見，故仁道必以復禮為重。宋儒以勝私欲全天理釋此克己復禮四字，大義亦相通。然克己之己，實不指私欲，復禮之禮，亦與天理義蘊不盡洽。宋儒之說，未嘗不可以通論語，而多有非論語之本義，此章即其一例，亦學者所當細辨。

為仁 猶謂如是乃為仁。仁存於心，禮見之行，必內外心行合一始成道，故論語常仁禮並言。一說：此為字作行字解，謂克己復禮以行仁，今不從。

天下歸仁焉 一說，歸，猶與。言能一日克己復禮，則天下之人莫不歸與其仁，極言其效之速且大。然仁為己之心德，以存諸己者為主，不以外面之效應為重，且亦無此速效。即如所解，當云「天下歸仁矣」。今言「歸仁焉」，焉有於此於彼之義。言天下於此歸仁，原義當謂苟能一日克己復禮，即在此處，便見天下盡歸入我之仁心中。人心之仁，溫然愛人，恪然敬人。禮則主於恭敬辭讓。心存恭敬，斯無傲慢。心存辭讓，斯無傷害。對人無傲慢，無傷害，凡所接觸，天下之大，將無往而不見其不歸入於我心之仁矣。是則效在內，不在外。或說：此言人君若能一日克己復禮，則天下之民咸歸其仁政，此成偏指，非通義，今不從。

為仁由己 為仁，猶言行仁。行仁道當由己，不由人。克己，由己克之，復禮，亦由己復之。能克己，斯能由己矣。所以欲克己，即為欲由己。兩己字不當分別說之，而克與由則分指兩項工夫。

請問其目 目，條目。顏淵聞孔子言，知為仁之要在於克己復禮，而請問克己復禮之條目。

非禮勿視，非禮勿聽，非禮勿言，非禮勿動 此處四勿字，即約己工夫。視、聽、言、動皆由己。約束己之視、聽、言、動，使勿入於非禮，使凡視、聽、言、動皆是禮，是即為復禮。此亦不專指社會外在之種種禮俗言。孔子曰：「禮云禮云，玉帛云乎哉！」又曰：「人而不仁，如禮何？」蓋禮有其內心焉，禮之內心即仁。然則克己復禮，即是約己歸仁。惟言歸仁，若偏指內心，又不見工夫所在。言復禮，則明屬外面行事，並有工夫可循，然後其義始見周匝。苟己之視、聽、言、動能一一復於禮，則克己正所以成己，復禮亦正所以復己。於約束抑制中得見己心之自由廣大，於恭敬辭讓中得見己心之惻怛高明，循此以往，將見己心充塞於天地，流行於萬類。天下之大，凡所接觸，全與己心痛癢相關，血脈相通，而天下歸仁之境界，即於此而達。豈只在社會現行禮俗之細節處規行矩步而便謂之約禮？故非顏淵之賢，亦無以勝於請事斯語之內涵。

研析

本章問答，乃孔顏傳授切要之言。宋儒教人尋孔顏樂處，所樂何事？若不從本章克己四勿之教切實下工夫，而徒從吾與點也等章探索尋覓，縱是簞食瓢飲，曲肱陋巷，恐終不得孔顏真樂何在。學者其審細參之。

白話試譯

顏淵問仁如何般求？先生說：「約束我自己來踐行禮，那就是仁了。只要一天能這樣，便見天下盡歸入我心之仁了。為仁完全由自己，哪在外人呀！」顏淵說：「請問詳細的節目。」先生說：「凡屬非禮的便不看，凡屬非禮的便不聽，凡屬非禮的便不說，凡屬非禮的便不行。」顏淵說：「回姿質雖鈍，請照先生這番話切實努力吧！」

（二）

仲弓問仁。子曰：「出門如見大賓，使民如承大祭。己所不欲，勿施於人。在邦無怨，在家無怨。」仲弓曰：「雍雖不敏，請事斯語矣。」

研析

本章與上章義相發。大賓，公侯之賓也。大祭，禘郊之屬也。出門如見大賓，使民如承大祭，是敬。己所不欲，勿施於人，是恕。在邦謂仕諸侯，在家謂仕卿大夫。無怨，舊說謂是為仁之效。疑當如求仁得仁又何怨之義。乃指不怨天不尤人，無論在邦在家皆無怨。非人不怨己，乃己不怨人。此敬恕與不怨之三者，皆指心言，即復禮歸仁之要端。人能踐行一本於禮，對人自無不敬恕。

苟其心能敬能恕，則自無怨。如此居心，則視、聽、言、動自無不合於禮，而我心之仁亦自然呈露。心行相發，內外交融，亦一以貫之。此兩章重要在指示學者以求仁之工夫，克己復禮、敬恕與無怨皆是。學者就此悉心體會，反躬實踐，自識己心，則求仁得仁，自見仁之不可勝用矣。

白話試譯

仲弓問仁。先生說：「平常出門像見大賓般，居上使民像臨大祭般。自己所不欲的，莫要施於人。在邦國中，在家族中，該能無所怨。」仲弓說：「雍姿質雖鈍，請照先生這番話切實努力吧！」

（三）

司馬牛問仁。子曰：「仁者其言也訒。」曰：「其言也訒，斯謂之仁矣乎？」子曰：「為之難，言之得無訒乎？」

注釋

其言也訒 訒，鈍義，難義。史記：「司馬牛多言而躁。」一說：孔子就其偏而勉之。又一說：牛之兄桓魋，有寵於宋君，將為亂，牛憂之，情見乎辭。然兄弟之親，必有所難言者。孔子就此加以指點，使易於體悟。就本章及下章牛之再問，則牛之易於言可知。本章下文孔子答為之難，亦可指兄弟之間言。則兩說皆可通。前說主從本文體會，後說旁求事證，學者合以求之可也。

曰：其言也訒，斯謂之仁矣乎 司馬牛再問也。牛疑仁道廣大，言語鈍訥，豈便為仁。

為之難，言之得無訒乎 言由心出，心感其事之難，始言之若不易。兄弟之間，感有難言，亦仁之一端。

研析

本章雖專為司馬牛發，然亦求仁之通義。孔子又曰：「仁者先難而後獲。」苟能安於所難，而克敬克恕以至於無怨，斯其去仁也不遠矣。孔子又曰：「剛、毅、木、訥近仁。」學者當會通諸章求之，勿謂此章乃專為一人發而忽之可也。

白話試譯

司馬牛問仁。先生說：「仁者說話常遲鈍。」司馬牛說：「說話遲鈍，就說是仁嗎？」先生說：「因知做來難，說來哪得不遲鈍？」

（四）

司馬牛問君子。子曰：「君子不憂不懼。」曰：「不憂不懼，斯謂之君子已乎？」

子曰：「內省不疚，夫何憂何懼。」

研析

常人擾擾，多在憂懼中，司馬牛亦正為憂懼所困，故孔子以君子不憂不懼告之。然徒求不憂不懼，其人豈便為君子？蓋非不憂不懼之為貴，乃其內省而無疚之為貴。疚，病義。問心無病，仰不愧，俯不怍，斯無所用其憂懼矣。孔子亦非教司馬牛恝然於其兄而無動於心，此有義命之辨，學者當從實境中磨鍊。故本章雖亦針對司馬牛而發，然亦君子修德之通義。

白話試譯

司馬牛問，「如何可得謂君子？」先生說：「君子不憂不懼。」司馬牛說：「不憂不懼，就得稱君子嗎？」先生說：「只要內心自省不覺有病，那又何憂何懼呀？」

（五）

司馬牛憂曰：「人皆有兄弟，我獨亡。」子夏曰：「商聞之矣，『死生有命，富貴在天。君子敬而無失，與人恭而有禮，四海之內，皆兄弟也。』君子何患乎無兄弟也。」

注釋

我獨亡　亡，同無。司馬牛兄向魋，魋又有兄巢，有弟子頎、子車，皆與魋在宋作亂。

商聞之矣　謂聞之於孔子也。孔子卒在桓魋作亂後兩年，子夏言此時，孔子當已卒。魋、巢等或奔或死，牛身棲異國，故有獨無兄弟之感。

死生有命，富貴在天　命者不由我主。如人之生，非己自欲生；死，亦非己自欲死。天者，在外之境遇。人孰不欲富貴，然不能盡富貴，此為境遇所限。

敬而無失　無失，即中也。敬而無失，操之純熟，斯從容中道矣。或曰：失當讀為佚。佚，樂也。無佚申言敬，有禮申言恭。今從前解。

四海之內，皆兄弟也　有意是而語滯者，孔子無是也。孔子曰：「天下歸仁。」後人因謂仁者以天地萬物為一體。孔子曰：「雖蠻貊之邦行矣。」子夏因曰「四海之內皆兄弟」。學者遇此等處，惟當通知言者意指所在，勿拘執文字以為說可也。

研析

左傳桓魋諸兄弟為亂而敗，魋奔衛，牛致邑與珪而適齊。魋後奔齊，牛復致邑而適吳。吳人惡之而返。趙簡子召之，陳成子亦召之，因過魯而卒於魯郭門之外。牛之諸兄弟，全是戾氣，惟牛淒然孤立，流離無歸，憂可知矣。讀此三章，孔子子夏當時師友誨導之情，千載之下，宛然可見。然則本章四海皆兄弟之語，乃是當時一番極真摯懇切之慰藉。子夏之言此，復何病？

白話試譯

司馬牛很憂愁地說：「人人皆有兄弟，獨我沒有呀！」子夏說：「商曾聽先生說過：『死生有命，富貴在天。君子只要能敬，做事沒有差失，對人能恭，有禮，那就四海之內都是你的兄弟呀！』君子哪怕沒兄弟呢？」

（六）

子張問明。子曰：「浸潤之譖，膚受之愬，不行焉，可謂明也已矣。浸潤之譖，膚受之愬，不行焉，可謂遠也已矣。」

注釋

浸潤之譖 譖者之言，如水漸漬，初若不覺，久自潤溼。

膚受之愬 一說：如皮膚受塵垢，當時不覺，久乃睹其不淨。一說：如肌膚親受，急切迫身，驟聽之，易於動信。今從後說。譖者毀人行，愬者訴己冤。

可謂遠也已矣 遠，明之至也。

白話試譯

子張問：「怎樣可算是明呀？」先生說：「像浸潤般的譖言，像切膚般的控訴，在他前面行不通，可算明了。像浸潤般的譖言，像切膚般的控訴，在他前面行不通，可算遠了。」

（七）

子貢問政。子曰：「足食，足兵，民信之矣。」子貢曰：「必不得已而去，於斯三者何先？」曰：「去兵。」子貢曰：「必不得已而去，於斯二者何先？」曰：「去食。自古皆有死，民無信不立。」

注釋

足食，足兵，民信之矣　倉廩實、武備修，然後教化行，能使其民對上有信心。

必不得已而去，於斯三者何先　遇不得已，兵、食、信三者不能兼顧，必去其一，則何者可先。

去兵　此如今言寧因黃油去礮彈，不為礮彈去黃油。

於斯二者何先　又不得已，顧食則失信，全信則失食，則二者孰可去。

去食。自古皆有死，民無信不立　與其去信，寧去食。此不僅指為政者發倉廩以拯民言，亦兼指為政者教民取捨言。民無食必死，然無信則群不立，渙散鬥亂，終必相率淪亡，同歸於盡。故其群能保持有信，一時無食，仍可有食。若其群去信以爭食，則終成無食。去兵者，其國貧弱，恐以整軍經武妨生事，故且無言兵，使盡力耕作。去食者，如遇旱蝗水潦，饑饉荒歉，食固當急，然亦不可去信而急食。

研析

本章因子貢善問，推理至極，遂有自古皆有死，民無信不立之說。然子適衛，告冉有：「既庶矣，當富之。既富矣，當教之。」與本章足食在前，而兵與信次之同意，可見為政者首以使民得食能保其生為先。惟遇不得已，則教民輕食重信，一處常，一臨變，讀者須於此善體，不可徒認自古皆有死之單辭，遂謂為政者可以不顧民命，而高懸一目標以強民之必從。此亦一義命之辨。為政者首重民食是義，甯去食是命。立身立群同是一理，立身有捨生取義，導群亦有去食存信，此與「倉廩實而知禮節，衣食足而知榮辱」，各申一面，不相害。

白話試譯

子貢問為政之道。先生說：「先求充足糧食，次乃講究武備，民間自然信及此政府了。」子貢又問：「儻遇不得已，於此三者間，必去其一，則孰可先去呢？」先生說：「減去武備吧！」子貢又問：「儻遇不得已，於此二者間，再必去其一，則孰當先去呢？」先生說：「減去食糧吧！自古以來，人誰不死？若苟無信，則一群都不存在了。」

（八）

棘子成曰：「君子質而已矣，何以文為？」子貢曰：「惜乎！夫子之說君子也，駟不及舌。文猶質也，質猶文也。虎豹之鞟，猶犬羊之鞟。」

注釋

棘子成　衛大夫。

惜乎夫子之說君子也　此九字為一句，夫子指棘子成，當時稱大夫皆曰夫子。子貢謂棘子成之論君子，失言可惜。蓋棘子成疾孔子教子貢之徒若為文勝，子貢謂其妄意譏毀聖人之教，故傷歎而警之。

駟不及舌　駟，四馬。古用四馬駕一車。舌以出言，既脫口，四馬追之不及。

虎豹之鞟，猶犬羊之鞟　皮去毛曰鞟。虎豹與犬羊之別，正因其毛文之異。若去其文之炳蔚，則虎豹之皮將與犬羊之皮無別。此見君子小人相異，正在君子之多文。故說質猶文也，文猶質也，二者同重，不可偏無。若必盡去其文，則猶專主十室之忠信，而不取孔子之好學。

白話試譯

棘子成說：「君子只要質就夠了，何用再加以文呀？」子貢說：「可惜了，你先生這樣的解說君子呀！雖有四馬駿足，也追不及你舌頭上這一失言了。文猶之是質，質猶之是文。虎豹之皮，若去了牠的花紋便猶如犬羊之皮了。」

（九）

哀公問於有若曰：「年饑，用不足，如之何？」有若對曰：「盍徹乎？」曰：「二，吾猶不足，如之何其徹也？」對曰：「百姓足，君孰與不足？百姓不足，君孰與足？」

注釋

盍徹乎　稅田十取一為徹。盍，何不義。

二吾猶不足　哀公於田稅外復加賦，用作軍費，是一畝田已徵兩分稅。但哀公仍嫌不足。有若請其只收田稅，則更不足。

君孰與不足　民富，君不獨貧。民貧，君不獨富。人必相人偶，故己欲立立人，己欲達達人。有若之言，亦仁言也。孰與之問，甚有深意。孔子曰：「吾非斯人之徒與而誰與？」

研析

左傳哀公十二年春用田賦，謂按畝分攤軍費。是年及下年皆有蟲災，又連年用兵於邾，又有齊警，故說年饑而用不足。有若教以只稅田，不加賦，乃針對年饑言。哀公就國用不足言，故有若又稱百姓足君孰與不足。

白話試譯

魯哀公問有若道：「年歲荒歉，國用不足，有何辦法呀？」有若對道：「何不只收十分一的田租呢？」哀公說：「我在田租外加收了田賦，共已收了兩份，尚感不足，怎可只收一份田租呢？」有若對道：「只要百姓都足了，君和誰不足呀？若使百姓都不足，君又和誰去足呀！」

（一〇）

子張問崇德辨惑。子曰：「主忠信，徙義，崇德也。愛之欲其生，惡之欲其死，既欲其生，又欲其死，惑也。」「誠不以富，亦祇以異。」

注釋

崇德　行道而有得於心為德。崇德者，以德為崇，略猶中庸言尊德性。

辨惑　惑，心有所昏昧不明。辨惑者，辨去其不明，略猶中庸言道問學。子張問「如何而始可謂是崇德辨惑」，此兩語當是古言，而子張引以為問。

主忠信　忠信存於我心，若不以忠信為主，而徒爭在外之事業功名，則離德已遠，不能謂之崇德。

徙義　聞義，徙己意以從之，猶云遷善。主忠信則本立，徙義則日新，此為崇德之方。

愛之欲其生，惡之欲其死　此猶云「進人若將加諸膝，退人若將墜諸淵」，皆譬況之辭。兩句當一氣讀。下文既欲其生又欲其死，即是複舉此兩語，而文氣更迫促。好惡無常，先後反覆，雜投於一人之身，斯其昏惑甚矣。人之惑，主要從其心之好惡來。故求辨惑，尤貴於己心之好惡辨之。或說愛之欲其生，惡之欲其死，乃兩事分列，即此已是惑。下兩語既欲其生，又欲其死，則是惑之甚。今按文氣，當從上說。

誠不以富，亦祇以異　詩小雅我行其野之辭。當是錯簡，應在第十六篇齊景公有馬千駟章，因下章亦有齊景公字而誤。

白話試譯

子張問道：「如何可算得崇德辨惑呀！」先生說：「存心主於忠信，又能聞到義的即遷而從之，這可算是崇德了。喜愛一人，便想要他生，厭惡了他，又想要他死。既要他生，又要他死，這可算是惑了。」

（一一）

齊景公問政於孔子。孔子對曰：「君君臣臣，父父子子。」公曰：「善哉！信如君不君，臣不臣，父不父，子不子，雖有粟，吾得而食諸？」

注釋

齊景公 名杵臼。魯昭公末年，孔子適齊，時齊大夫陳氏專政，而景公多內嬖，不立太子，故孔子答其問如此。

得而食諸 諸，疑問辭。猶言得而食之乎？

白話試譯

齊景公問為政之道於孔子。孔子對道：「君要盡君道，臣要盡臣道，父要盡父道，子要盡子道。」景公說：「好極了。若是君不盡君道，臣不盡臣道，父不盡父道，子不盡子道，縱有積穀，我哪喫得呀！」

（一二）

子曰：「片言可以折獄者，其由也與！」子路無宿諾。

注釋

片言可以折獄 片言猶云單辭，即片面之辭。折，斷也。斷獄必兼聽兩造，不應單憑片辭。

其由也與 此有兩解。一說：子路明決，可以僅聽片面話斷獄。一說：子路忠信，決無誣妄，即聽其一面之辭，亦可憑以斷獄。今從後說。

子路無宿諾 宿諾亦有兩解。一說：宿，猶言猶豫。子路守信篤，恐臨時有故，故不事前預諾。一說：子路急於踐言，有諾不留。宿，即留義。今從後說。惟其平日不輕然諾，語出必信，積久人皆信服，故可聽其一語即以折獄。論語編者因孔子言而附記及此。

白話試譯

先生說：「憑著片面之辭而便可斷獄的，怕只有子路的話吧！」子路答應了人，沒有久留著不踐諾的。

（一三）

子曰：「聽訟，吾猶人也，必也使無訟乎！」

注釋

聽訟　聽其訟辭以判曲直。

吾猶人也　言我與人無異。

使無訟　由於德教化之在前，故可使民無訟。

白話試譯

先生說：「若論聽訟，我也和人差不多呀！必然要能使人不與訟才好吧！」

（一四）

子張問政。子曰：「居之無倦，行之以忠。」

注釋

居之無倦　居之，一說居位，一說居心。居位不倦，其居心不倦可知。

行之以忠　行之，一謂行之於民，一謂行事。為政者所行事，亦必行之於民可知。

白話試譯

子張問為政之道。先生說：「居職位上，心無厭倦。推行一切政事，皆出之以忠心。」

（一五）

子曰：「博學於文，約之以禮，亦可以弗畔矣夫。」

研析

本章已見雍也篇，此重出。

（一六）

子曰：「君子成人之美，不成人之惡。小人反是。」

研析

成者，誘掖獎勸以助成之。君子小人，存心有厚薄之殊，所好又有善惡之異，故不同。

白話試譯

先生說：「君子助成別人的美處，不助成別人的惡處，小人恰恰和此相反。」

（一七）

季康子問政於孔子。孔子對曰：「政者，正也。子帥以正，孰敢不正？」

注釋

政者正也　正，猶言正道。政治乃群眾事，必以正道，不當偏邪。

子帥以正　帥，同率，領導義。

孰敢不正　可見在下有不正，其責任在在上者。

白話試譯

季康子以為政之道問孔子。孔子對道：「政只是正的意義。你若把正道來率先領導，在下的又誰敢不正呀？」

（一八）

季康子患盜，問於孔子。孔子對曰：「苟子之不欲，雖賞之不竊。」

注釋

不欲 欲，指貪欲。在上者貪欲，自求多財，下民化之，共相競取。其有不聊生者，乃挺而為盜。責任仍屬在上者。

雖賞之不竊 若在上者不貪欲，務正道，民生各得其所，縱使賞之行竊，亦將不從。民之化於上，乃從其所好，不從其所令。並各有知恥自好之心，故可與為善。盜與竊亦不同。賞其行竊且不從，何論於為盜。

白話試譯

季康子患慮魯國多盜，求問於孔子。孔子對道：「只要你自不貪欲，縱使懸令賞民行竊，他們也不會聽你的。」

（一九）

季康子問政於孔子，曰：「如殺無道以就有道，何如？」孔子對曰：「子為政，焉用殺？子欲善而民善矣。君子之德，風。小人之德，草。草，上之風，必偃。」

注釋

以就有道　就，成就義。康子意欲以鋤惡成就善道。

子為政，焉用殺　在上為政，民所視效，故為政便不須殺。此句重在為政字，不重在子字。

君子之德，風。小人之德，草　此處君子小人指位言。德，猶今言品質。謂在上者之品質如風，在下者之品質如草。然此兩語仍可作通義說之。凡其人之品德可以感化人者必君子，其人之品德隨人轉移不能自立者必小人。是則教育與政治同理。世風敗壞，其責任亦在君子，不在小人。

草，上之風，必偃　上，或作尚，加義。偃，仆義。風加草上，草必為之仆倒。

研析

以上三章，孔子言政治責任在上不在下。下有缺失，當由在上者負其責。陳義光明正大，若此義大昌於後，居上位者皆知之，則無不治之天下矣。

白話試譯

季康子請問為政之道於孔子，說：「如能殺無道的來成全有道的，如何呀？」孔子對道：「你是一個主政人，哪裡還要用殺人的手段呢？你心欲善，民眾就群向於善了。在上的人好像風，在下的人好像草，風加在草上，草必然會隨風倒的呀。」

（二〇）

子張問：「士，何如斯可謂之達矣？」子曰：「何哉，爾所謂達者？」子張對曰：「在邦必聞，在家必聞。」子曰：「是聞也，非達也。夫達也者，質直而好義，察言而觀色，慮以下人，在邦必達，在家必達。夫聞也者，色取仁而行違，居之不疑，在邦必聞，在家必聞。」

注釋

達　顯達義，亦通達義。內有諸己而求達於外。

何哉，爾所謂達者　子張務外，孔子知而反詰之，將以去其病而導之正。

是聞也，非達也　聞，名譽著聞。內無求必達之於外者，僅於外竊取名聞而已。此乃虛實誠偽之辨，學者不可不審。

質直而好義，察言而觀色，慮以下人　質直，內主忠信，不事矯飾。察言觀色，察人之言，觀人之色。慮以下人，卑以自牧也。一說：慮，用心委曲。一說：慮，猶每也。慮以下人，猶言每以下人。複言曰無慮，單言曰慮，其義一。不矯飾，不苟阿，在己者求有以達於外，而柔順謙卑，故人亦樂見其有達。或說：察言觀色以下人，疑若伺顏色、承意旨以求媚者。然察言觀色，當與質直好義內外相成。既內守以義，又能心存謙退，故能謙撙而光，卑而不可踰，此聖人處世之道，即仁道。鄉愿襲其似以亂中行，而後儒或僅憑剛直而尚氣，則亦非所謂聖人定之以中正仁義之道。

色取仁而行違　色取，在面上裝點，既無質直之姿，又無好義之心，無之己而僅求之外，斯無行而不違乎仁矣。

居之不疑　專務偽飾外求，而又自以為是，安於虛偽，更不自疑。

在邦必聞，在家必聞　此等人專意務外，欺世盜名，其心自以為是，無所愧怍，人亦信之，故在邦必聞，在家必聞。然虛譽雖隆，而實德則病，誤己害世，有終其身為聞人而已不知羞，人不知非者，其為不仁益甚矣。此處家字，如三家之家，非指私人家庭言。

研析

論語又兼言立達。必先立，乃能有達。即遭亂世，如殷有三仁，是亦達矣。又曰「殺身成仁」，成仁亦達也。此與道之窮達微有辨，學者其細闡之。

白話試譯

子張問：「一個士如何才算是達了？」先生說：「你說的達，是怎樣的呀？」子張對道：「一個達的人，在國內，必然有名聞。在卿大夫家中，也必然有名聞。」先生說：「那是名聞，不是顯達呀！一個顯達的人，他必然天性質直，心志好義，又能察人言語，觀人容色，存心謙退，總好把自己處在人下面。這樣的人，自然在國內，在大家中，到處能有所顯達了。那有名聞的人，只在外面容色上裝取仁貌，但他的行為是違背了。他卻亦像心安理得般，從來不懂懷疑到他自己，這樣的人，能在國內有名聞，在一大家中也有名聞了。」

（二一）

樊遲從遊於舞雩之下，曰：「敢問崇德修慝辨惑。」子曰：「善哉問！先事後得，非崇德與？攻其惡，無攻人之惡，非修慝與？一朝之忿，忘其身，以及其親，非惑與？」

注釋

從遊於舞雩之下　舞雩之處，有壇墠樹木，故可遊。於問答前著此一語，此於論語為變例。或說：春秋魯昭公遜齊之年，書上辛大雩，季辛又雩，傳曰：「又雩者，非雩也，聚眾以逐季氏也。」昭公欲逐季氏，終為季氏所逐，樊遲欲追究其所以敗，遂於從遊舞雩而發問，而言之又婉而隱，故孔子善之。今按：孔子晚年返魯，哀公亦欲逐季氏。推樊遲之年，其問當在哀公時，不在昭公時，則寓意益深矣。然如此說之，終嫌無切證。或又曰：樊遲錄夫子之教而書其地，示謹也。編者從而不削耳。

先事後得　即先難後獲義。人能先務所當為，而不計其後功，則德日積於不自知。

修慝　慝，惡之匿於心。修，治而去之。專攻己惡，則己惡無所匿。

白話試譯

樊遲從遊在舞雩臺之下，說：「敢問怎樣崇德修慝辨惑呀？」先生說：「你問得好。先做事，後計得，不就是崇德嗎？專攻擊自己的過失，莫去攻擊別人的過失，不就是修慝嗎？耐不住一朝的氣忿，忘了自己的生命安危，乃至忘了父母家屬，這還不是惑嗎？」

（二二）

樊遲問仁。子曰：「愛人。」問知。子曰：「知人。」樊遲未達。子曰：「舉直錯諸枉，能使枉者直。」樊遲退，見子夏，曰：「鄉也，吾見於夫子而問知，子曰：『舉直錯諸枉，能使枉者直。』何謂也？」子夏曰：「富哉言乎！舜有天下，選於眾，舉皋陶，不仁者遠矣。湯有天下，選於眾，舉伊尹，不仁者遠矣。」

注釋

樊遲未達 未達，猶言未明。本文未言樊遲所未達者何在。一說：樊遲蓋疑愛人務求其周，知人必有所擇，兩者似有相悖。一說：已曉愛人之言，而未曉知人之方。蓋樊遲之疑，亦疑於人之不可周知。按下文孔子子夏所言，皆未為仁知合一之說作闡發，樊遲之問子夏，亦曰「鄉也，吾見於夫子而問知」，專偏知人言。當從第二說。

舉直錯諸枉，能使枉者直 解見為政篇哀公問章，此蓋以積材為喻。舉直材壓乎枉材之上，枉材亦自直。或說：知人枉直是知，使枉者亦直，則正以全其仁。此從第一說為闡發。或說：知人之首務，惟在辨枉直。其人而直，則非可正之以是，惡可導之於善。其人而枉，則飾惡為善，矯非為是，終不可救藥。此從第二說為闡發。然知人不專在辨枉直，如皋陶伊尹，豈一直字可盡？故知解作喻辭為是。

鄉也 鄉字又作嚮，猶言前時。

何謂也　樊遲仍有未明，故再問於子夏。蓋孔子所謂「舉直錯諸枉，能使枉者直」，樊遲仍有所未達。

富哉言乎　此謂孔子之言涵義甚富，下乃舉史以證。

不仁者遠矣　一說：不仁者遠去，言皆化而為仁，即所謂能使枉者直，是孔子仍兼仁知言之。此承第一說。或曰：遠謂罷去其官職。或又曰：子夏知孔子之意，必如堯、舜、禹、湯之為君，乃能盡用人之道，故言前史選舉之事，此即春秋譏世卿之義。舜舉皋陶，湯舉伊尹，皆不以世而以賢。樊遲生春秋之世，不知有選舉之法，故子夏以此告之。

研析

漢儒傳公羊，有所謂微言大義，其間亦可以論語為徵者，如本章是。知漢儒之說，非盡無承。宋儒專以義理闡論語，於孔子之身世，注意或所不逮，亦非知人論世之道。子夏「富哉言乎」之歎，正有大義微言存焉。遲之所未達或在此。讀者其細闡之。

白話試譯

樊遲問：「如何是仁？」先生說：「愛人。」又問：「如何是知？」先生說：「知人。」樊遲聽了不明白。先生說：「舉用正直的人，加在那些枉曲之人上面，也能使枉曲的正直了。」樊遲退下，又去見子夏，說：「剛才我去見先生，請問如何是知，先生說：『舉用正直的人加在那些枉曲的人上面，能使枉曲的也正直。』這是怎樣的說法呀？」子夏說：「這話中涵義多豐富呀！

舜有了天下，在眾人中選出一個皐陶來舉用他，那些不仁的人便都遠去了。湯有了天下，在眾人中選出一個伊尹來舉用他，那些不仁的人也都遠去了。」

（二三）

子貢問友。子曰：「忠告而善道之，不可則止，毋自辱焉。」

注釋

忠告而善道之 友有非，不可不告，然必出於對友之忠忱，又須能善為勸導。

不可則止 如此而猶不可，不見從，則且止不再言。

毋自辱焉 若言不止，將自取辱。然亦非即此而絕。

研析

本章必是子貢之問有專指，而記者略之，否則孔子當不專以此為說。論語如此例甚多，讀者當細會。

白話試譯

子貢問交友之道。先生說：「朋友有不是處，該盡忠直告，又須善為勸說，若不聽從，則該暫時停止不言，莫要為此自受恥辱。」

（二四）

曾子曰：「君子以文會友，以友輔仁。」

注釋

以文會友　文者，禮樂文章。君子以講習文章會友。

以友輔仁　既為友，則可進而切磋琢磨以共進於道。不言輔德而言輔仁，仁者人道，不止於自進己德而已。

研析

本章上句即言與共學，下句言與共適道、與立、與權。

白話試譯

曾子說：「君子因於禮樂文章之講習來會合朋友。因於朋友會合來互相輔助，共進於仁道。」

子路篇第十三

（一）

子路問政。子曰：「先之勞之。」請益。曰：「無倦。」

注釋

先之勞之 之，指其民。民勞則思，思則善心生。逸則淫，淫則忘善，忘善則惡心生。故為政者貴能勞其民。先之者，尤貴能以身先其民而勞，故民勞而不怨。此四字當作一句讀。

請益 子路嫌孔子語少，故請益。

無倦 孔子謂只行上語無倦即可。

白話試譯

子路請問為政之道。先生說：「以身先之，以勞使民。」子路請再加一些指導，先生說：「照上語行之無倦即可了。」

（二）

仲弓為季氏宰，問政。子曰：「先有司，赦小過，舉賢才。」曰：「焉知賢才而舉之？」子曰：「舉爾所知，爾所不知，人其舍諸？」

注釋

先有司 先任有司者治其事。一說：以擇有司為先。然擇有司，擇字不可省，任有司，則凡有司必有所任，不煩特多一任字。

赦小過 任有司則責有歸，然小過當赦，則為治不苛。

舉賢才 既當先有司，故必舉賢者任之。

爾所不知，人其舍諸 人將各舉所知，以賢引賢，則賢才自彙進。

白話試譯

仲弓做了季氏宰，請問為政之道。先生說：「諸事先責成下面的有司。他們有小過失，當寬赦。多舉賢才來分任各職事。」仲弓說：「於何知得賢才而舉之呢？」先生說：「只要舉爾所知，爾所不知的，難道別人會捨他不舉嗎？」

（三）

子路曰：「衛君待子而為政，子將奚先？」子曰：「必也正名乎？」子路曰：「有是哉！子之迂也。奚其正？」子曰：「野哉由也！君子於其所不知，蓋闕如也。名不正則言不順，言不順則事不成，事不成則禮樂不興，禮樂不興則刑罰不中。刑罰不中則民無所措手足。故君子名之必可言也，言之必可行也。君子於其言，無所苟而已矣。」

注釋

衛君　出公輒，父蒯聵亡在外，衛人立輒而拒之。

必也正名乎　君君臣臣，父父子子，必先正其名。

子之迂也 迂，謂迂遠不切事情。子路就當時情實，殆謂孔子以魯人出亡在衛，無可為衛之君臣父子間正此名。時人必有以孔子為迂者，子路初不信，今聞孔子言，乃謂誠有如時人之所譏。

野哉由也 野謂粗鄙，責其於所不知不能闕疑而率爾妄申己見。

言不順 以子拒父，其言不順。言之尚不順，行之何能成事？事無可成，則禮樂不能興。無禮樂而妄施刑罰，刑罰亦必不能中理而合道。斯民眾將無所措其手足，言不知其舉動之何所適宜。

名之必可言 所名必可得而言。既有父子之名，則不可言以子拒父。蒯聵父而名以仇，名不正則不可言。

言之必可行 所言必可得以行。若言拒父，何以號令於國人。

於其言無所苟 一名一言，皆不可苟，否則牽連一切皆苟，豈有苟道而可以治國者。

研析

本章當與夫子為衛君一章合參。孔子之答子路，亦就當前言其措置宜然耳。然使孔子果為政於衛，究將如何措置，後人紛加億測，不知詳審於事而轉昧於理者亦多矣，此皆子路奚其正之見識。讀者於此等處，惟當存其理而置其事可矣。

白話試譯

子路問道：「如衛君有意等待先生來主政，先生對衛事將何從下手呀？」先生說：「首先必該正名吧？」子路說：「先生真個迂到這樣嗎！這名又何從正呀！」先生說：「真太粗野了，由呀！君子對於自己不知的事，該闕去不談。若果名不正，便說來不順。說不順口的，做來便不成事。做不成事，便不能興禮樂。禮樂不興，單用刑罰，刑罰也必不能中肯。刑罰不中肯，民眾將會手足無措，不知如何是好呀！因此君子定下名，必然要說得出口，說來必然要做得成事。君子對任何一句話，總求沒有苟且就得了。」

（四）

樊遲請學稼。子曰：「吾不如老農。」請學為圃。曰：「吾不如老圃。」樊遲出，子曰：「小人哉！樊須也！上好禮，則民莫敢不敬。上好義，則民莫敢不服。上好信，則民莫敢不用情。夫如是，則四方之民襁負其子而至矣，焉用稼？」

注釋

學稼　種五穀曰稼。樊遲學稼，或欲如神農、后稷以稼穡教民。或值年歉，有感而請。

學為圃　種菜蔬之地曰圃。為，治理義。孔子以不如老農之言拒樊遲，樊遲或疑學稼事重，嫌不勝任，故繼請學為圃。

不用情　情，情實也。用情者，猶言民皆以忠實對其上。

襁負其子而至　襁，負兒之衣，背負以行。四方之民皆來至其國，斯不待教民以稼，而民之從事於稼者將大增。古者井地授田，耕戶有去留之自由。

研析

本章樊遲請學稼圃，亦言為政之事，非自欲為老農老圃以謀生。然時有古今，後世文治日隆，臨政者不復能以教稼自務。孔子非不重民食，然學稼學圃，終是小人在下者之事，君子在上臨民，於此有所不暇。戰國時，有為神農之言者許行，孟子辭而闢之，亦孔子本章之意。然李悝亦出儒門，而仕魏有盡地力之教。樊遲之問，可謂已開其先聲。

白話試譯

樊遲請學稼穡之學。先生說：「我不如老農呀。」樊遲又請學治理園圃之學。先生說：「我不如老圃呀。」樊遲退出後，先生說：「真成一個在野小人了，樊遲呀！君子在上位，只要能好禮，民眾便莫敢不敬。只要能好義，民眾便莫敢不服。能好信，民眾便莫敢不用他們的真心和實情來對上。政治能做到這地步，四方民眾都會背負了他們的孩子來請入籍，那就耕戶日增，耕地日闢，何必自己學稼穡之事呀！」

（五）

子曰：「誦詩三百，授之以政，不達。使於四方，不能專對。雖多，亦奚以為？」

注釋

詩三百 詩有三百五篇，言三百，舉成數。詩實西周一代之歷史。其言治閨門之道者在二南。言農事富民之道在豳風。平天下，接諸侯，待群臣之道在大小雅。頌乃政成治定後始作。而得失治亂之情，則變風變雅悉之。故求通上下之情，制禮作樂以治國而安民者，其大綱要旨備於詩。誦此三百首，便當達於為政。

專對 謂出使以己意應對，不隨時請示於本國之朝廷。孔子曰：「不學詩，無以言。」若學詩而仍不能言，則如不學也。

雖多 詩三百，已不少，今誦此而仍不達於為政，出使仍不能專對，則雖多學，亦無為。

研析

孔門設教，主博學於文，然學貴能用。學於詩，便須得詩之用，此即約之以禮也。若學之不能用，僅求多學，雖多亦仍無用，決非孔門教人博學之意。學者於此不可不辨。

白話試譯

先生說：「誦習了三百首詩，授他以政事，不能通達。派他出使四方，不能單獨作主應對。那雖多學些別的，亦有何用呀！」

（六）

子曰：「其身正，不令而行。其身不正，雖令不從。」

研析

令，教令。顏淵篇：「政者，正也。子帥以正，孰敢不正？」本篇下章又云：「苟正其身矣，於從政乎何有？不能正其身，如正人何？」皆與本章同義。或說：此義蓋孔子屢言之，故門弟子亦不憚煩而屢記之。

白話試譯

先生說：「他身正了，不待下令，那事也就行了。他身不正，縱使下令，下面也不會聽從。」

（七）

子曰：「魯衛之政，兄弟也。」

研析

魯，周公之後，衛，康叔之後，本為兄弟之國，而其政亦相似。或說：兩國政俗猶賢於他國，所謂魯一變至於道。或說：兩國衰亂相似。恐當從後說。蓋此章乃孔子之歎辭。

白話試譯

先生說：「魯衛兩國的政事，真像是兄弟呀！」

（八）

子謂衛公子荊善居室。始有，曰：「苟合矣。」少有，曰：「苟完矣。」富有，曰：「苟美矣。」

注釋

衛公子荊 公子荊，衛大夫。因魯亦有公子荊，故此特加一衛字。

善居室 居室猶云治理家室。治家指人事，居室指財務器物之經營。

苟合矣 苟，將就苟且義。合，足義。家之百物必相配，故曰合。僅始有，尚未足，即曰此亦可以為足也。

少有 稍增義。

富有 繼續多增義。

研析

僅少有，尚未備，即云此亦可以為備。富有，未必美，即曰此亦聊可謂美。可證其心平淡，而居室有方，故能不以欲速盡美累其心，亦不以富貴肆志，故孔子稱之。

白話試譯

先生說：「衛公子荊可稱得善於處理家業了。」當他財貨器用始有之時，便說：「將就湊合了。」到他稍多時，便說：「將就完備了。」到他更多時，便說：「將就算得是美了。」

（九）

子適衛，冉有僕。子曰：「庶矣哉！」冉有曰：「既庶矣，又何加焉？」曰：「富之。」曰：「既富矣，又何加焉？」曰：「教之。」

注釋

僕　御車也。古禮，幼卑者為尊長御車。

庶矣哉　庶，眾也。言衛人口多。

白話試譯

先生到衛國，冉有為先生趕車。先生說：「衛國人口真多呀！」冉有說：「人口多了，再加些什麼呢？」先生說：「設法教他們富。」冉有說：「富了又如何呢？」先生說：「再加以教化。」

（一〇）

子曰：「苟有用我者，朞月而已可也，三年有成。」

注釋

朞月　朞亦作期。期月，一週年。

可也　可，僅可而有不足之意。

有成　孔子謂苟有能用我當政者，一年可樹立規模，三年可有成功，使此規模充實完成。

研析

史記此章為衛靈公不能用而發。或云：本章孔子為門人釋疑。當時有佛肸及公山不狃之召，孔子皆欲往，而門人疑之，故孔子言此。

白話試譯

先生說：「苟有能用我之人，一週年的時間便好了。若經三年，定會有成功。」

（一一）

子曰：「『善人為邦百年，亦可以勝殘去殺矣。』誠哉是言也！」

注釋

善人為邦百年　有善人相繼為國，至於百年之久。
勝殘去殺　勝殘，化殘暴之人使不為惡。去殺，不用刑罰戰鬥。
誠哉是言　上引乃古語，而孔子稱之。

研析

周自平王東遷，諸侯力爭，民之困於殘暴刑殺者二百餘年。使有善人為國，求能勝去殘暴，使殺伐不復興，已非一人一世所能，必相繼歷百年而始可冀。此章蓋歎世之習於亂，而痛斯民之未易見治平之運。

本章當與上章合參。三年即可有成，何其為效之速？待之百年之久，而後可以勝殘去殺，又何其為期之遙？聖人言各有當，學者試細參之。

白話試譯

先生說：「古人說過：『有善人來主持國政，經歷一百年之久，才可以化去殘暴，消滅殺伐。』這話真對呀！」

（一二）

子曰：「如有王者，必世而後仁。」

研析

三十年為一世。王者起，一天下而治之，與善人為邦不同，然求仁道之化行於天下，亦必以三十年為期。蓋舊被惡化之民，經三十年一世而皆盡，新生者漸漬仁道三十年，故其化易成。

白話試譯

先生說：「如有一位王者興起，也必三十年時間，才能使仁道行於天下呀！」

（一三）

子曰：「苟正其身矣，於從政乎何有？不能正其身，如正人何？」

研析

從政，猶為政。苟能正其身，則為政一切不難。

白話試譯

先生說：「苟能自己身正了，這於從事政治還有何難呀？若不能正其身，又怎能正人呢？」

（一四）

冉子退朝，子曰：「何晏也？」對曰：「有政。」子曰：「其事也？如有政，雖不吾以，吾其與聞之。」

注釋

冉子退朝 冉有時為季氏宰，退朝，謂退於季氏之私朝。此稱冉子，或說乃其門人所記。然此章於冉有加貶斥，似非其門人記之。或本作冉有，當從之。

何晏也 也，同邪，問辭。晏，晚義。古人之朝，天微明，辨色即入。冉有退朝晚，故孔子問之。冉有仕於季氏而猶在孔門，退朝稍晏，孔子問之，師弟子親如父子家人，固不獨於顏子一人為然。

有政 有國政討論，故退遲。

其事也 也，亦同邪，疑問辭。事指私事，謂季氏之家事。或說有所更改匡正為政，所行常事為事。今按：此處當從公私言，尤見嚴正。其時季氏專魯政，有不與同列議於公朝，而獨與其家臣議之私朝者。孔子如為不知，言此必季氏家事，若係國政，當公議之。我嘗為大夫，今雖不用，猶當預聞，其言嚴而婉，而所以教冉子者深矣。

雖不吾以 以，用義。

白話試譯

冉有在季氏的私朝退下，來見先生。先生說：「怎麼這樣晚呀！」冉有對道：「因有國政討論。」先生說：「怕是季氏的家事吧！果有國政，此刻我雖不見用，也該預聞到。」

（一五）

定公問：「一言而可以興邦，有諸？」孔子對曰：「言不可以若是其幾也。人之言曰：『為君難，為臣不易。』如知為君之難也，不幾乎一言而興邦乎？」曰：「一言而喪邦，有諸？」孔子對曰：「言不可以若是其幾也。人之言曰：『予無樂乎為君，唯其言而莫予違也。』如其善而莫之違也，不亦善乎？如不善而莫之違也，不幾乎一言而喪邦乎？」

注釋

其幾也 三字連上讀。幾，期望義。與下「不幾乎」，兩幾字義別。

予無樂乎為君，唯其言而莫予違也 言為君別無可樂，只有一事，即出一言而臣眾莫敢違，為可樂。

一言而喪邦 即「樂乎莫予違」之一言也。

研析

本章孔子專指在上者之居心言。後儒承之，以正心誠意為治國平天下之本，言雖近而指則遠，亦古今通義。

白話試譯

定公問道：「只一句話便可興國，有嗎？」孔子對道：「說話不能如此般的期望呀。有人說：『做君難，做臣不易。』若果知道做君之難，那就幾乎一句話可以興邦了。」定公又問：「一句話便可失國，有嗎？」孔子對道：「說話不能如此般期望呀。有人說：『我對做君不覺有何可樂處，只是說了話沒人敢違拗。』儻是說的善，沒人違拗，不好嗎！若說的不善，沒人敢違拗，而你認此為可樂，那就庶幾乎一句話可以失國了！」

（一六）

葉公問政。子曰：「近者說，遠者來。」

研析

說，同悅。近者悅其政澤，故遠者聞風來至。

白話試譯

葉公問行政之道。先生說：「近的人歡悅，遠的人來附。」

（一七）

子夏為莒父宰，問政。子曰：「無欲速，無見小利。欲速則不達，見小利則大事不成。」

研析

莒父，魯邑名。無，通毋，戒止之辭。欲速則急遽失序，故反有不達。見當前之小利，則所就小而轉失其大處。

白話試譯

子夏當了莒父宰，問行政之道。先生說：「不要求速成，不要只見小利。求速成，則達不到目的。只見小利，則不能成大事。」

（一八）

葉公語孔子曰：「吾黨有直躬者，其父攘羊，而子證之。」孔子曰：「吾黨之直者異於是。父為子隱，子為父隱，直在其中矣。」

注釋

直躬　或說其人名躬，因行直，人稱之曰直躬。一說其人姓名不傳，因其行直，故稱直躬。猶如一狂人行近孔子之輿，故稱狂接輿。似後說為是。

其父攘羊而子證之　攘，竊取義。子即直躬，其父盜人之羊，直躬證其父之行盜。

父為子隱，子為父隱，直在其中矣　隱，掩藏義。隱惡而揚善，亦人道之直。何況父為子隱，子為父隱，此乃人情，而理即寓焉，不求直而直在其中。

白話試譯

葉公告訴孔子說：「我們這裡有一個能行直道的人，他父親盜竊人羊，他出來證明了。」孔子說：「我們的直道和此相異。父親替兒子隱瞞，兒子替父親隱瞞，直道便在其中了。」

（一九）

樊遲問仁。子曰：「居處恭，執事敬，與人忠，雖之夷狄，不可棄也。」

注釋

居處恭　居處，一人獨居。恭，不惰不放肆。

執事敬　執事猶言行事。敬，不懈不怠慢。

不可棄　謂不可棄去不行。

研析

衛靈公篇子張問行，子曰：「言忠信，行篤敬，雖蠻貊之邦行矣。言不忠信，行不篤敬，雖州里行乎哉？」與此章語相類。或疑此章問仁乃問行字誤。然仁者人道，乃人與人相處之道。人道以恭敬忠信為主。夷狄亦人類，故雖至夷狄，此道仍不可棄。則本章明言仁，不必改字。或曰：雖至夷狄之邦，能恭敬忠信，亦不為夷狄所棄。則轉言效應，與孔子平日教人意不類。且不為所棄，非不可棄。今仍從前解。

白話試譯

樊遲問仁道。先生說：「平常獨居當能恭，執行有事當能敬，待人要能忠。這幾項，縱使去夷狄之邦，也不可棄去不行呀。」

（二〇）

子貢問曰：「何如斯可謂之士矣？」子曰：「行己有恥，使於四方，不辱君命，可謂士矣。」曰：「敢問其次。」曰：「宗族稱孝焉，鄉黨稱弟焉。」曰：「敢問其次。」曰：「言必信，行必果，硜硜然小人哉！抑亦可以為次矣。」曰：「今之從政者何如？」子曰：「噫！斗筲之人，何足算也！」

注釋

行己有恥　心知有恥，則有所不為。此指其志有所不為，而其才足以有為者。使於四方不辱君命，即其足以有為。孝弟之士，其本已立，而才或不足，故其次。

言必信，行必果 果，必行之義。孟子曰：「大人者，言不必信，行不必果，唯義所在。」

硜硜 小石堅確貌。不務求大義，而專自守於言行之必信必果，此見其識量之小，而才亦無足稱，故稱之曰小人。然雖乏才識，亦尚有行，故得為孝弟之次。

今之從政者何如 子貢蓋自有所不滿，而以質於孔子。

噫 心不平歎聲。

斗筲之人，何足算也 斗容十升，筲容五升，說文作籍。斗筲之人，言其器小。一說：謂其僅知聚斂。算，數義。猶今云不足算數。論語言辭和婉，然多於至和中見至剛，於至婉中見至直，如此處即是。

白話試譯

子貢問道：「如何才算士？」先生說：「他行為能知有恥，出使四方，能不辱沒君命，可算是士了。」子貢說：「敢問次一等如何呢？」先生說：「宗族稱他孝，鄉黨稱他弟。」子貢又說：「敢問再次一等如何呢？」先生說：「出一言必信，不反悔。做一事必果決，不轉變。堅確地像塊石頭般，那是小人呀！但也可算是次一等的了。」子貢又問：「現在那些從政的人如何呢？」先生說：「呀！那些都只是一斗五升之人，何足算數呀！」

（二一）

子曰：「不得中行而與之，必也狂狷乎！狂者進取，狷者有所不為也。」

研析

孟子盡心篇：孟子曰：「孔子不得中道而與之，必也狂獧乎！狂者進取，獧者有所不為也。孔子豈不欲中道哉，不可必得，故思其次也。狂者其志嘐嘐然，曰：『古之人，古之人。』夷考其行而不掩焉者也。狂者又不可得，欲得不屑不潔之士而與之，是獧也。又其次也。」今按：中行，行得其中。孟子所謂中道，即中行。退能不為，進能行道，兼有二者之長。後人捨狂狷而別求所謂中道，則誤矣。

伊尹聖之任，狂者也。伯夷聖之清，狷者也。狂狷皆得為聖人，惟不如孔子仕止久速之時中。時中，即時時不失於中行，即時而狂時而狷，能不失於中道。故狂狷非過與不及，中行非在狂狷之間。中庸「賢者過之，不肖者不及」，不能移說此章之中行。

白話試譯

先生說：「我不得中道之士和他在一起，那只有狂狷了。狂者能進取，狷者能有所不為。」

（二二）

子曰：「南人有言曰：『人而無恆，不可以作巫醫。』善夫！『不恆其德，或承之羞。』」子曰：「不占而已矣！」

注釋

南人 南方之人。

不可以作巫醫 古代巫道與醫事相混。作，為義。此有兩說：一謂無恆之人，即巫醫賤業亦不可為。又一說：古人不以巫醫為賤業，周禮司巫司醫，皆由士大夫為之。此乃謂無恆之人，亦不可作巫醫。就論語文義，仍以前說為當。惟南人之言，正是重巫醫，故謂無恆者不可付以此任。

善夫 此孔子稱述南人之言而善之。巫所以交鬼神，醫所以託死生，無恆之人何足任此。專一之業尚然，何論於廣大之道，故孔子特取此言。

不恆其德，或承之羞 此易恆卦九三爻辭。或，常義。承，續義。言人無恆德，常有羞辱承續其後。

子曰：不占而已矣 此處復加子曰字，以別於前引之易文。孔子言，其人無恆德，亦惟有不為之占問吉凶，因即為之占，亦將無準。

研析

本章孔子引南人言，見人之無恆，不可成業。又引易爻辭，言無恆之人亦無可為之助。

白話試譯

先生說：「南方人有句話說：『人若無恆，不可當巫醫。』這話真好呀！易卦上也說：『其德不恆的，常會有羞辱隨後。』」先生說：「這也只有不替他占問就罷了。」

（二三）

子曰：「君子和而不同，小人同而不和。」

研析

和者無乖戾之心。同者有阿比之意。君子尚義，故有不同。小人尚利，故不能和。或說：和如五味調和成食，五聲調和成樂，聲味不同，而能相調和。同如以水濟水，以火濟火，所嗜好同，則必互爭。今按：後儒言大同，即太和。仁義即大同之道。若求同失和，則去大同遠矣。

白話試譯

先生說：「君子能相和，但不相同。小人只相同，但不相和。」

（二四）

子貢問曰：「鄉人皆好之，何如？」子曰：「未可也。」「鄉人皆惡之，何如？」子曰：「未可也。不如鄉人之善者好之，其不善者惡之。」

研析

一鄉之人，若宜有公論，然亦各自為類以為好惡。若一鄉同好，恐是同流合汙之人。一鄉同惡，或有乖世戾俗之嫌。惡人不之惡，疑其茍容。善人不之好，見其無可好之實。然則公論貴乎合道，不貴以多少數為衡量。

白話試譯

子貢問道：「一鄉之人都喜好他，如何呢？」先生說：「未可就說是好呀。」子貢又問：「一鄉之人都厭惡他，如何呢？」先生說：「未可就不說是好呀！不如鄉人中的善人喜好他，不善的人厭惡他。」

（二五）

子曰：「君子易事而難說也。說之不以道，不說也。及其使人也，器之。小人難事而易說也。說之雖不以道，說也。及其使人也，求備焉。」

注釋

易事 易與共事。或說：易服侍。

難說 說，同悅。猶云難討他歡喜。君子悅人之有道，故無道之人不易得君子之歡悅。

器之 君子貴重人才，因其材器所宜而使用之，故能恕人所不能。

求備焉 小人之心苛刻，故求全責備，卒至無可用之人。

白話試譯

先生說：「君子易於和他共事，但難於得他喜歡。你討他喜歡不合道，他還是不喜歡。待他使用你時，卻量你的才具。小人易於討他喜歡，但難於和他共事。你只要討他喜歡，縱不合道，他仍會喜歡你。待他使用你時，卻求全責備，凡他想要你做的，你都得做。」

（二六）

子曰：「君子泰而不驕，小人驕而不泰。」

研析

泰，安舒義。驕，矜肆義。君子無眾寡，無小大，無敢慢，故不驕。然心地坦然，故常舒泰。小人矜己傲物，惟恐失尊，心恆戚戚，故驕而不泰。然亦有不驕而未能泰者，亦有泰而或失之驕者。求不驕易，求能泰難，此又不可不知。

白話試譯

先生說：「君子舒泰，但不驕矜。小人驕矜，但不舒泰。」

（二七）

子曰：「剛、毅、木、訥近仁。」

研析

剛謂強志不屈撓。毅是果敢。木是質樸。訥是鈍於言。此四者，其天姿近仁。孔子又曰：「巧言令色，鮮矣仁。」剛毅者決不有令色，木訥者決不有巧言。兩章相發。

白話試譯

先生說：「剛強的，堅毅的，質樸的，訥言的，那四者都近仁。」

（二八）

子路問曰：「何如斯可謂之士矣？」子曰：「切切，偲偲，怡怡如也，可謂士矣。朋友切切偲偲，兄弟怡怡。」

研析

切切、偲偲，相切責之貌。怡怡，和順貌。或說：孔子語至「可謂士矣」止，下乃門人記者所加。朋友以義，兄弟尚恩，若混施之，則兄弟有賊恩之禍，朋友有善柔之損矣。然亦不當拘說。朋友非全不須怡怡，兄弟亦非全不須切切偲偲。

或說：溫良和厚之氣，此士之正。至於發強剛毅，亦隨事而見。子路行行，斯切切怡怡之意少矣，故孔子以此箴之。

白話試譯

子路問道：「如何可算為士了？」先生說：「須有切磋，又能和悅，這樣可算為士了。切磋以處朋友，和悅以處兄弟。」

（二九）

子曰：「善人教民七年，亦可以即戎矣。」

研析

古人約言數字，常舉奇數，如一三五七九是也。三載考績，七年已踰再考，此乃言其久。即，就義。戎，兵事。民知親其上，死其長，故可用之使就戰陣。

白話試譯

先生說：「善人在位，教民七年之久，也可使他們上戰場了。」

（三〇）

子曰：「以不教民戰，是謂棄之。」

研析

以，用義。必教民以禮義，習之於戰陣，所謂明恥教戰，始可用。否則必有破敗之禍，是猶棄其民。

此兩章見孔子論政不諱言兵，惟須有善人教導始可。

白話試譯

先生說：「用不經教練的民眾去臨戰陣，只好說是拋棄了他們。」

憲問篇第十四

（一）

憲問恥。子曰：「邦有道，穀。邦無道，穀，恥也。」

注釋

憲問 憲，原思之名。本章不書姓，直書名，故疑乃憲之自記。

邦有道，穀 穀，祿也。泰伯篇：「邦有道，貧且賤焉，恥也。邦無道，富且貴焉，恥也。」下兩恥字。此條只下一恥字，當專指下句言。或說：邦有道，當有為。邦無道，可獨善。今皆但知食祿，是可恥。兩說均通，姑從前說。

白話試譯

原憲問什麼是可恥的？先生說：「國家有道，固當出仕食祿。國家無道，仍是出仕食祿，那是可恥呀。」

（二）

「克、伐、怨、欲不行焉，可以為仁矣？」子曰：「可以為難矣，仁則吾不知也。」

注釋

克、伐、怨、欲　克，好勝。伐，自誇。怨，怨恨。欲，貪欲。
不行　謂遏制使不行於外。
可以為難矣　四者賊心，遏抑不發，非能根絕，是猶賊藏在家，雖不發作，家終不安，故孔子謂之難。其心仁則溫、和、慈、良。其心不仁，乃有克、伐、怨、欲。學者若能以仁存心，如火始燃，如泉始達，仁德日顯，自可不待遏制而四者絕。顏淵從事於非禮勿視、聽、言、動，乃以禮為存主，非求克、伐、怨、欲不行之比，故孔子不許其仁。

研析

本章或與上章合，或別為一章，蓋冒上章憲問字，疑亦原憲所問所記。

白話試譯

（原憲又問：）「好勝，自誇，怨恨，與貪欲，這四者都能制之使不行，可算得仁嗎？」先生說：「可算難了。若說仁，那我就不知呀！」

（三）

子曰：「士而懷居，不足以為士矣。」

研析

居謂居室居鄉。士當厲志修行以為世用，專懷居室居鄉之安，斯不足以為士矣。

白話試譯

先生說：「一個士，若繫戀於他家室鄉里之安，那就夠不上一士了。」

（四）

子曰：「邦有道，危言危行。邦無道，危行言孫。」

注釋

危言危行 危，有嚴厲義，有高峻義，有方正義。此處危字當訓正。高論時失於偏激，高行時亦失正。君子惟當正言正行，而世俗不免目之為厲，視之為高，君子不以高與厲為立言制行之準則。

言孫 孫，謙順義。言孫非畏禍，但召禍而無益，亦君子所不為。

白話試譯

先生說：「國家有道，便正言正行。國家無道，仍必正行，但言辭當從謙順。」

（五）

子曰：「有德者必有言，有言者不必有德。仁者必有勇，勇者不必有仁。」

研析

有德者不貴言而自有之。仁者不貴勇而自有之。若徒務有言，豈必有德？徒務有勇，豈必能仁哉？

白話試譯

先生說：「一個有德的人，必然能有好言語。但一個能有好言語的人，未必即就是有德。一個仁人必然有勇，但一個有勇的人，未必即就是仁人。」

（六）

南宮适問於孔子曰：「羿善射，奡盪舟，俱不得其死然。禹稷躬稼而有天下。」夫子不答。南宮适出，子曰：「君子哉若人！尚德哉若人！」

注釋

南宮适　适字亦作括。又名縚，即南容。

羿善射　羿，古有窮之君，善射，滅夏后相而篡其位，其臣寒浞又殺羿而代之。

奡盪舟　奡，又作澆，寒浞子，後為夏后少康所誅。竹書紀年：「澆伐斟尋，大戰於濰，覆其舟，滅之。」盪舟即覆舟，謂奡力大能盪覆敵舟。

俱不得其死然　此處然字猶焉字，連上句讀，或說當連下句。

禹稷躬稼　禹治水，稷教稼，或說以躬稼切稷，有天下切禹，互帶說之。或說：躬稼，謂禹、稷皆身儕庶人，親歷甽畝也。

夫子不答　南宮适之意，羿與奡皆恃強力，能滅人國，但不能以善終。禹治水，稷教稼，有大功德於人，故禹及身有天下，稷之後為周代，亦有天下。可見力不足恃而惟德為可貴。其義已盡，語又淺露，無須復答。且南宮适言下，殆以禹、稷比孔子，故孔子不之答。然南宮适所言則是，故俟其出而稱歎之。或曰：适之所見為知命，孔子所教乃立命，惟知命乃可以語立命，故孔子讚之。

白話試譯

南宮适問孔子道：「羿善射，奡能盪覆敵國的戰船，但都不得好死。禹治水，后稷躬親稼穡，他們都有了天下。」先生沒有回答。南宮适出，先生說：「可算是君子了，這人呀！可算是尚德的人了，這人呀！」

（七）

子曰：「君子而不仁者有矣夫！未有小人而仁者也。」

研析

君子或偶有不仁，此特君子之過，亦所謂「觀過斯知仁」也。小人惟利是喻，惟私是圖，故終不能為仁。本章語句抑揚，辭無迴互，蓋為觀人用人者說法，使勿誤於「無棄材」之論。

白話試譯

先生說：「君子或許有時也會不仁，這是有的吧！但沒有一個小人而是仁的呀！」

（八）

子曰：「愛之，能勿勞乎？忠焉，能勿誨乎？」

研析

勞謂勉其勤勞。愛其人，則必勉策其人於勤勞，始是真愛。誨者，教誨使趨於正。忠於其人，則必以正道規誨之，始是忠之大。

白話試譯

先生說：「愛他，能勿教他勤勞嗎？忠於他，能勿把正道來規誨他嗎？」

（九）

子曰：「為命，裨諶草創之，世叔討論之，行人子羽脩飾之，東里子產潤色之。」

注釋

為命　命，外交之辭命。

裨諶、世叔、子羽、子產　四人皆鄭大夫。

草創　草，粗略義。創，造作義。此謂先寫一草稿，定此辭命之大意。

討論　討，尋究。論，講論。此謂討論內容，對大意有所改定。

行人　掌出使之官。

脩飾　脩，脩削。飾，增飾。此謂增損其字句，使辭命大意益臻允愜明顯。

東里　子產所居之地。

潤色　謂加以文采，使此辭命益見美滿。

研析

本章見鄭國造一辭命，如此鄭重。又見子產之能得人而善用，與群賢之能和衷而共濟。即由造辭命一事推之，而子產之善治，亦可見矣。

白話試譯

先生說：「鄭國造一辭命，先由裨諶起草稿，再經世叔討論內容，然後由行人子羽脩飾字句。最後東里子產再在辭藻上加以潤色。」

（一〇）

或問子產。子曰：「惠人也。」問子西。曰：「彼哉！彼哉！」問管仲。曰：「人也：奪伯氏駢邑三百，飯疏食，沒齒無怨言。」

注釋

惠人　其人存心惠愛於民。左傳：「子產卒，仲尼聞之出涕，曰：『古之遺愛也。』」子產為政嚴，而孔子特以惠愛許之，此即所謂特識也。

子西 春秋時有三子西。一子產之同宗兄弟，此兩人常以同事見優劣，且相繼執政，齊、魯間人熟知此兩人，故連帶問及。本章與上為命章相承，皆論鄭事，此子西必係鄭子西可知。其他二子西，皆楚大夫。一宜申，謀亂被誅，一公子申，後孔子死。論語記孔子評騭當時人物，多在齊、晉、鄭、衛諸邦，並多在定、哀以前，公子申既楚人，又當時尚在，孔子弟子當不以為問。

彼哉彼哉 無足稱之意。

人也 起下文。或說人上脫一夫字。或說人當作仁。或說：依上惠人也之例，當作仁人也，脫一仁字。

奪伯氏駢邑三百 伯氏，齊大夫。駢邑，伯氏之采邑也。三百，當時駢邑戶數。奪，削奪義。伯氏有罪，管仲為相，削奪其采邑。或說齊桓公奪伯氏邑以與管仲，今不從。

沒齒無怨言 齒，訓年。沒齒猶云終身。伯氏雖以此畢生疏食，然於管仲無怨言。此如後代諸葛亮廢廖立、李平為民，及亮之卒，廖立垂泣，李平致死，皆以執法公允，故得罪者無怨。

白話試譯

有人問子產，其人怎樣呀？先生說：「他是對民有恩惠的人。」又問子西，先生說：「他嗎？他嗎？」又問管仲，先生說：「這人呀！他削奪了伯氏的駢邑三百家，伯氏終身喫粗飯過活，到死，沒有過怨言。」

（一一）

子曰：「貧而無怨難，富而無驕易。」

研析

能安於貧，斯無怨。不恃其富，斯無驕。顏淵處貧，子貢居富。使顏淵處子貢之富則易，使子貢居顏淵之貧則難。此處見學養高下，非孔門之獎貧賤富。

白話試譯

先生說：「在貧困中能無怨，是難的。在富厚中能不驕，這比較容易了。」

（一二）

子曰：「孟公綽，為趙、魏老則優，不可以為滕、薛大夫。」

注釋

孟公綽　魯大夫，孔子嘗所嚴事。

為趙、魏老則優　趙、魏皆晉卿。老，家臣之稱。優，寬綽有裕。

滕、薛　皆當時小國。

研析

下章言公綽之不欲。蓋公綽是一廉靜之人，為大國上卿之家臣，望尊而職不雜。小國政煩，人各有能有不能，故貴因材善用。

白話試譯

先生說：「孟公綽要他做趙、魏的家臣是有餘的，但不可要他去當滕、薛的大夫。」

（一三）

子路問成人。子曰：「若臧武仲之知，公綽之不欲，卞莊子之勇，冉求之藝，文之以禮樂，亦可以為成人矣。」曰：「今之成人者何必然。見利思義，見危授命，久要不忘平生之言，亦可以為成人矣。」

注釋

成人 猶完人，謂人格完備之人。

臧武仲 魯大夫臧孫紇。

卞莊子 魯卞邑大夫。或說即孟莊子。

文之以禮樂 智、廉、勇、藝四者言其材質，復文之以禮樂也。或曰：備有四者之長，又加以禮樂之文飾。或曰：即就其中之一長而加以禮樂之文飾。就下文「亦可以」三字觀之，似當從後說。然孔門之教，博文約禮，非僅就其才質所長而專以禮樂文飾之，即為盡教育之能事。就孔子本章所舉，前三項似分近知、仁、勇三德，德、能必兼備，故學者必培其智，修其德，養其勇，而習於藝，而復加以禮樂之文，始可以為成人。若此四人，於智、廉、勇、藝四者，可謂優越矣，故曰如此而能「文之以禮樂，亦可以為成人」。

曰：今之成人者何必然 上節言成人，標準已高，此下乃降一格言之，故加一曰字。何必然，乃孔子感慨語。世風日下，人才日降，稍能自拔於流俗，即不復苛責，故亦可謂之成人。或疑此曰字衍，或疑此曰字下乃子路語，今皆不從。

見利思義，見危授命，久要不忘平生之言 思義，謂義然後取。授命，謂不愛其生，可與赴危。要，約義。平生，平日義。平日偶爾之諾，能歷久不忘。自言利之風遍天下，偷生之徒滿海內，反覆狙詐不知羞恥者比比皆是，如上述，亦已是成人。此雖孔子降格言之，然學者千萬莫看輕此一等，正當從此下工夫，此乃做一完人之起碼條件。若照孔子前舉標準，固不僅於一節一端，蓋必有材能見之於事功，或其智足以窮理，或其廉足以養心，其勇足以力行，其藝足以泛應，而又能節以禮，和以樂，庶乎材成德立，而始可以入成人之選。更進而上之，則博文約禮，必兼修四人之長，而猶文之以禮樂。

研析

此章當與孔門四科之分合參。顏閔德行一科，決非自外於智、勇、材、藝、事業、幹濟之外而能空成其所謂德行者。所謂博學於文，亦非專指書籍文字，智、勇、材、藝皆文也。學者當會通論語全書求之，則孔門理想中之所謂完人，與其教育精神，可以透切了解矣。

成人之反面即是不成人。無行斯不成人矣。嚴格言之，無材亦不成人。再嚴格言之，不有禮樂之文，猶今言無文化修養者，縱是材能超越，亦不成人。學者於此章，正可作深長思。

白話試譯

子路問道：「如何才可算一成人了？」先生說：「像臧武仲那般的智，孟公綽那般的不欲，卞莊子那般的勇，冉求那般的多藝，再增加上禮樂修養，也可算得一成人了。」先生又說：「至於在今天，要算一成人，又何必這樣呀！見有利，能思量到義。見有危，能不惜把自己生命交出。平日和人有諾言，隔久能不忘。這樣也可算是一成人了。」

（一四）

子問公叔文子於公明賈，曰：「信乎？夫子不言不笑不取乎？」公明賈對曰：「以告者過也。夫子時然後言，人不厭其言。樂然後笑，人不厭其笑。義然後取，人不厭其取。」子曰：「其然，豈其然乎？」

注釋

公叔文子　衛大夫公孫拔，亦作公孫發。

公明賈　公明氏，賈名，亦衛人。或說公明即是公羊。禮記雜記篇有公羊賈。

不厭　厭者，苦其多而惡之。若所言能適得其可，則不起人厭，亦若不覺其有言矣。

其然，豈其然乎　其然，美其能然。豈其然，疑其不能誠然。

白話試譯

先生向公明賈問及公叔文子，說：「真的嗎？他先生平常不言不笑，一毫不取於人嗎？」公明賈對道：「那是告訴你的人說得過分了。他先生要適時才言，所以別人不厭他有言。要逢快樂時才笑，所以別人不厭他有笑。要當於義才取，所以別人不厭他有取。」先生說：「這樣嗎？真這樣嗎？」

（一五）

子曰：「臧武仲以防求為後於魯，雖曰不要君，吾不信也。」

注釋

以防求為後於魯　防，武仲之封邑。武仲獲罪奔邾，自邾如防，使使請於魯，願為立臧氏之後，乃避邑他去。為後，猶立後。

要君　要者，勒索要挾義，謂有所挾以求。

研析

臧武仲請立後之辭見於左傳。其辭甚遜，時人蓋未有言其非者，孔子則謂得罪出奔，不應仍據己邑以請立後，此即一種要挾。乃其人好知不好學之過。

白話試譯

先生說：「臧武仲拿他的防邑來請立後於魯，雖說不是要挾其君，我不敢信。」

（一六）

子曰：「晉文公譎而不正，齊桓公正而不譎。」

注釋

譎而不正 譎，詭變義。此言譎正，猶後人言奇正。譎正之比，蓋兼兩人之用兵與行事言，用兵猶可譎，行事終不可譎。

研析

齊桓晉文皆以霸業尊王攘夷，但孔子評此兩人，顯分軒輊。譎即不正，正斯不譎，辭旨甚明。宋儒沿孟、荀尊王賤霸之義說此章，謂桓、文心皆不正，惟桓為彼善於此。清儒反其說，謂譎者權詐，詐乃惡德，而權則亦為美德。晉文能行權，不能守經，齊桓能守經，不能行權，正是各有長短。今就本文論，顯有桓勝於文之意。此下兩章，孔子皆極稱齊桓、管仲，然論語甚少稱及晉文，孔子之意，豈不可見？又下章，九合諸侯不以兵車，此即桓之正。晉文便不能及此。惟齊桓一傳而衰，晉文之後，世主夏盟，常人以成敗之見，皆豔羨於晉文，孔子獨持正論，固非為兩人爭優劣。

白話試譯

先生說：「晉文公譎詭，不仗正義。齊桓公正義，不行譎詭。」

（一七）

子路曰：「桓公殺公子糾，召忽死之，管仲不死。曰：未仁乎？」子曰：「桓公九合諸侯，不以兵車，管仲之力也。如其仁。如其仁。」

注釋

桓公殺公子糾　齊襄公無道，鮑叔牙奉公子小白奔莒。及無知弒襄公，管夷吾、召忽奉公子糾奔魯。魯人納之，未克，小白先入，是為桓公。使魯殺公子糾而請管、召。召忽死之，管仲請囚。鮑叔牙言於桓公以為相。事見左傳。

曰：未仁乎　上是敘述語，下是詢問語，故又加一曰字。子路疑管仲忘主事讎，不得為仁。

九合諸侯，不以兵車　史記稱齊桓有兵車之會三，乘車之會六。但左傳實有十四會。穀梁傳又云「衣裳之會十有一」。此處之九合，究指何幾次盟會言，後儒極多爭論。一說：古人用三字九字多屬虛數，九合僅言其屢會諸侯，不必確指是九次。一說：九當作糾，乃言其鳩合諸侯，不論其次數。今按：內外傳他處，尚有言九合諸侯、七合諸侯、再合諸侯、三合大夫之語，則此九合確有指，惟今不得其詳耳。

言不以兵，乃不假威力義，非謂每會無兵車。所以必著不以兵車者，乃見齊桓霸業之正。然則管仲之相桓公，不惟成其大功之為貴，而能納於正道以成其大功之為更可貴。

如其仁 如，猶乃字，謂此即其仁矣。能不失正道而合天下，此非仁道而何？或說：如其仁為誰如管仲之仁，因言召忽死糾，何如管仲九合諸侯。今按：孔子許管仲以仁，其大義詳下章，豈止較召忽為仁而已乎？今不取。

研析

本章孔子以仁許管仲，為孔門論仁大義所關，而後儒多不深瞭，或乃疑此章乃屬齊論，所謂齊人只知管仲、晏子而已。然輕薄管、晏，語出孟子。孔、孟立言各有當，宜分別觀之，不當本孟子疑論語。

白話試譯

子路說：「齊桓公殺公子糾，召忽為公子糾死了，管仲不死，如此，未算得是仁吧！」先生說：「桓公九次會合諸侯，並不憑仗兵車武力，都是管仲之功。這就是他的仁了。這就是他的仁了。」

（一八）

子貢曰：「管仲非仁者與？桓公殺公子糾，不能死，又相之。」子曰：「管仲相桓公，霸諸侯，一匡天下，民到于今受其賜。微管仲，吾其被髮左衽矣。豈若匹夫匹婦之為諒也，自經於溝瀆而莫之知也！」

注釋

一匡天下　舊注：匡，正也。一匡天下，說為一正天下，殊若不辭。今按：匡本飯器，轉言器之四界。史記：「涕滿匡而橫流。」今俗猶言匡當。此處匡字作動辭用，謂匡天下於一，亦猶謂納天下於一匡之內。

微管仲，吾其被髮左衽矣　微，無義。被髮，編髮為辮。衽，衣襟。編髮左襟，皆夷狄之俗。

匹夫匹婦之為諒　諒，小信義。管仲、召忽之於公子糾，君臣之分未定，且管仲之事公子糾，非挾貳心，其力已盡，運窮勢屈，則惟有死之一途而已。而人道之大，則尚有大於君臣之分者。華夷之防，事關百世。使無管仲，後世亦不復能有孔子。孔子之生，而即已編髮左衽矣，更何有於孔門七十二弟子，與夫論語之傳述？故知子路、子貢所疑，徒見其小，而孔子之言，實樹萬世之大教，非為管仲一人辯白也。蓋子貢專以管仲對公子糾言，孔子乃以管仲對天下後世言，故不同。

自經於溝瀆而莫之知　經，縊義。匹夫匹婦守小信，自縊死於溝瀆中，誰復知之。當知信義亦為人道而有，苟無補於人道之大，則小信小義不足多。然亦豈忘信負義，貪生畏死，自外於人道者之所得而藉口。或謂溝瀆地名，即公子糾被殺處，今不從。蓋此章只論管仲，不論召忽，後儒乃謂孔子貶召忽，此復失之。

研析

本章舍小節，論大功，孔子之意至顯。宋儒嫌其偏袒功利，乃強言桓公是兄，公子糾是弟，欲以輕減管仲不死之罪。不知孔子之意，尤有超乎君兄弟臣之上者。言仁道之易，孔子有「我欲仁，斯仁至」之說。論仁道之大，則此章見其一例。要之孔門言仁，決不拒外功業而專指一心言，斯可知也。

前章以正許齊桓，此兩章以仁許管仲，此皆孔子論仁論道大著眼處。自孟子始言「仲尼之徒無道桓、文之事者」。又云：「管仲，曾西之所不為。」後儒多本孟子輕此兩人，並論語此三章亦多置疑，此誠不可不辨。

白話試譯

子貢說：「管仲不好算是一仁者吧！齊桓公殺了公子糾，管仲非但不能為公子糾死，又為桓公相。」先生說：「管仲相桓公，霸諸侯，由他把天下匡範合一起來，人民直到今天還是受他的恩賜。若沒有了管仲，我今天怕也是披髮左衽的人了。哪像匹夫匹婦般，守著小信，自縊死在溝瀆中，誰知道呀！」

（一九）

公叔文子之臣大夫僎，與文子同升諸公。子聞之，曰：「可以謂文矣。」

注釋

臣大夫僎　臣大夫，家大夫也。僎，其名。

同升諸公　公，公朝。公叔文子薦之，使與己同立於公朝。忘己推賢，孔子稱之，謂有此美德，宜可得文之美諡。

白話試譯

公叔文子的家臣大夫僎，和文子同升到公朝，先生聽人述說此事，說：「這人真可以文為諡了。」

（二〇）

子言衛靈公之無道也。康子曰：「夫如是，奚而不喪？」孔子曰：「仲叔圉治賓客，祝鮀治宗廟，王孫賈治軍旅，夫如是，奚其喪！」

注釋

奚而不喪 奚而，猶云奚為。不喪有兩解：一謂不亡其國。一謂不失其位。當從後解。

仲叔圉 即孔文子。孔子平日語及此三人，皆有所不許，此章見孔子論人不以所短棄所長。孔子屢稱衛多君子，若蘧瑗、史鰌諸人得用，衛國當猶不止此，故知人才之關國運。

白話試譯

先生述說衛靈公之無道。季康子問道：「既如此，為何靈公仍能不失其位呀？」孔子道：「有仲叔圉替他管理賓客之事，有祝鮀替他管理宗廟之事，又有王孫賈替他管理軍旅之事，這樣，又怎會失位呀？」

（二一）

子曰：「其言之不怍，則為之也難。」

研析

作，慚義。凡人於事有志必為，當內度才德學力，外審時勢事機。今言之不怍，非輕言苟且，即大言欺人。其為之之難，即在其言之不怍時而可見。

白話試譯

先生說：「他說來不怍慚，那就做來困難了。」

（二二）

陳成子弒簡公，孔子沐浴而朝，告於哀公曰：「陳恆弒其君，請討之！」公曰：「告夫三子。」孔子曰：「以吾從大夫之後，不敢不告也。君曰：『告夫三子者。』」之三子告，不可。孔子曰：「以吾從大夫之後，不敢不告也。」

注釋

陳成子弒簡公　齊大夫陳恆弒簡公。事在魯哀公十四年。

沐浴而朝　時孔子已致仕，將告君以大事，鄭重之，故先齋戒沐浴始朝。

告夫三子　三子，指三家。魯政在此三家，哀公不得自專，故欲孔子告之。

孔子曰　此下至君曰告夫三子者，乃孔子退於朝而自言如此。深憾魯君不能自命三家，而使己告之，曰「告夫三子者」，增一者字，無限憤慨，盡在此一字見矣。

之三子告，不可　之，往義。孔子往告三子，三子不可。蓋三家魯之強臣，有無君之心，正猶齊之有陳恆，寧肯聽孔子言而往討之？

孔子曰　此下乃孔子退自三家，而又自言之如此。孔子亦知其所請之不得行，而必請於君，請於三家，亦所謂知其不可而為之也。

研析

左傳記此事云：「孔子三日齋而請伐齊三，公曰：『魯為齊弱久矣，子之伐之，將若之何？』對曰：『陳恆弒其君，民之不與者半，以魯之眾，加齊之半，可克也。』」則孔子不僅辨其義，亦復量其力。若不量力而徒伸大義，此亦言之不怍矣。私人之言猶有不可，況告君論國事乎？宋儒疑左傳所載非孔子言，則豈不度德不量力，而空言可伸大義於天下？宋儒解論語失孔子意，多在此等處。若論訓詁考據，朱注亦多有超後人之上者，此不可不知。

白話試譯

齊陳成子弒其君簡公，孔子在家齋戒沐浴了去到魯國朝廷，告訴魯哀公道：「陳恆弒了他的君，請快發兵去討伐他。」哀公道：「你告訴那三位呀！」先生退下說：「因我也還追隨在大夫之後，這等大事，不敢不告訴吾君，吾君卻說去告訴這三位！」孔子到三家，一一告訴了，三家說：「不可。」先生退下說：「正因我也還追隨在大夫之後，不敢不告呀！」

（二三）

子路問事君。子曰：「勿欺也，而犯之。」

研析

犯，謂犯顏諫諍。一說：犯顏諫諍即勿欺。一說：如言過其實以求君之必聽，雖出愛君之心，而所言近於欺。以子路之賢，不憂其欺君，更不憂其不能犯。然而子路好勇之過，或有以不知為知而進言者，故孔子以此誨之。今按：孔子請討陳恆章之前，先以言之不怍章，又繼以事君勿欺章，論語編者之意，可謂深微矣。讀者其細闡之。

白話試譯

子路問事君之道。先生說：「要不欺他，又能犯其顏色而直諫。」

（二四）

子曰：「君子上達，小人下達。」

研析

本章有兩解。一說：上達達於道，下達達於器。如為農工商賈，雖小人之事，亦可各隨其業，有守有達。若夫為惡與不義，此乃敗類之小人，無所謂達也。一說：君子日進乎高明，小人日究乎汙下，一念之歧，日分日遠也。前解君子小人指位言。後解君子小人指德言。今從後解。

白話試譯

先生說：「君子日日長進向上，小人日日沉淪向下。」

（二五）

子曰：「古之學者為己，今之學者為人。」

研析

本章有兩解。荀子曰：「入乎耳，著乎心，為己也。入乎耳，出乎口，為人也。為己，履道而行。為人，徒能言之。」如此解之，為人之學，亦猶孟子所謂「人之患在好為人師」也。又一說：為己，欲得之於己。為人，欲見之於人。此猶荀子謂「君子之學以美其身，小人之學以為禽犢」也。今按：此兩解義各有當，然當孔子時，學風初啟，疑無此後世現象。孔子所謂為己，殆指德行之科言。為人，指言語、政事、文學之科言。孔子非不主張學以為人，惟必有為己之本，乃可以達於為人之效。孟子特於古人中舉出伊尹、伯夷、柳下惠，此皆為己，而為人之效亦見，故三子者皆得預於聖人之列。孔子曰：「己欲立而立人，己欲達而達人。」己立己達是為己，立人達人是為人。孔門不薄為人之學，惟必以為己之學樹其本，未有不能為己而能為人者。若如前兩解，實非為人之學，其私心乃亦以為己而已，疑非此章之本義。

白話試譯

先生說：「古之學者，是為己而學的。今之學者，是為人而學的。」

（二六）

蘧伯玉使人於孔子，孔子與之坐而問焉。曰：「夫子何為？」對曰：「夫子欲寡其過而未能也。」使者出。子曰：「使乎！使乎！」

注釋

蘧伯玉 衛大夫，名瑗。孔子居衛，嘗主其家。伯玉始見於春秋魯襄公十四年，其時已在大夫之位，且又名成見敬於時。越此八年，孔子始生。孔子適衛主其家，伯玉當踰百齡之壽矣。

與之坐 或說：敬其主，以及其使。或說：使者來，原無不坐，此著「與之坐而問焉」者，乃見孔子詳審之誠，交友親情之切。若徒曰孔子問，則失其倫次矣，非為敬其主而特與以坐也。

夫子何為 夫子，指伯玉。

欲寡其過而未能 言但欲寡過而猶未能也。不曰：「欲無過」，而曰：「欲寡過」，又曰：「未能也」。使者言愈卑，而其主之賢愈益彰，故孔子重言歎美之，曰：「使乎！使乎！」

白話試譯

蘧伯玉遣使者來孔子家，孔子和使者坐下，問道：「近來先生做些什麼呀！」使者對道：「我們先生只想要少些過失，但總覺還未能呀！」使者辭出，先生說：「好極了！那使者呀！那使者呀！」

（二七）

子曰：「不在其位，不謀其政。」

研析

本章重出。

（二八）

曾子曰：「君子思不出其位。」

研析

上章已見泰伯篇，本章承上章而類記之。或是泰伯篇記者未知有曾子此語，而記此篇者知之，故遂併著之。位指政治上之職位言。從政當各專己職，越職出位而思，徒勞無補，並滋紛亂。

本章又見易艮卦之象辭，疑象辭後出，非曾子引象辭。

舊本此章與上章合為一章，朱子始分為兩章，今從之。

白話試譯

曾子說：「君子用思，不越出他自己當前的職位。」

（二九）

子曰：「君子恥其言而過其行。」

研析

本章或作恥其言之過其行，義解則同。不當分恥其言與過其行作兩項解。

白話試譯

先生說：「君子以他的說話過了他的行為為可恥。」

（三〇）

子曰：「君子道者三，我無能焉。仁者不憂，知者不惑，勇者不懼。」子貢曰：

「夫子自道也。」

注釋

君子道者三 此猶云君子之道三。或說：道，訓由。君子由此三者以成德。人之才性各異，斯其成德亦有不同，惟知、仁、勇為三達德，不憂、不惑、不懼，人人皆由以成德。

夫子自道也 自道猶云自述。聖人自視常欿然，故曰：「我無能焉。」此其所以日進不止也。自子貢視之，則孔子三道盡備，故曰：「夫子自道。」

白話試譯

先生說：「君子之道有三：仁者不憂，知者不惑，勇者不懼。我一項也不能。」子貢說：「這正是先生稱道他自己呀！」

（三一）

子貢方人。子曰：「賜也賢乎哉！夫我則不暇。」

注釋

方人 此有兩說：一說，方，比方義。比方人物，較其長短，猶言批評。一說，方，即謗字。聲近通借，謂言人過惡。

夫我則不暇 夫，猶彼。指方人言。按：方人若指謗人，孔子何以僅謂不暇，而又稱其賢？故知方人當從前解。

研析

一部論語，孔子方人之言多矣，何以曰夫我則不暇？宋儒謝良佐見大程子，舉書不遺一字，明道曰：「賢卻記得許多，可謂玩物喪志。」謝聞之，汗流浹背。及看明道讀史，又卻逐行看過，不差一字。謝甚不服，後來醒悟，常以此事接引博學進士。其事可與本章互參。

白話試譯

子貢批評人物。先生說：「賜呀！真賢能吧！對於那些，我就沒有這暇閒呀！」

（三二）

子曰：「不患人之不己知，患其不能也。」

研析

論語有兩章文字全同者，當是一章重出。有文字小異而章義全同者，當是孔子屢言之，而聞者各自記之。如本章凡四見，文各有異，是必孔子之丁寧反覆而屢言常道之也。

白話試譯

先生說：「不要愁別人不知我，只愁我自己的不能。」

（三三）

子曰：「不逆詐，不億不信，抑亦先覺者，是賢乎？」

注釋

逆詐　逆，事未至而迎之。人未必以詐待我，我先逆以為其詐，是為逆詐。

不億不信　億者，事未見而懸揣之。人未必對我不信，我先防其或不信，是為億不信。

抑亦先覺者　我不逆測他人之詐與不信，而他人如有詐與不信，我亦能事先覺察，是我之明。疑生於不明。我果明，自不疑。此所以為賢。己不能明，而於人多疑，是先自陷於詐與不信之列。此所以為愚也。或說：不逆不億，以至誠待人，聖人之道。抑亦以先覺人之情偽為賢乎？此言先覺不能為賢，於本章文氣不合，今不從。

白話試譯

先生說：「不在事前逆測人詐我，不在事前揣想人對我有不信，但臨事遇人有詐與不信，亦能先覺到，這不是賢人嗎？」

（三四）

微生畝謂孔子曰：「丘！何為是栖栖者與？無乃為佞乎？」孔子曰：「非敢為佞也，疾固也。」

注釋

微生畝　微生氏，畝名。或作尾生畝，又說即微生高。觀其直呼孔子名而辭甚倨，蓋以齒尊。

棲棲 棲，棲字。棲棲，不遑寧處義。孔子歷聘諸侯，所謂遑遑無所集。

為佞 佞，口給義。微生譏孔子周流不止，若專欲以言辨取信於人，若戰國人以孟子為好辨。

疾固也 疾，憾義。固字有兩解。一說：固執，執一而不通。孔子言我之席不暇煖，非務欲以辨取信。若知道不行而決意棄世絕物，則是己之固執，不肯多方以求道之行，我所疾在此。一說：孔子言，我之棲棲遑遑，特病世之固陋，欲行道以化之。或疑如前說，似孔子斥微生為執一，有反唇相譏之嫌。然依後說，似孔子脫口自負，語氣亦多紆迴，不如前說之直而婉，謙而不失其分。今從前說。

白話試譯

微生畝對孔子說：「丘呀！你為何如此棲棲遑遑的，真要像一佞人，專以口辨取信嗎？」孔子對道：「我不敢要做一佞人，只厭惡做一固執人而已。」

（三五）

子曰：「驥不稱其力，稱其德也。」

研析

驥，善馬名，一日能行千里。然所以稱驥，非以其力能行遠，乃以其德性調良，與人意相和協。人之才德兼者，其所稱必在德。然亦無無才之德。不能行遠，終是駑馬。性雖調良，不獲驥稱。

白話試譯

先生說：「稱為驥馬的，並不是稱牠之力，乃是稱牠之德呀。」

（三六）

或曰：「以德報怨，何如？」子曰：「何以報德？以直報怨，以德報德。」

注釋

以德報怨 此四字見老子書。論語二十篇，無及老子其人其書者，有之，惟此四字，可破後世相傳孔子學於老聃之浮說。殆是當時有此語，後為老子書者所取，非或人引老子書為問。

何以報德 以德報怨，若為忠厚，然教人以偽，又導人於忍，否則將使人流於浮薄。既以德報所怨，則人之有德於我者，又將何以為報？豈怨親平等，我心一無分別於其間。此非大偽，即是至忍，否則是浮薄無性情之真。

以直報怨 直者直道，公平無私。我雖於彼有私怨，我以公平之直道報之，不因怨而加刻，亦不因怨而反有所加厚，是即直。君子無所往而不以直道行，何為於所怨者而特曲加以私厚？

以德報德　人之有德於我，我必以德報之，亦即直道也。然德不論厚薄，「誰言寸草心，報得三春暉。」若計較厚薄以為報，是非以德報德，乃以利償利矣。此又小人之至私至薄，非所謂報德。

研析

本章之言，明白簡約，而其指意曲折反覆，如造化自然之簡易而易知，又復微妙而難窮，其要乃在我之一心。我能直心而行，以至於斟酌盡善，情理兼到，而至於無所用心焉。此真學者所當深玩。

白話試譯

或人問道：「以德報怨，如何呀？」先生說：「那麼又如何報德呢？不如有怨以直報，有德以德報。」

（三七）

子曰：「莫我知也夫！」子貢曰：「何為其莫知子也？」子曰：「不怨天，不尤人，下學而上達，知我者其天乎！」

注釋

不怨天，不尤人　尤，非之之義。孔子道不行於世而不怨天，知天命有窮通。人不己知而不非人，知人事有厄，亦皆由天命。

下學而上達　下學，學於通人事。上達，達於知天命。於下學中求知人道，又知人道之原本於天。由此上達，而知道之由於天命，又知道之窮通之莫非由於天命，於是而明及天人之際，一以貫之。天人之際，即此上下之間。天命我以行道，又命我以道之窮，是皆天。

知我者其天乎　孔子之學先由於知人，此即下學。漸達而至於知天，此謂上達。學至於知天，乃歎惟天為知我。

研析

本章重在下學兩字。一部論語，皆言下學。能下學，自能上達。無怨無尤，亦下學，然即已是上達之徵。孔子反己自脩，循序漸進，以致其知。知愈深而怨尤自去，循至於無人能知惟天獨知之一境。故聖人於人事能竭其忠，於天命能盡其信。聖人之學，自常人視之，若至高不可攀，然亦本十室之邑所必有之忠信而又好學以達此境。故下學實自忠信始。不忠不信以為學，終無逃於為小人之下達。至於捨下學而求上達，昧人事而億天命，亦非孔門之學。深讀論語者可自得之。

本章孔子自述為學，極平實，又極高遠，學者恐不易遽明。能在心中常存此一境，而沉潛反覆於論語之全書，庶乎有一日可望見其有所卓然之處。

白話試譯

先生說：「沒有人能知道得我了吧！」子貢說：「為何沒有人能知道得先生呢？」先生說：「我上不怨天，下不尤人，只在下處學，漸向上處達。知我的，算只有天了！」

（三八）

公伯寮愬子路於季孫。子服景伯以告，曰：「夫子固有惑志於公伯寮，吾力猶能肆諸市朝。」子曰：「道之將行也與，命也。道之將廢也與，命也。公伯寮其如命何？」

注釋

公伯寮　公伯氏，寮名，魯人。或說亦孔子弟子。

愬子路　愬，進讒言。

子服景伯　子服氏。景，謚。伯，字。魯大夫子服何。

夫子固有惑志於公伯寮　此句有兩讀：一讀於有惑志斷，此下四字連下句。一讀至公伯寮為一句。夫子指季孫，言其受惑於寮之讒言。

肆諸市朝 肆者，殺其人而陳其尸。大夫尸於朝，士尸於市。公伯寮是士，當尸於市。此處市朝連言，非兼指。景伯言吾力猶能言於季孫，明子路之無罪，使季孫知寮之枉愬，然後將誅寮而肆諸市也。

道之將行也與，命也 若道將行，此是命，寮之愬終將不入。若寮之愬得行，是道將廢，亦是命，與寮無關。孔子言此，以曉景伯，安子路，而警伯寮。

研析

本章當與上章不怨天不尤人合參。人道之不可違者為義，天道之不可爭者為命。命不可知，君子惟當以義安命。凡義所不可，即以為命所不有。故不得於命，猶不失吾義。常人於智力所無可奈何處始謂之命，故必盡智力以爭。君子則一準於義，雖力有可爭，智有可圖，而義所不可，即斯謂之命。孔子之於公伯寮，未嘗無景伯可恃。孔子之於衛卿，亦未嘗無彌子瑕可緣。然循此以往，終將無以為孔子。或人稱孔子知其不可而為之，如此等處，卻似知有可為而不為，此亦學者所當細參。

白話試譯

公伯寮讒愬子路於季孫，子服景伯把此事告訴孔子，說：「季孫聽了公伯寮讒愬，已對子路有疑惑。但我的力量還能把此事向季孫陳說清楚，使季孫殺了公伯寮，把他陳尸於市。」先生說：

「道若將行，這是命。道若將廢，亦是命。公伯寮如何挽得過天命呀！」

（三九）

子曰：「賢者辟世，其次辟地，其次辟色，其次辟言。」

研析

辟即避。賢者避世，天下無道而隱，如伯夷、太公是也。避地謂去亂國，適治邦。避色者，禮貌衰而去。避言者，有違言而後去。避地以下，三言其次，固不以優劣論。即如孔子，欲乘桴浮於海，欲居九夷，是欲避世而未能。所謂次者，就避之深淺言。避世，避之尤深者。避地以降，漸不欲避，志益平，心益苦。我非斯人之徒與而誰與，固不以能決然避去者之為賢之尤高。

白話試譯

先生說：「賢者避去此世。其次，避開一地另居一地。又其次，見人顏色不好始避。更其次，聽人言語不好乃避。」

（四〇）

子曰：「作者七人矣。」

研析

本章舊本連上為一章，朱子因其別有子曰字，分為兩章。然仍當連上章為說。作者如見幾而作，謂起而避去。此七人無主名。或指孔子以前人，或指孔子同時人。此乃孔子慨歎世亂，以指同時人為是。論語記孔子所遇隱士，如長沮，桀溺，荷蓧丈人，石門晨門，荷蕢者，儀封人，狂接輿，適得七人之數。

白話試譯

先生說：「起而避去的，已有七人了。」

（四一）

子路宿於石門。晨門曰：「奚自？」曰：「自孔氏。」曰：「是知其不可而為之者與？」

注釋

石門　地名，見春秋。或說曲阜凡十二門，其南第二門曰石門，乃外城門。考本章情事，當從後說。

晨門　主守門，晨夜開閉者。失其名。

奚自　謂自何方來。

研析

本章當是孔子周流在外，使子路歸視其家。甫抵城，已薄暮，門閉，遂宿郭門外。晨興而入，門者訝其早，故問從何來。子路答自孔氏。蓋孔子魯人，人盡知之，不煩舉名以告。晨門曰：「是知其不可而為之者。」正見孔子時必在外。若已息駕於洙泗之上，則門者不復作此言。此門者蓋一隱士，知世之不可為，而以譏孔子，不知孔子之知其不可為而為，正是一種知命之學。世不可為是天意，而我之不可不為則仍是天意。道之行不行屬命，而人之無行而不可不於道亦是命。孔子下學上達。下學，即行道。上達，斯知命矣。然晨門一言而聖心一生若揭，封人一言而天心千古不爽，斯其知皆不可及。

白話試譯

子路在石門外宿了一宵，黎明即趕進魯城，守門人問他：「你由何方來？」子路對道：「自孔氏來。」守門人說：「嗄！那人呀！他是一個明知幹不成而還要幹的人呀！」

（四二）

子擊磬於衛。有荷蕢而過孔氏之門者，曰：「有心哉！擊磬乎！」既而曰：「鄙哉！硜硜乎！莫己知也，斯己而已矣。『深則厲，淺則揭。』」子曰：「果哉！末之難矣。」

注釋

擊磬 磬，樂器。

荷蕢 蕢，草器，以盛土。荷，擔負義。

有心哉！擊磬乎 此荷蕢者亦一隱士。過孔子之門，聞樂而知心，知其非常人矣。

硜硜乎 硜硜，石聲，象堅確意。孔子擊磬，其聲堅確，荷蕢謂其不隨世宜而通變，故曰鄙哉也。

斯己而已矣 斯己之己，讀如紀。荷蕢之意，人既莫己知，則守己即可，不必再有意於為人。

深則厲，淺則揭 此衛風匏有苦葉之詩。厲字亦作砅，履石渡水也。或說：厲，以衣涉水。謂水深，解衣持之，負戴以涉。古人別有涉水之衣以蔽下體，是乃涉濡褌也。今按：衣則非褌。以衣涉水，亦非解衣而負戴之謂。當以砅字解之為是。揭者，以手褰裳過水。水深過膝，則須厲，水淺在膝以下，則只須揭。此譏孔子人不己知而不知止，不能適淺深之宜。

果哉！末之難矣　果，果決義。末，無義。謂此荷蕢者果決於忘世，則亦無以難之。此所謂道不同不相為謀。孔子心存天下世道，與荷蕢者心事不同，異心不能同解，則復何說以難彼？或曰：此難字是難易之難，謂若果於忘世，則於事無所難。然句中之字應指荷蕢，當從前解。

研析

或說：磬聲古以為樂節，如後世之用拍板，其響戛然，非有餘韻可寫深長之思。且磬無獨擊，必與眾樂俱作。此蓋孔子與弟子修習雅樂，夫子自擊磬，荷蕢以謂明王不作，禮樂不興，而猶修習於此，為不達於時。今按：與弟子習樂，不得僅言擊磬。古有特磬、編磬，編磬十六枚共一筍虡，孔子所擊或是，不得謂磬無獨擊，或說殆不可從。

白話試譯

先生在衛國，一日正擊磬。一人擔著草器，從門外過。他說：「有心啊！這磬聲呀！」過了一會又說：「鄙極了，這樣的硜硜然，意志堅確，沒人知得你，便只為你一己也罷了。『水深，履石而渡。水淺，揭裳而過。』哪有定準呀！」先生說：「這人太果決了，我沒有話可駁難他。」

（四三）

子張曰：「書云：『高宗諒陰，三年不言。』何謂也？」子曰：「何必高宗，古之人皆然。君薨，百官總己以聽於冢宰，三年。」

注釋

書云　見尚書無逸篇。

高宗諒陰　高宗，商王武丁。諒陰字又作梁闇，天子居喪之廬。一梁支脊而無楹柱，茅垂於地，從旁出入，曰梁闇。後代僧人所居曰菴，即闇也。以其檐著地而無牖，故曰闇。以其草覆而不開戶宇，故曰菴。其實一也。

君薨　薨，卒也。

百官總己以聽於冢宰，三年　總己者，總攝己職。各聽於冢宰三年，故嗣君得三年不言及政事。非謂閉口無所言。

研析

本章乃言三年之喪。子女之生，三年然後免於父母之懷抱，故父母卒，其子女能三年不忘於哀思，斯為孝。儒家言，三年之喪，自天子達於庶人。庶人生事簡單，時有哀思，猶所不妨。天子總理天下，一日二日萬機，不能常哀思及於已亡之父母。然政權事小，人道事大。顧政權而喪人道，人道既喪，政權亦將不存。且以不仁不孝之人而總領天下，天下事可知。故儒家言三年之喪自天子達於庶人者，其重在天子，乃言天子亦猶庶人，不可不有三年之喪。既三年常在哀思中，即無心再理大政，則惟有將政權交之冢宰。後世視政權如私產，不可一日放手，此與儒家義大背。孔子謂何必高宗，古之人皆然，言外深慨於近世之不然。至於古人之有此，或別有說，不如儒義之所申，則於此可不深論。或曰：嗣主委君道以伸子道，百官盡臣職以承相職，此忠孝之相成。周公負扆以朝諸侯而流言起，則此制不得不變。故康王葬畢遂即位，是三年之喪不行於西周之初。

白話試譯

子張問道：「尚書上說：『高宗諒陰，三年不言。』這是什麼意義呀？」先生說：「何必定是高宗呀？古人莫不這樣！前王死了，朝廷百官，便各自總攝己職去聽命於冢宰，共歷三年。」

（四四）

子曰：「上好禮，則民易使也。」

研析

禮之要在敬，在和。上好禮，能自守以敬，與人以和，在下者化之，宜易使。

白話試譯

先生說：「在上位者能知好禮，在下民眾就易於使命了。」

（四五）

子路問君子。子曰：「修己以敬。」曰：「如斯而已乎？」曰：「修己以安人。」曰：「如斯而已乎？」曰：「修己以安百姓。修己以安百姓，堯舜其猶病諸！」

注釋

君子 此君子指在上位者。

修己以敬 即修己以禮也。禮在外，敬其內心。

修己以安人 人與人相處，己不修，如何安人？就一家言，一己不修，一家為之不安。就一國與天下言，在上者不修己，即在下者無得安。

修己以安百姓　安人之人，指政府百官與己接觸者言。百姓，指社會群眾與己不相接觸者言。一己不修，即政府群僚皆為之不安，連及於天下眾庶亦為之不安。人道莫大於能相安，而其端自安己始。安己自修敬始。孔門本人道論政事，本人心論人道，此亦一以貫之，亦古今通義。

堯舜其猶病諸　病，苦其不足。論語又云：「君子篤恭而天下平。」篤恭即修己以敬。天下平，即百姓安。今試問一人篤恭，遂可以平天下乎？故曰「堯舜其猶病諸」。堯、舜尚嫌有不能，自堯、舜以下，能篤恭，能修己以敬，豈遂能使百姓安而天下平？子路屢問如斯而已乎，正疑僅此之不足。然世固無己不安而能安人者，亦無己不敬而能敬人者。在己不安，對人不敬，而高踞人上，斯難為之下矣。孔子所言，懸之千百世之後，將仍見其無以易，此所以為聖人之言。故欲求百姓安，天下平，惟有從修己以敬始。至於百姓之不盡安，天下之不盡平，堯、舜猶以此為病。孔子盛推堯、舜，而論語言堯、舜其猶病之者凡二見，則人力有限，所以君子又貴乎知命。

白話試譯

子路問：「在上位的君子，該如何始得呀？」先生說：「把敬來修己。」子路說：「這樣就夠了嗎？」先生說：「修己可以安人。」子路又說：「這樣就夠了嗎？」先生說：「修己可以安群眾。若說到安群眾，就連堯舜也還怕力量不足呀！」

（四六）

原壤夷俟。子曰：「幼而不孫弟，長而無述焉，老而不死，是為賊。」以杖叩其脛。

注釋

原壤 魯人，孔子之故人。

夷俟 古人兩膝著地而坐於足，與跪相似。但跪者直身，臀不著踝。若足底著地，臀後垂。豎膝在前，則曰踞。亦曰蹲。臀坐地，前伸兩腳，形如箕，則謂箕踞。夷即蹲踞。古時東方夷俗坐如此，故謂之夷。俟，待義。夷俟，謂踞蹲以待，不出迎，亦不正坐。

無述 述，稱述義。人在幼年，當知遜悌。既長，當有所稱述以教導後進。

老而不死 此等人，無益於世，老而不死，則是偷生。相傳原壤習為吐故納新之術，從事於延年養生之道，恐因論語此言而附益之。

是為賊 賊，偷生義。

叩其脛 膝上曰股，膝下曰脛。以其踞蹲，故所叩當其脛。此乃相親狎，非撻之。

研析

禮度詳密，儀文繁縟，積久人厭，原壤之流乘衰而起。即在孔門，琴張、曾皙、牧皮，皆稱狂士。若非孔門講學，恐王、何、嵇、阮，即出於春秋之末矣。莊周、老聃之徒，終於踵生不絕。然謂原壤乃老氏之流，則非。

白話試譯

原壤蹲著兩腳不坐不起，以待孔子之來。先生說：「年幼時，不守遜悌之禮。年長了，又一無稱述來教導後輩。只是那樣老而不死，這等於如人生中一賊。」說了把手中所曳杖叩擊他的腳脛。

（四七）

闕黨童子將命。或問之，曰：「益者與？」子曰：「吾見其居於位也，見其與先生並行也，非求益者也，欲速成者也。」

注釋

闕黨童子將命 古者五百家為黨，此黨名闕。或說：闕黨即闕里，孔子舊里。童子，未冠者之稱。將命，謂傳達賓主之辭命。一說：孔子使此童子將命。或曰：此童子為其黨之人將命而來孔子之門。

益者與 或人見此童子能為賓主傳辭，幼年敏慧，因問此童子是否有長進之望。益，長進義。益者與，問辭。

居於位 古禮，童子當隅坐，無席位。此童子不知讓，乃與成人長者並居於位。

與先生並行 先生者，先我而生，指長輩言。童子當隨行，此童子乃與年長者並行，不差在後，亦是不知讓。

欲速成 孔子謂此童子心中無求長益之意，只求速成，望快像一大人。

研析

此章與前章為類記。孔子於故舊，則嚴以誨之，於童子，乃寬以假之，不拘一格。而孔子平日一番輕鬆和悅之氣象，亦隨此可見。或曰：孔子舉其所目睹，證其非有志於求益。若使此童子在孔子門，孔子安有不教，而聽其自縱？故上文不曰「子使童子將命」，而曰「闕黨童子將命」。或曰：孔子使之給使令之役，欲其觀長少之序，習揖遜之容，蓋所以抑而教之，非寵而異之。此見孔子之教育精神隨在流露，涵養之功，殆比造化。今按：後說亦有意，不如從前說。

白話試譯

闕黨有一童子，為賓主傳命。有人問道：「那童子可望長進嗎？」先生說：「我見他坐在成年人的席位上，又見他和前輩長者並肩而行，那童子並不想求長進，只想速成一個大人呀。」

衛靈公篇第十五

（一）

衛靈公問陳於孔子。孔子對曰：「俎豆之事，則嘗聞之矣。軍旅之事，未之學也。」明日遂行。在陳絕糧，從者病，莫能興。子路慍見，曰：「君子亦有窮乎？」子曰：「君子固窮。小人窮，斯濫矣。」

注釋

問陳　陳，今作陣，謂兵陣軍事。

俎豆　禮器。古以盛食。

明日遂行　衛靈公無道，而復有志於戰伐之事，故孔子去之。

從者病莫能興　從者指孔子弟子。興，起義。因乏食，餓不能起。

子路慍見　此有兩解：一是心中慍意見於顏面。一是心懷慍意而來見孔子。子路之慍，蓋慍於君子而竟有道窮之時，更慍於如孔子之道而竟亦有窮時。此天意之不可測，子路尚未能進於孔子知命之學，故慍。

君子固窮　窮者，窮於道。固字有兩說。一說：君子固有窮時。又一說：君子窮則益固。雖窮，能守其道不變。按文義當從前說，後解可從下文濫字義反映而得。

小人窮斯濫矣　濫，如水放溢，四處橫流，漫無軌道。小人濫則無守。君子雖窮，能不失其守。

白話試譯

衛靈公問孔子兵陣之事。孔子對道：「禮樂俎豆之事，我是學過的。軍旅之事，我卻沒有學。」明天，遂離去衛國了。在陳絕了糧食，從行的弟子們都餓病了，起不來。子路心懷不悅，來見孔子，道：「君子也有如此般窮的嗎？」先生說：「是呀。君子固亦有窮時。但小人窮，便放濫橫行了。」

（二）

子曰：「賜也！女以予為多學而識之者與？」對曰：「然，非與？」曰：「非也。予一以貫之。」

注釋

多學而識 識，記義。孔子常教弟子博學於文，弟子遂疑孔子當是多學而記識在心者，故孔子試以此為問。

然，非與 與，同歟，疑問辭。子貢初答曰然，隨即自疑，因復問。

一以貫之 貫，穿義。一以貫之，如孔子言詩，曰：「詩三百，一言以蔽之，曰：『思無邪』。」言禮，曰：「禮，與其奢也寧儉。」又曰：「殷因於夏禮，周因於殷禮，雖百世可知。」此等皆所謂一以貫之。惟詩禮之上，猶有貫通此詩禮者。多學，即猶言下學。一貫，則上達矣。上達自下學來，一貫自多學來。非多學，則無可貫。如云「文武之道在人，賢者識其大者，不賢者識其小者，夫子焉不學」，是其多學。又曰：「文不在茲乎？」則又一以貫之矣。故求一貫，須先多學。多學當求一貫，不當專務多學而識，亦不當於多學外別求一貫。

研析

本章一以貫之，與孔子告曾子章一以貫之，兩章之字所指微不同。告曾子是吾道一以貫之，之指道。本章告子貢多學一以貫之，之指學。然道與學仍當一以貫之。道之所得本於學，學之所求即在道。學者當由此兩章再深求孔子一貫之義始得。謂孔子告曾子者其義深，告子貢者其義淺，因孔子之言而可以測曾子、子貢兩人所學之深淺，則殊未見其誠然。

白話試譯

先生說：「賜呀！你以為我是多學了而一一記在心的嗎？」子貢對道：「是呀。（隨又說）不是嗎？」先生說：「不是的。我是在此多學中有個一來貫通著的。」

（三）

子曰：「由！知德者鮮矣。」

研析

此章舊說多疑為子路慍見而發。然有告子貢多學一章間斷，自不當通為一時事。此章只是孔子告子路，言知德之人難得。德必修於己而得於心，非己之實有之，則不能知其意味之深長，故知者鮮也。

白話試譯

先生說：「由呀！對於德，知道的人太少了。」

（四）

子曰：「無為而治者，其舜也與！夫何為哉？恭己正南面而已矣。」

注釋

無為而治　任官得人，己不親勞於事。

恭己正南面　恭以自守，南面涖朝，群賢分職，己只仰成。舜承堯後，又得賢，故尤不見其有為之跡。

研析

孔子屢稱堯、舜之治，又屢稱其無為，其後莊、老承儒家義而推之益遠。其言無為，與儒義自不同，不得謂論語言無為乃承之老子。

白話試譯

先生說：「能無為而治的，該是舜了吧！他做些什麼呢？只自己恭恭敬敬，端正地站在南面天子之位就是了。」

（五）

子張問行。子曰：「言忠信，行篤敬，雖蠻貊之邦行矣。言不忠信，行不篤敬，雖州里行乎哉？立則見其參於前也，在輿則見其倚於衡也，夫然後行。」子張書諸紳。

注釋

問行　子張問行，猶其問達，蓋問如何而能所行如意。

行篤敬　忠、信、篤、敬四字分列，篤，厚實義。如君子篤於親。

蠻貊之邦　蠻在南，貊在北，皆異族。蠻貊之邦可行，斯遍天下皆可行。

州里　五家為鄰，五鄰為里，五黨為州，二千五百家。州里近處，文化風教相同，蠻貊遠，文化風教相異。

參於前 此參字或訓直，參於前，猶云相值於前。或訓絫，猶云積累在前。若作參預解，則不得云參預在前。今從累義。

倚於衡 衡，車前橫軛。輿，車箱。在車箱之內，則見此忠信敬篤若倚在車前橫軛，言無時不如或見之。

夫然後行 忠、信、篤、敬，固可以行乎天下，然必於此念念不忘，隨所在而若常見之，不頃刻離，然後一言一行莫非忠信篤敬，乃始有驗。此乃功夫無間斷，積久所致。若朝如此而夕求效，一日有之而望終生收其果，則亦無可行之理。

書諸紳 紳，大帶之垂下者。以孔子語書紳，欲其隨身記誦而不忘。

研析

本章子張所問意在外，孔子教之使反就己身，此即宋儒所謂鞭辟近裡之教。

白話試譯

子張問道：「如何始可向外行得通？」先生說：「只要說話能忠信，行事能篤敬，縱使去到蠻貊之邦，也行得通。若說話不忠不信，行事不篤不敬，縱使近在州里，行得嗎？要立時像看見那忠、信、篤、敬累累在前，在車箱中像看見那忠、信、篤、敬如倚靠在車前橫木般。能如此，自會到處行得通了。」子張把這番話寫在他隨身常束的大帶上。

（六）

子曰：「直哉史魚！邦有道，如矢。邦無道，如矢。君子哉蘧伯玉！邦有道，則仕。邦無道，則可卷而懷之。」

注釋

史魚　衛大夫，名鰌。
如矢　言其直。矢行直前，無紆迴。
卷而懷之　卷，收義。懷，藏義。言可收而藏之。

白話試譯

先生說：「史魚可算得直了。邦國有道，他挺直地像一支箭向前。邦國無道，他還是挺直地像一支箭向前。蘧伯玉可算是君子了。邦國有道，便出仕。邦國無道，他可收來藏起。」

（七）

子曰：「可與言而不與之言，失人。不可與言而與之言，失言。知者不失人，亦不失言。」

研析

本章有兩義：一是君子之貴於言，言貴而後道重。輕言，則道亦隨之而輕矣。又一說，君子貴識人，不識人，則將失言，然亦有恐於失言而遂至失人者。人才難遇，當面失之，豈不可惜。

白話試譯

先生說：「可和他言，而我不言，則失了人。不可和他言，我和他言了，則失了言。惟有知者，能不失人，亦不失言。」

（八）

子曰：「志士仁人，無求生以害仁，有殺身以成仁。」

研析

生必有死，死非孔門論學所重。孔門論學所重在如何生，苟知如何生，自知如何死。知有不該求生時，自知有不避殺身時。殺身成仁，亦不惜死枉生。所重仍在如何生。孔子曰：「未知生，焉知死。」然殷有三仁，亦非必盡如比干之甘刀鋸鼎鑊始為成仁。舜、禹為民禦大災，捍大患，亦即仁。有志求仁者，於論語此章當善加體會。

白話試譯

先生說：「一個志士仁人，沒有為求生命安全而寧願妨害仁道的，只有寧願殺身來完成那仁道。」

（九）

子貢問為仁。子曰：「工欲善其事，必先利其器。居是邦也，事其大夫之賢者，友其士之仁者。」

研析

工無利器，不能善其業，猶人無材德，不能盡其仁。器不自利，必經磨礪，亦如人之材德，必事賢友仁，然後得所切磋薰陶而後能成也。仁者，人與人相處之道。仁德必於人群中磨礪薰陶而成。有其德而後可以善其事，猶工人之必有器以成業。

白話試譯

子貢問為仁之方。先生說：「工人欲完善他的工作，必先快利他的器具。居住在此國，便須奉事此國中大夫之賢者，並須與其士之仁者相交友。」

（一〇）

顏淵問為邦。子曰：「行夏之時，乘殷之輅，服周之冕，樂則韶舞。放鄭聲，遠佞人。鄭聲淫，佞人殆。」

注釋

問為邦 為，創制義。蓋制作禮樂，革命興新之義皆涵之，與普通問治國之方有辨，觀下文孔子答可知。

行夏之時 古曆法，有夏正、殷正、周正之分。夏正即今之陰曆。殷正以陰曆十二月為正月，較夏曆差一月。周正以陰曆十一月為正月，較夏正差二月。今仿歐美用陽曆，略在冬至後十日改歲，猶周正。陰曆合於農時，今亦謂之農曆。孔子重民事，故主行夏時。

乘殷之輅 此輅字亦作路。天子所乘車曰路。周制有五輅，玉、金、象、革、木，並多文飾，惟木路最質素。木路，殷路。古人日用器物，惟車最貴，孔子主乘殷輅，尚質也。

服周之冕 冕，祭服所用之冠，其制後高前下，有俛俯之形，因名冕。周禮有六冕，以分服者之等次。

其物小而在上，雖華不為靡，雖貴不及奢。孔子主服周冕，即尚文之義。

樂則韶舞　孔子論樂獨稱韶武。古稱韶為舜樂，武則周代之樂，而夏殷不與焉。孔子又言，韶盡美又盡善，故主用韶舞。此言樂，舞者樂之成。或說：則字猶取法義，謂樂當取法於韶。然以則為虛辭，文理更圓。

放鄭聲，遠佞人。鄭聲淫，佞人殆　聲過於樂曰淫。樂之五音十二律長短高下皆當有節。鄭聲靡曼幻眇，失中正和平之氣，使聽者導欲增悲，沉溺而忘返，故曰淫。放，禁絕義。殆，危殆義，佞人以口才變亂是非，與鄭聲皆易使人心惑，當加以放遠禁絕。

研析

或說此章當是顏淵論時輅等項，孔子因其問而逐項答之，記者渾括所問，但曰問為邦，於是遂若頒一曆，乘一車，戴一冠，奏一部樂，而已盡治國之道，是無此理。今按：如或者之說，顏淵又何為而專問頒一曆，乘一車，戴一冠，奏一部樂，全成零碎節目，而更不問治國大道？即此可知或說之非是。蓋顏淵所問，自是治國大道。孔子所答，主要不外重民生，與禮樂，乃所謂富之教之。禮有質文之辨，樂有淫正之分，孔子推本之於虞、夏、商、周之四代，而為之斟酌調和，求其盡善盡美。此所謂從周而往，百世損益可知。顏淵聞一知十，豈誠如或所疑，只是頒一曆，乘一車，戴一冠，奏一部樂而已乎？孔子嘗曰：「如有用我者，吾其為東周乎！」當孔、顏之時，正宜革命興新之時。孔子此章所以告顏子，正其平日夢見周公與我其為東周乎之理想抱負所在。

今距孔、顏之時已逾二千五百年，若使孔子生今世，復有如顏子者問以為邦，孔子當何以為答？孔門仁禮並重。顏淵問仁，主在修己。此章問邦，則偏於禮，主在治人。此後孟子善言仁，荀子善言禮，然距今亦踰兩千載，所言亦未必一一合時宜。孔子曰：「好古，敏以求之。」又曰：「予一以貫之。」若讀此章，不知敏求一貫之義，則論語以外，可不再從事於漢、唐、宋、明歷代之探求。有所探求，亦僅博聞，而無以貫之，此非所以學孔子。

白話試譯

顏淵問為國之道。先生說：「推行夏代的曆法，乘殷代的車，戴周代的冕，樂舞則取法於舜時之韶。並該放棄鄭聲，遠絕佞人。因鄭聲太淫，而佞人太危殆了。」

（一一）

子曰：「人無遠慮，必有近憂。」

研析

此章遠近有兩解：一以地言，人之所履，容足之外，皆若無用，而不可廢。故慮不在千里之外，則患常在几席之下矣。一以時言，凡事不作久遠之慮，則必有日近頃敗之憂。兩解皆可通。

依常義，從後說為允。惟所謂遠慮者，乃正謀，非私計。如古人戒蓄財多害，蓄財似亦為遠慮，實則非。

白話試譯

先生說：「一個人若不能有久遠之慮，則必然有朝夕之憂。」

（一二）

子曰：「已矣乎！吾未見好德如好色者也。」

研析

此章與子罕篇所記同，多已矣乎三字。或曰：已矣乎者，歎其終不得見。孔子論學每言好，如言好德好仁好禮好義皆好也。好色亦好也。有志於學者，當先辨己心所好，此義至深長，不可不善自反省。

白話試譯

先生說：「罷了吧！我未見過好德像好色的人呀！」

（一三）

子曰：「臧文仲，其竊位者與！知柳下惠之賢而不與立也。」

注釋

竊位 居位而不稱，如盜取而竊據之。

柳下惠 氏展，名獲，字禽，亦字季。柳下或謂是其食邑，或謂是其居處。惠其私諡。

不與立 謂不與並立於朝。或曰：立即位字，不與立即不與位。

研析

本章當與憲問篇公叔文子章合讀。

白話試譯

先生說：「臧文仲，好算是偷竊官位的吧！他明知柳下惠之賢，但不能舉薦他，和他共立於朝。」

子曰：「躬自厚而薄責於人，則遠怨矣。」

（一四）

研析

責己厚，責人薄，可以無怨尤。誠能嚴於自治，亦復無暇責人。舊解此怨為人怨己，亦通。

白話試譯

先生說：「對自身督責嚴，對人督責輕，便可避遠自心的怨望了。」

（一五）

子曰：「不曰『如之何如之何』者，吾末如之何也已矣。」

研析

如之何如之何者，熟思審慮之辭。末，猶無義。其人不知熟思審慮，雖聖人亦無如其人何也。

白話試譯

先生說：「從不說『如之何如之何』的人，吾亦就無如之何了。」

（一六）

子曰：「群居終日，言不及義，好行小慧，難矣哉！」

研析

群居不以善道相切磋，終日言不及於正義，專好逞其小才知，小聰明，難為人，亦難為群。或曰：孔子此言，乃為當時之學校發。當時學校詳情，今已不可知。抑群居不限於學校。孔子此言，歷世如見，壞人才，害世道，其病非小，有志之士不可不深戒。

白話試譯

先生說：「相聚群居，終日不散，言談不及道義，專好逞使小聰明，賣弄小才知，這真難了。」

（一七）

子曰：「君子義以為質，禮以行之，孫以出之，信以成之，君子哉！」

研析

質，實質。君子以義為其行事之實質。下三之字指義，亦指事。行之須有節文，出之須以遜讓，成之則在誠信。

白話試譯

先生說：「君子把義來做他一切行事的本質，又把禮的節文來推行，把謙遜來表達，把誠信來完成，這樣才真是一個君子呀！」

（一八）

子曰：「君子病無能焉，不病人之不己知也。」

研析

賜之達，由之果，求之藝，皆能也。學以成德，亦必各有其能。貴德賤能，非孔門之教。人之知於己，亦知其能耳。故曰「如或知爾，則何以哉」也。

白話試譯

先生說：「君子只愁自己無能，不愁別人不知道自己。」

（一九）

子曰：「君子疾沒世而名不稱焉。」

研析

沒世，猶沒生，謂其生之沒。稱，舉義。君子學以為己，不務人知，然沒世而無名可舉，則君子疾之。蓋名以舉實，人之一生，不過百年，死則與草木同腐，淹忽隨化，一切不留，惟名可以傳世，故君子以榮名為寶。名在而人如在，雖隔千百世，可以風儀如生，居游增人慨慕，謦咳亦成想像。不僅稱述尊仰，光榮勝於生時。此亦君子愛人垂教之深情厚意所寄。故名亦孔門之大教。孔子作春秋而亂臣賊子懼，懼此名而已。世不重名，則人盡趨利，更無顧慮矣。或曰：名不稱，乃聲聞過情之義。然生時可以弋浮名，剽虛譽，及其死，千秋論定，豈能常此聲聞過情？此乃人道之至公至直，無力可爭。宋儒教人務實，而受道、釋之影響，不免輕視身後之名，故以聲聞過情說此章。然戒好名而過，亦可以傷世道，壞人心，不可不辨。

白話試譯

先生說：「一個君子，恨他身後聲名之不傳。」

（二〇）

子曰：「君子求諸己，小人求諸人。」

研析

君子非無所求，惟必反而求諸己。雖不病人之不己知，亦恨沒世而名不稱。雖恨沒世無名，而所以求之者則仍在己。小人則務求諸人，故違道干譽無所不至，而卒得沒世之惡名。以上三章，義實相足，故編者牽連及之。

白話試譯

先生說：「君子一切求之於己，小人一切求之於人。」

（二一）

子曰：「君子矜而不爭，群而不黨。」

研析

矜，莊敬自持，然無乖戾之心，故不爭。以道相處，以和相聚，故必有群，然無阿比之私，故不黨。矜不失己，群不專己。

白話試譯

先生說：「君子只是莊敬自守，但與人無所爭。只是和聚有群，但亦不結黨。」

（二二）

子曰：「君子不以言舉人，不以人廢言。」

研析

有言不必有德，故不以言舉人。然亦不以其人之無德而廢其言之善，因無德亦可有言。此章君子指在上位者，然亦可通之人人。

白話試譯

先生說：「一個君子，不專因一人的說話來舉薦那一人，亦不因那一人行事有缺連他說話也全不理。」

（二三）

子貢問曰：「有一言而可以終身行之者乎？」子曰：「其恕乎？己所不欲，勿施於人。」

研析

古人稱一字為一言。求能終身行之，則必當下可行者始是。若仁字固當終身行之，但不能當下即是。子曰：「我欲仁，斯仁至。」此以心言，不以行言。仁之為道，非咄嗟可冀。只一恕字當下便可完成。己所不欲，勿施於人，驟看若消極，但當下便是，推此心而仁道在其中。故可終身行之。

白話試譯

子貢問道：「有沒有一個字可以終身行它的呢？」先生說：「怕只有一個恕字吧！你自己不願要的，莫把來施給別人。」

（二四）

子曰：「吾之於人也，誰毀誰譽？如有所譽者，其有所試矣。斯民也，三代之所以直道而行也。」

注釋

吾之於人 此指與吾同生之人，如下言斯民。

誰毀誰譽 此句有兩解：一是不加毀譽。一是毀不枉毀，譽不虛譽。觀下文如有所譽句，從前解為是。

其有所試矣 孔子若有所譽於人，必其人先有所試，確有證驗可譽。

斯民也，三代之所以直道而行也 斯民即今世與吾同生之民。今日之民，亦即自古三代之民。三代之所以直道而行，謂三代之直道即行於當時之民，亦謂即以當時之民而行斯直道。積三代之久，而知民之所毀譽，莫不有直道，如禹、湯、文、武、周公莫不譽，桀、紂、幽、厲莫不毀。就其毀譽，可以見直道之行於斯民矣。故直道本於人心之大公。人心有大公，故我可以不加毀譽而直道自見。孔子又曰：「人之生也直，妄之生也倖而免。」人乃賴直道生，彼妄人者，亦幸賴直道而免耳。君子成人之美，不成人之惡。有所試而譽之，成人之美也。毀其人，則成其惡矣。故雖桓魋、公伯寮之徒，孔子皆無毀焉。孔子作春秋，不虛美，不隱惡，褒貶予奪一如其實，然乃即事以明道，與於人有毀譽不同。善可先褒，惡不預詆，故孔子終於人無毀也。或謂毀譽所以見直道，不知直道自行於斯民，故可不煩我之有毀於人。觀此章，見聖道之閎深，然亦豈鄉愿阿世者之所得而藉口？

白話試譯

先生說：「我對人，哪個是我毀了，哪個是我譽了的呢？我若對人有所譽，必是其人已確有所試，見之於實的了。這人呀，即是三代以來全社會一向有直道流行其間的人呀！」

（二五）

子曰：「吾猶及史之闕文也，有馬者借人乘之，今亡矣夫！」

注釋

史之闕文 一說：史官記載，有疑則闕。一說：史者掌書之吏，遇字不知，闕之待問，不妄以己意別寫一字代之。

有馬者借人乘之 一說：如子路車馬與朋友共。一說：馬不調良，借人服習之。借，猶藉義。藉人之能以服習己馬也。

研析

史闕文，以待問。馬不能馭，藉人之能代己調服。此皆謹篤服善之風。一屬書，一屬御，孔子舉此為學六藝者言，即為凡從事於學者言。孔子早年猶及見此二事，後遂無之，亦舉以陳世變。

白話試譯

先生說：「我猶看到官文書上有空闕的字，又有有馬的借人乘用，現在這些都沒有了。」

（二六）

子曰：「巧言亂德，小不忍則亂大謀。」

研析

巧言令色鮮矣仁，則巧言足以亂己德。小事不能忍，如婦人之仁不能忍其愛，匹夫之勇不能忍其忿，足以亂大謀。

白話試譯

先生說：「巧言可以亂人之品德。小處不能忍，可以亂了大計謀。」

（二七）

子曰：「眾惡之，必察焉。眾好之，必察焉。」

研析

或有特立獨行，亦有為大義冒不韙而遭眾惡者，亦有違道以邀譽，矯情以釣名，而獲眾好者。眾惡眾好，其人其事必屬非常，故必加審察。

白話試譯

先生說：「人人都厭惡他，必得仔細審察。人人都喜好他，也必得仔細審察。」

（二八）

子曰：「人能弘道，非道弘人。」

研析

弘，廓大之義。道，指人道。道由人興，亦由人行。自有人類，始則渾渾噩噩，久而智德日成，文物日備，斯即人能弘道。人由始生，漸至長大，學思益積益進，才大則道隨而大，才小則道隨而小。中庸云：「苟不至德，至道不凝焉。」此言非有大德之人，大道亦不在其身凝聚，此亦人能弘道，非道弘人也。若道能弘人，則人人盡成君子，世世盡是治平，學不必講，德不必修，坐待道弘矣。此章義極簡明，而最值深思。惜乎後之學者，不能於此章真切體悟，歧說滋興，而人之弘道之力因亦未能大有所發揮，洵可憾也。

白話試譯

先生說：「人能弘大道，道不能弘大人。」

（二九）

子曰：「過而不改，是謂過矣。」

研析

人道日新，過而能改，即是無過。惟有過不改，其過遂成。若又加之以文飾，則過上添過矣。

白話試譯

先生說：「有了過失不改，這才真說得是過失了。」

（三〇）

子曰：「吾嘗終日不食，終夜不寢，以思，無益，不如學也。」

研析

人必生於群，必於群中而始成其為人。故學非一人之學，道非一人之道，亦必於群而始有學有道也。群亦非一日之群，自遠古以來，久有此群，久有此人矣。故人必學於人，尤必學於古之人，始獲知道。學如日，靜居而獨思則如火。捨學而思，譬猶去日之明於庭，而就火之光於室，可以小見，不可以大知。故君子貴乎樂群而敬學，不貴離群而獨思。

白話試譯

先生說：「我曾竟天不喫，竟夜不睡，盡自思量，總是無益，不如向人學問的好。」

（三一）

子曰：「君子謀道不謀食。耕也，餒在其中矣。學也，祿在其中矣。君子憂道不憂貧。」

研析

餒，餓義。耕以謀食，亦有飢餓之患。學以謀道，亦有祿仕之獲。或說：此章君子指位言。

董仲舒所謂「遑遑求仁義，常恐不能化民者，君子之事。遑遑求財利，常恐匱乏者，小人之事」。若盡釋耕耨，從事於學，亦將於何得食？然謀道自可兼得食，謀食亦不害兼謀道。若使一群之人，皆競於謀食，不知謀道，由於無道，亦且憂餒。若使一群之人，盡知謀道，不專憂貧，豈轉不能得食？故知本章陳義，實期人人能成為君子，不謂在上位斯為君子，在下位則必為小人也。

白話試譯

先生說：「君子只計謀於道，不計謀於食。耕田也有飢餓時，學道也可得祿食。所以君子只憂道之不明不行，不憂貧不得食。」

（三三）

子曰：「知及之，仁不能守之，雖得之，必失之。知及之，仁能守之，不莊以涖之，則民不敬。知及之，仁能守之，莊以涖之，動之不以禮，未善也。」

研析

本章言治民之道。知及之仁守之兩之字，指治民之道言。知及之者，知足以知及此道也。然苟非此心之仁能真在於民，雖知此道，終不能持守不失。此下莊以涖之之字指民言。雖知治民之道，雖此心之仁足以持守之，苟非臨民以莊，則民將不之敬。涖，臨也。若能知能仁，能莊以臨民，而動之不以禮，此之字亦指民，臨涖其民，必有所鼓舞作興之，此之謂動其民。動其民必以禮，禮者，節文秩序之義。不知有節文，不能有適宜之秩序，亦未得為善也。故本章十一之字當分指民與治民之道言。涖之動之三之字指民，此外八之字指道。如此始見文從字順。或謂十一之字皆指民，則知及於民仁守其民為不辭。或說之指君位，則更不可解。

本章四節，逐步切實，始末次第，秩然明備。苟以常情測之，將謂動之以禮為最易，而知之能及為極至。喜高明，忽平實，非孔門之教。顏子曰：「博我以文，約我以禮。」約禮斯止於至善矣。學者其細玩焉。

白話試譯

先生說：「一個在上位者，他的知足以知到此道了，若其心之仁不足以守，則雖知得了，仍然必失去。知得了，其心之仁也足以守之不失了，但不能莊敬以臨涖其民，則其民仍將慢其上而不敬。知得了，其心之仁又足以守，又能莊敬以臨涖其民，但鼓動興作，運使其民時，若沒有了禮，仍還是未善。」

（三三）

子曰：「君子不可小知，而可大受也。小人不可大受，而可小知也。」

研析

一事之能否，不足以盡君子之所蘊，故曰不可小知。任以天下之重而泰乎綽然其可任，故曰可大受。小人非無一才之長可資器使，但不可任以大事。知者，言其被知於人。受者，言其能受於己。此言知人之法當觀於大，若以小節，小人有時將轉勝於君子，而君子或置於無用之地矣。能知人，然後能用人。

論語言君子小人有對反而言者，如君子上達，小人下達，君子而不仁者有矣夫，未有小人而仁者也之類。顧此種小人，則卑汙已甚，而幾於惡矣。亦有相較而言者，如和同章、驕泰章、求人求己章，及本章之類是也。此種小人，非必卑汙已甚，此亦學者所當深辨。

白話試譯

先生說：「一個君子，不可從小處去賞識他，但他可接受大任務。一個小人，不能接受大任務，但可於小處被賞識。」

（三四）

子曰：「民之於仁也，甚於水火。水火，吾見蹈而死者矣，未見蹈仁而死者也。」

研析

此章勉人為仁語。人生有賴於仁，尤甚於其賴水火。蹈水火，有時可以殺人，然未有蹈仁道而陷於死者，則人何憚而不為仁。或疑殺身成仁，此非蹈仁而死乎？不知此乃正命而死，非仁有殺身之道也。莊周譏以身殉名，此則惟生之見，而不知生之有賴於仁矣。

白話試譯

先生說：「人生有賴於仁，尤甚其有賴於水火。吾只見蹈火蹈水而死了的，沒見蹈仁而死的呀！」

（三五）

子曰：「當仁不讓於師。」

注釋

當仁 當字有兩解：一，值義。謂值為仁則不讓。一，擔當義。猶云仁以為己任。兩義可互通。然云任仁，似嫌不辭，今從前解。

不讓於師 舊解皆訓師為師長義。言值當行仁，即當勇往直前，既非出於爭，自亦不必讓。故求道當尊師，行道則無讓師之義。今按：師之與我，雖並世而有先後，當我學成德立之時，而師或不在。疑此師字當訓眾。蓋仁行善舉，眾皆當任，人各相讓，則誰歟任此。故遇眾所當行之事，在己尤當率先不復讓。當仁不讓，即是見義勇為也。

白話試譯

先生說：「若遇行仁之事，在己即當率先向前，莫讓給眾人為之。」

（三六）

子曰：「君子貞而不諒。」

研析

貞者，存於己而不變。諒者，求信於人。貞自可信，不待於諒。孔子嘗曰：「言不必信，行不必果，義之與比。」義之與比，貞也。言必信，行必果，則匹夫匹婦之為諒。

白話試譯

先生說：「君子只固守正道，不拘執小信。」

（三七）

子曰：「事君，敬其事而後其食。」

研析

敬其事，先盡己之心力於所任之職。後其食，食祿也。盡職為先，食祿為後，此乃事君之道。

白話試譯

先生說：「事君之道，先當敬守職事，把食祿之心放在後。」

（三八）

子曰：「有教無類。」

研析

人有差別，如貴賤、貧富、智愚、善惡之類。惟就教育言，則當因地因材，掖而進之，感而化之，作而成之，不復有類。孔門富如冉有、子貢，貧如顏淵、原思，孟懿子為魯之貴族，子路為卞之野人，曾參之魯，高柴之愚，皆為高第弟子，故東郭惠子有「夫子之門何其雜」之疑。

白話試譯

先生說：「人只該有教化，不再分類別。」

（三九）

子曰：「道不同，不相為謀。」

研析

孟子言禹、稷、顏子同道，又云曾子、子思同道。君子亦有意見行跡之不同，然同於道則可相與謀。惟與小人賊道者，有善惡邪正之分，斯難於相謀矣。或說：道指術業，如射與御，各精其事，不相為謀。

白話試譯

先生說：「各人道路不同，便無法互為謀慮了。」

（四〇）

子曰：「辭，達而已矣。」

研析

辭，指辭命。列國邦交，奉使者主要在傳達使命。國情得達，即是不辱君命。或說：辭指文辭，主在達意，不尚富豔之工。然孔子時，尚不以著述文辭立教，今從前說。

白話試譯

先生說：「奉命出使，他的辭令，只求能傳達國家使命便夠了。」

（四一）

師冕見，及階，子曰：「階也。」及席，子曰：「席也。」皆坐，子告之曰：「某在斯，某在斯。」師冕出，子張問曰：「與師言之，道與？」子曰：「然。固相師之道也。」

注釋

師冕　樂師，名冕。古樂師皆瞽者。

某在斯　古書稱某，或是諱不敢名，或是先其名。此乃通言之，云某人，記者略其名不一一詳舉也。師冕瞽，故孔子歷舉在坐者以告。

與師言之，道與　謂頃與師言者亦道否。見孔門弟子於孔子一言一動無不誠心審察。

固相師之道　相，助義。古者瞽必有相。孔子與師冕言，其辭語從容，誠意懇至，使人於二千五百載之下猶可想慕，在孔子則謂相師之道固應如此而已。然其至誠懇惻之情，則正以見聖人之德養。

研析

論語章旨無類可從者多收之篇末，如此章及邦君之妻章之屬皆是。

白話試譯

師冕來見孔子，走近階，先生說：「這是階了。」走近坐席，先生說：「這是坐席了。」待大家坐定，先生告師冕說：「某人在這邊，某人在那邊。」師冕出去後，子張問道：「剛才和師冕這般說，也是道嗎？」先生說：「對呀，這便是一種扶導瞽者的道呀！」

季氏篇第十六

（一）

季氏將伐顓臾。冉有、季路見於孔子，曰：「季氏將有事於顓臾。」孔子曰：「求！無乃爾是過與？夫顓臾，昔者先王以為東蒙主，且在邦域之中矣，是社稷之臣也，何以伐為？」冉有曰：「夫子欲之，吾二臣者，皆不欲也。」孔子曰：「求！周任有言曰：『陳力就列，不能者止。』危而不持，顛而不扶，則將焉用彼相矣？且爾言過矣！虎兕出於柙，龜玉毀於櫝中，是誰之過與？」冉有曰：「今夫顓臾，固而近於費，今不取，後世必為子孫憂。」孔子曰：「求！君子疾夫舍曰欲之而必為之辭。丘也聞有國有家者，不患寡而患不均，不患貧而患不安。蓋均無貧，和無寡，安無傾。夫如是，故遠人不服，則脩文德以來之。既來之，則安之。今由與求也，相夫子，遠人不服而不能來也，邦分崩離析而不能守也，而謀動干戈於邦內。吾恐季孫之憂，不在顓臾，而在蕭牆之內也。」

注釋

季氏將伐顓臾　季氏謂康子。顓臾，國名，魯之附庸。

冉有、季路見於孔子　二人同為季氏臣，冉求尤用事，故先書。下文孔子亦獨責之。

東蒙主　蒙山，在魯東，故名東蒙。魯使顓臾主其祭。

邦域之中　顓臾在魯封域之內。或云邦當作封。

社稷之臣　社稷猶云公家。是時四分魯國，季氏取其二，孟孫、叔孫各取其一，獨附庸尚隸屬於公家。今季氏又欲取之，故孔子言顓臾乃先王封國不可伐，在封域之中不必伐，是公家之臣則又非季氏所當伐。

夫子欲之　夫子指季孫。

周任　古之良史。

陳力就列　言當計陳其才力，度己所能以就位。列，位也。不能勝任則止。或說布陳才力，當在就列之後，今不從。

焉用彼相　相，如相瞽之相。瞽者行遇顛危，當由相者扶持。若不扶不持，則何用彼相。

虎兕出於柙　兕，野牛。柙，檻義。出，自柙而逸。

龜玉毀於櫝中　櫝，匱也。以藏龜玉寶物。

是誰之過　失虎毀玉，乃典守者之過。二子仕於季氏，季氏有失，不能諫，亦不得逃其責。

固而近於費　固謂城郭完固。費，季氏私邑。

舍曰欲之　實是私心欲之，乃必更作他言，君子疾於此等之飾辭。

不患寡而患不均，不患貧而患不安　此兩句當作不患貧而患不均，不患寡而患不安。下文云均無貧，承上句言。和無寡，安無傾，承下句言。

遠人不服　在遠之人不服，猶來之以文德。顓臾在邦內，其不當用干戈益見。

今由與求也　此處先子路，尚齒也。

分崩離析　分，民有異心。崩，民欲去。離析，不可復合。

干戈　干，楯。戈，戟。

蕭牆之內　蕭之言肅。牆，屏也。人君於門樹屏，臣來至屏而加肅敬，故曰蕭牆。臣朝君在蕭牆之內，此指哀公言。一說：其後哀公果欲以越伐魯而去季氏，則孔子之言驗矣。一說：孔子謂季氏之伐顓臾，非真憂顓臾，實憂哀公。直斥其隱，亦使冉有、子路深思之。兩說皆通。今從前說，似更條直，前後兩憂字亦見呼應。伐顓臾事不書於春秋，殆因孔子言而中止。

研析

本篇或以為乃齊論，因每章皆稱孔子曰，而三友三樂三愆三戒三畏九思等，行文不與他篇相類。或以本章為可疑。論語記孔子言皆簡而直，此章獨繁而曲，亦不類。今按：論語雜出多手，而上下論之編集亦非一時。記者既不同，而論而集之之意亦有精粗，下十篇之論定，似稍遜於上十篇，而本篇尤然。然謂本篇乃齊論，亦無確據。或曰：季氏以下諸篇文體皆與前十五篇不類。

白話試譯

季氏將興兵伐顓臾，冉有、季路去見孔子，說：「季氏將向顓臾用兵了。」先生說：「求呀！這怕是你的過失吧！那顓臾，從前先王封它為東蒙山之主，而且在魯國封域之內，這是魯國的社稷之臣呀，為何要伐它呢？」冉有說：「我們那先生要伐它，我們兩人都不主張呀。」先生說：「求呀！從前周任說過：『先量你的能力來就你的職位，若力不勝任，便該辭去。』就如一相瞽者，儻瞽者臨危不抱持，顛跌不攙扶，還用這相者做什麼呢？況且你的話實在錯了。老虎野牛從檻中逸出，龜和玉在匱裡毀了，這是誰的過失呀！」冉有說：「現在那顓臾，城郭完固，而又離費甚近，若目前不取，將留為後代子孫之憂。」先生說：「求呀！君子正是疾恨那些不肯實說自己要那樣做而偏要另造一套說法的。我聽人說過，一個國和一個家，不要愁貧乏，只愁財富不均。不要愁民戶寡少，只愁其不相安。財富均了，便沒有所謂貧。大家能和睦，便沒有所謂寡。大家能安，也就沒有傾覆之禍了。正因這樣，所以如有遠方人不服，只修自己文德招來他。來了，便設法安頓他。現在你們兩人，幫助季氏，遠方人不服，你們無法招來，一國民心弄到分崩離析，你們不能好好把守，卻謀在國內動干戈，吾怕季孫氏所應憂慮的並不在顓臾，正在我們國君的門屏之內呀！」

（二）

孔子曰：「天下有道，則禮樂征伐自天子出。天下無道，則禮樂征伐自諸侯出。自諸侯出，蓋十世希不失矣。自大夫出，五世希不失矣。陪臣執國命，三世希不失矣。天下有道，則政不在大夫。天下有道，則庶人不議。」

注釋

禮樂征伐自天子出　古制非天子不得變禮樂，專征伐，此乃大一統之道。

十世希不失　逆理違道愈甚，則失之愈速，自然之勢如此，非人力所能強。

陪臣　即家臣。

政不在大夫　言不得專政。

庶人不議　上無失政，則下無非議，非箝其口使不敢言。

白話試譯

先生說：「天下有道之時，一切禮樂征伐都從天子那邊出來。天下無道，禮樂征伐就從諸侯手裡出來了。從諸侯手裡出來，大概最多十世，很少能不失掉的。從大夫手裡出來，五世便很少不失的了。到家臣來掌握國家的命令，三世便很少不失的了。天下有道之時，政權不會在大夫們手裡。天下有道之時，庶人也不議論政治了。」

（三）

孔子曰：「祿之去公室，五世矣。政逮於大夫，四世矣。故夫三桓之子孫微矣。」

注釋

祿之去公室，五世矣　謂爵祿賞罰之權不從君出。五世，指魯宣、成、襄、昭、定五公。

政逮於大夫，四世矣　祿去公室，斯政逮大夫。逮，及義。四世，指季孫氏文子、武子、平子、桓子四代。

三桓之子孫微矣　三桓謂仲孫、叔孫、季孫，三家皆出於桓公。後仲孫氏改稱孟氏。此三家至定公時皆衰。

研析

本章與前章相承，疑皆定公時語。

白話試譯

先生說：「爵祿之權自公家失去，已五世了。政事下及大夫手裡，也四世了。因此，三桓的子孫到目前也衰微了。」

（四）

孔子曰：「益者三友，損者三友。友直，友諒，友多聞，益矣。友便辟，友善柔，友便佞，損矣。」

注釋

便辟　辟，讀如僻。便僻謂習於威儀，致飾於外，內無真誠，與友諒之諒正相反。諒，信義。

善柔　謂工於媚悅，與友直之直正相反。工媚悅者必不能守直道。

便佞　巧言口辯，非有學問，與多聞正相反。便字或作諞，即巧言。

白話試譯

先生說：「有益的朋友有三類，有損的朋友亦有三類。和正直的人為友，和守信的人為友，和多聞有廣博知識的人為友，便有益了。和慣於裝飾外貌的人為友，和工於媚悅面善態柔之人為友，和能巧言口辯之人為友，便有損了。」

（五）

孔子曰：「益者三樂，損者三樂。樂節禮樂，樂道人之善，樂多賢友，益矣。樂驕樂，樂佚遊，樂宴樂，損矣。」

注釋

三樂 此樂字讀五教反，心有所愛好。禮樂之樂音岳，驕樂之樂音洛。

節禮樂 節者有節制。禮貴中，樂貴和，皆有節。以得禮樂之節不失於中和為樂，則有益。

道人之善 稱道人善，則心生慕悅，不惟成人之美，己亦趨於善矣。以此為樂，亦有益。

多賢友 友而賢，多多益善，以此為樂，亦有益。

驕樂 恣放自驕，不知節制，認此為樂，憂苦隨至。

佚遊 惰佚遊蕩，出入不節，日有所損而不自知。

宴樂 晏安沉溺之樂，必有損。

研析

求樂，人之常情，然當辨損益。世人各爭占盡樂處，而不知其所樂之有損，亦可憫。

白話試譯

先生說：「對人有益的快樂有三種，對人有損的快樂亦有三種。喜歡把自己節制於禮樂中，喜歡稱道別人善處，喜歡多交賢友，這就有益了。喜歡驕縱放肆的快樂，喜歡怠逸遊蕩，喜歡晏安淫溺的快樂，這就有損了。」

（六）

子曰：「侍於君子有三愆。言未及之而言，謂之躁。言及之而不言，謂之隱。未見顏色而言，謂之瞽。」

注釋

君子 有德位者之通稱。

三愆 愆，過失義。

言未及之而言 如問他人而己對也。

躁 輕躁，不安靜。此字或本作傲，謂以己知傲人所不知。

隱 有所隱匿，不盡情實。

未見顏色而言 謂不避厭惡，為唐突之言。

瞽 無目者。不能察言觀色，猶如無目也。

研析

本章三愆，皆因侍於君子而始見。侍於君子必知敬，三愆皆由無敬意生。若盡日與不如己者為伍，敬意不生，有愆亦不自知。故人能常侍君子，則己之德慧日長矣。

白話試譯

先生說：「侍奉君子，易犯三種的過失。言語未及他，他便發言了，是輕躁。言語及到他，他不發言，是他心有隱匿。不看對方顏色便輕自發言，是如瞽者般無目。」

（七）

孔子曰：「君子有三戒。少之時，血氣未定，戒之在色。及其壯也，血氣方剛，戒之在鬬。及其老也，血氣既衰，戒之在得。」

研析

血氣，人之生理之隨時有變者。戒猶孟子所謂持志。孟子曰：「志者氣之帥。」謂以心理統率生理。君子終生有所戒，則其血氣無時不為志所率。後人言志，多指有為，不知有戒，是亦失之。

白話試譯

先生說：「君子當有三戒。少年時，血氣未寧定，當戒在好色上。壯年時，血氣正剛強，當戒在好鬥上。年老了，血氣已衰，當戒在好貪求得上。」

（八）

孔子曰：「君子有三畏。畏天命，畏大人，畏聖人之言。小人不知天命而不畏也，狎大人，侮聖人之言。」

注釋

三畏 畏與敬相近，與懼則遠。畏在外，懼則懼其禍患之來及我。

畏天命 天命在人事之外，非人事所能支配，而又不可知，故當心存敬畏。

畏大人 大人，居高位者。臨眾人之上，為眾人禍福所繫，亦非我力所能左右，故不可不心存敬畏。

畏聖人之言 古先聖人，積為人尊，其言義旨深遠，非我知力所及，故亦當心存敬畏。

不知天命 天命不可知，而可知其有。小人不知有天命，乃若可惟我所欲矣。

狎大人 狎，慣忽義。因慣見而輕視之。初則逢迎長惡，終乃作亂犯上，更無嚴憚之心。

侮聖人之言 侮，戲侮義。聖言深遠，小人不知，又無忌憚，故加以戲侮。

研析

本章承上章而深言之。三戒在事，三畏在心。於事有所戒，斯於心有所畏。畏者，戒之至而亦慧之深。禪宗去畏求慧，宋儒以敬字矯之，然謂敬在心，不重於具體外在之當敬者，亦其失。此兩章，言若淺近，然苟於此而忽之，則難乎其為君子矣。

白話試譯

先生說：「君子有三項敬畏。一敬畏天命，一敬畏在高位的人，一敬畏聖人之言。小人不知有天命而不畏了，對大人只求親狎，對聖人言則多加戲侮。」

（九）

孔子曰：「生而知之者，上也。學而知之者，次也。困而學之，又其次也。困而不學，民斯為下矣。」

研析

本章知字學字及知之學之兩之字，皆泛指。生而知之，謂不學而能也。困，有所不通。如師襄之於琴，上也。孔子於琴，則次也。推之於道於藝，各有先後難易之別。或以堯、舜、孔子為生知，禹、稷、顏淵為學知。證之論語，孔子不自承為生知。然則學者不當以非生知自諉，惟當以民斯為下自戒懼，斯可。

白話試譯

先生說：「生來就知道的，那是最上等。學了才知道的，那是次一等。經歷困境後才知要學的，又次了一等。若經了困，仍不學，那就只算是下等了。」

（一〇）

孔子曰：「君子有九思。視思明，聽思聰，色思溫，貌思恭，言思忠，事思敬，疑思問，忿思難，見得思義。」

注釋

忿思難 一朝之忿忘其身，以及其親，故思難也。

見得思義 義然後取也。

研析

本章次第，就其與外相接言。先以視聽，次以色貌，次接之以言與事。有事斯有疑，有忿，有得，皆於事舉其要。容之靜謂之色，容之動謂之貌。九思各專其一，日用間迭起循生，無動靜，無內外，乃無所不用其省察之功。

白話試譯

先生說：「君子有九樣的思。當其視，思欲明。當其聽，思欲聰。其色思欲溫。其貌思欲恭。

有言思必忠。臨事思必敬。遇疑思如何問。忿心起，宜思患難在前。見有可得，宜思義之當否。」

（一一）

孔子曰：『見善如不及，見不善如探湯。』吾見其人矣，吾聞其語矣。『隱居以求其志，行義以達其道。』吾聞其語矣，未見其人也。」

注釋

如不及　如追逃者。不及，恐失之也。

如探湯　以指探沸湯，不速去，將爛其手。

隱居以求其志　如伊尹居於有莘之野以樂堯、舜之道，其所志，即後來遭時所行之道。不得行，故求志。

行義以達其道　如伊尹幡然而起，應湯之辟。求達於世，必行義以達之，未有行不義而可以達我道者。其道，即其隱居之所志。退而隱，進而行義，其道則一，窮達有異而已。

研析

本章見有兩種人。善善惡惡，出於其誠，是亦仁人矣，然不如求志達道者。蓋聖人之學，以經世為本，而不以獨善為極。不惟成己，亦當成物。孔子門下，顏閔之徒，亦其庶幾。然僅見其隱，未見其用，故曰「未見其人也」。斯孔子甚深慨歎之辭。

白話試譯

先生說：「『看見有善的，自己像來不及般。看見有不善的，像把手探入熱湯般。』我看見這樣的人了，也聽見這樣的話了。『能退而隱居以求全我志，能進而行義以求達我道。』我聽見了那話，沒有看見過那人呀！」

（一二）

齊景公有馬千駟，死之日，民無德而稱焉。伯夷、叔齊餓于首陽之下，民到於今稱之。其斯之謂與！

注釋

有馬千駟　千駟，四千匹。即謂有千乘之國。

無德而稱焉　德字或本作得，就下而字語氣求之，當以作得為是。

餓于首陽之下　首陽，山名。夷、齊居首陽，采薇而食，故曰餓。夷、齊讓國而餓，齊景公踞位而富。然民之所稱，在彼不在此。

其斯之謂與　或曰：斯字即指上德字，世之稱夷、齊，即稱其德也。或曰：本章當連上章讀，故章首無子曰字。斯指隱居以求其志，行義以達其道，夷、齊即其人也。或曰：其斯之謂與以前當有闕文。或曰：論語第十二顏淵篇「誠不以富，亦祇以異」兩語，當在此章之首。言人之所稱不在富，富亦只是有異於人而已，不足稱也。或曰：「誠不以富，亦祇以異」兩語，當在「其斯之謂與」語前。章首應脫子曰二字。今按：論語文例，舉古事古禮，章首皆無子曰字，至下斷語始著子曰。若序而不論，則通章可不著子曰字，非闕文。「誠不以富」兩語移「其斯之謂與」前，最為諦當可從。

白話試譯

先生說：「齊景公有馬四千匹，到他死之日，人民對他沒有可稱的。伯夷、叔齊餓居首陽山下，但人民直到今天還是稱述他兩人。（詩經上說：『為人稱述，並不在富呀，富亦只是有以不同於人而已。』）就是說的像這樣吧？」

（一三）

陳亢問於伯魚曰：「子亦有異聞乎？」對曰：「未也。嘗獨立，鯉趨而過庭。曰：『學詩乎？』對曰：『未也。』『不學詩，無以言。』鯉退而學詩。他日，又獨立，鯉趨而過庭。曰：『學禮乎？』對曰：『未也。』『不學禮，無以立。』鯉退而學禮。聞斯二者。」陳亢退而喜曰：「問一得三。聞詩，聞禮，又聞君子之遠其子也。」

注釋

異聞　陳亢疑孔子教其子或有私厚，異乎門徒之所聞。
嘗獨立　言孔子嘗獨立，左右無人。
趨而過庭　孔子獨立在堂上，伯魚從堂下中庭趨而過之。
不學詩，無以言　詩有比興，答對酬酢。人若不學詩，無以與人言語。
他日又獨立　別日，孔子又在堂獨立也。
不學禮，無以立　禮教恭儉莊敬，此乃立身之本。有禮則安，無禮則危。故不學禮，無以立身。
聞斯二者　伯魚言只當父獨立時，聞斯學詩學禮之二者。
問一得三　問有異聞乎而得聞此三事。
君子之遠其子　孔子教伯魚，無異於教他人，故陳亢以為遠其子。遠謂無私厚，非疏義。古者易子而教，亦非疏其子。

白話試譯

陳亢問伯魚道：「你在你父親那裡聽到些特別的教訓嗎？」伯魚對道：「沒有呀！有一次，

我父親獨立在堂上，我在中庭趨過，我父親說：『你曾學過詩嗎？』我對道：『沒有。』我父親說：『不學詩，便不懂如何講話。』我退後便學詩。又一次，我父親又獨立在堂上，我又在中庭趨過，我父親說：『你學過禮嗎？』我對道：『沒有。』我父親說：『不學禮，便不懂如何立身。』我退後便學禮。我私下只聽到這兩番教訓。」陳亢退下大喜，說：「我這次問一事，聽得了三事。其一是該學詩，其二是該學禮，其三便是君子不對自己兒子有私厚。」

（一四）

邦君之妻，君稱之曰「夫人」，夫人自稱曰「小童」，邦人稱之曰「君夫人」，稱之異邦曰「寡小君」，異邦人稱之亦曰「君夫人」。

研析

小童，寡小君，皆謙辭。稱之異邦，國人稱之。本章記入論語，其義不可知。或說當時諸侯嫡妾不正，稱號不審，故孔子正言之。或疑學者於簡末別記所聞，後遂羼入論語。惟論語有齊、魯、古三本，今所傳乃東漢鄭玄以魯論為主，又參校齊、古兩論而成。或說以此篇為齊論，已無證。而本章三論皆有，烏見其為後人之隨意附記而羼入？遇古書難解處，當以闕疑為是。

白話試譯

國君之妻，國君稱她為「夫人」，她對國君自稱「小童」，國人稱她「君夫人」，在異國人之前稱她為「寡小君」，異國人對國人稱她亦呼「君夫人」。

陽貨篇第十七

（一）

陽貨欲見孔子，孔子不見。歸孔子豚。孔子時其亡也而往拜之，遇諸塗。謂孔子曰：「來！予與爾言。」曰：「懷其寶而迷其邦，可謂仁乎？曰：不可。好從事而亟失時，可謂知乎？曰：不可。日月逝矣，歲不我與。」孔子曰：「諾。吾將仕矣。」

注釋

陽貨欲見孔子 陽貨，季氏家臣，名虎。嘗囚季桓子而專魯國之政，欲令孔子來見己，意欲孔子出仕助己也。或疑陽貨陽虎各自一人，今不從。

歸孔子豚 歸，讀如饋，以物相贈。古禮，大夫有賜於士，士拜受，又親拜於賜者之室。陽貨故遺孔子豚，令孔子來拜而見之。

時其亡也而往拜之 亡，同無。時其亡，猶云伺其出。孔子不欲見陽貨，故伺陽貨出門乃往拜謝。

遇諸塗 孔子伺其不在而往，不意歸而遇之途中。

懷其寶而迷其邦 謂懷藏道德而不救國之迷亂。

曰：不可 此曰字或說乃孔子答，或說乃陽貨自問自答，下文曰不可同。今從後說。

好從事而亟失時 亟，數也，猶屢義。失時，謂失去時機。言孔子心好從事而屢失時機。

日月逝矣，歲不我與 逝，去義。歲月已去，不再與我，謂年老當急仕。

孔子曰 此下始是孔子答陽貨。陽貨欲親孔子，絮絮語不休，孔子默不出聲，最後始作五字答之，謂「吾將出仕矣」。初若不知陽貨所言之用意，亦不加辨說，只言將仕。孔子非不欲仕，特不欲仕於貨。其語直而婉，雍容不迫，而拒之已深，此見孔子一言一行無往而不具甚深之妙義。

白話試譯

陽貨想要見孔子，孔子不見他。陽貨送與孔子一豚。孔子打聽到陽貨出門，往他家拜謝，路上兩人遇見了。陽貨對孔子說：「來呀！我有話和你說。」陽貨道：「你身藏了道德寶貨，而盡讓一國之人迷惑失道，這好算仁嗎？怕不好算仁呀！你心好做事，又屢失時機，這好算知嗎？怕不好算知呀！光陰一天天過去，年歲不會等待著你呀！」孔子說：「嗄！我快打算出仕了。」

（二）

子曰：「性相近也，習相遠也。」

研析

子貢曰：「夫子之言性與天道，不可得而聞。」論語惟本章言及性字，而僅言其相近。性善之說始發於孟子。蓋孔子就人與人言之，孟子就人與禽獸言之。孔子沒而道家興，專倡自然，以儒家所言人道為違天而喪真，故孟子發性善之論以抗之。然亦未必盡當於孔子之意，故荀子又發性惡之論以抗孟子。本章孔子責習不責性，以勉人為學。

白話試譯

先生說：「人的天性是相近的，由於習慣而相遠。」

（三）

子曰：「唯上知與下愚為不移。」

研析

本章承上章言。中人之性，習於善則善，習於惡則惡，皆可遷移。惟上知不可使為惡，下愚不可與為善，故為不可移。孟子言「人皆可以為堯舜，惟自暴自棄者不然」，此與孔子立言若有異。然孔子曰，「困而不學，民斯為下」，則下愚亦因其不學耳。故荀子又曰「人皆可以為禹」，不言堯、舜而轉言禹，亦孔子勸學之旨。或曰：子曰二字乃衍文。

白話試譯

先生說：「只有上知與下愚之人不可遷移。」

（四）

子之武城，聞弦歌之聲。夫子莞爾而笑曰：「割雞焉用牛刀？」子游對曰：「昔者偃也聞諸夫子曰：『君子學道則愛人，小人學道則易使也。』」子曰：「二三子！偃之言是也。前言戲之耳。」

注釋

子之武城　之，往義。武城，魯邑名，時子游為武城宰。

聞弦歌之聲　弦，指琴瑟。子游以禮樂為教，邑人皆弦歌。

夫子莞爾而笑　夫子與上文子字複，此亦下論文字未純之一例。莞爾，微笑貌。莞字本作莧，山羊細角，人笑時兩眉角微垂似之。

割雞焉用牛刀　此有兩解。一言其治小邑，何必用禮樂大道。其實則深喜之。一言子游之才而用於武城之小邑，則是深惜之也。然承上莞爾而笑，則終是喜深於惜。

君子學道則愛人，小人學道則易使　此兩語，蓋孔子常言之。君子小人以位言，在上在下皆當學道，子游言雖宰小邑，亦必教人以禮樂。

二三子　從行者。

前言戲之耳　戲言蓋出於嘉喜之情。之字指子游。游、夏皆孔門後進弟子，而列文學之科。子游宰武城時尚年輕，已能行禮樂之教，知孔門四科皆能實見之於行事，即在文學，亦非徒務空言。

白話試譯

先生去遊武城，聽到弦歌之聲。先生微笑道：「割一雞，哪用牛刀呀？」子游對道：「往日我曾聽先生說過：『君子學於道，便懂得愛人。小人學於道，便易從使命。』先生對從遊的人說：「諸位！他的話是呀！我前面所說只是對他開玩笑的。」

（五）

公山弗擾以費畔，召，子欲往。子路不說，曰：「末之也已，何必公山氏之之也！」子曰：「夫召我者，而豈徒哉？如有用我者，吾其為東周乎！」

注釋

公山弗擾以費畔　公山弗擾即公山不狃，季氏家臣。以費畔，畔季氏也。語詳左傳。或曰：其事在魯定公十二年，孔子方為魯司寇聽政，主墮三都，弗擾不肯墮，遂畔，寧有召孔子而孔子欲往之理？論語乃經後儒討論編集成書，其取捨間未必不無一二濫收，不當以其載在論語而必信以為實。或曰：弗擾之召當在定公八年，陽貨入讙陽關以叛，其時不狃已為費宰，陰觀成敗，雖叛形未露，然據費而遙為陽貨之聲援，即叛也。故論語以叛書。時孔子尚未仕，不狃為人與陽貨有不同，即見於左傳者可證，其召孔子，當有一番說辭，或孔子認為事有可為，故有欲往之意。或曰：孔子之不助畔，天下人所知，而不狃召孔子，其志不在於惡矣。天下未至於不可為，而先以不可為引身自退，而絕志於斯世，此非孔子知其不可為而為之精神。則孔子有欲往之意，何足深疑。

末之也已　末，無義。之，往義。末之，猶云無處去。已，歎辭。或說：已，止義，當一字自作一讀，猶云無去處即止也。

何必公山氏之之也 下之字亦往義。謂何必去之公山氏。

而豈徒哉 徒，空義。言既來召我，決非空召，應有意於用我。

吾其為東周乎 一說：言興周道於東方。一說：東周指平王東遷以後，孔子謂如有用我者，我不致如東周之一無作為，言必興起西周之盛也。就文理言，注重乎字，語氣較重，應如後說。注重其字，語氣較緩，應依前說。惟前說徑直，後說委曲，當從前說為是。

白話試譯

公山弗擾據費邑叛季孫氏，來召孔子，孔子考慮欲往赴召。子路心中不悅，說：「沒有去處了！何必還要去公山氏那裡呀？」先生說：「來召我的，難道只是空召嗎？儻有真能用我的人，我或者能興起一個東周來呀。」

（六）

子張問仁於孔子。孔子曰：「能行五者於天下，為仁矣。」請問之。曰：「恭、寬、信、敏、惠。恭則不侮，寬則得眾，信則人任焉，敏則有功，惠則足以使人。」

注釋

不侮 侮，侮慢義。猶言不為人所侮慢。

敏則有功 敏，疾速義。應事疾速，易有成績。或說：敏，審也，審當於事則有成功。

研析

本章頗多可疑。論語記孔子與君大夫問答始稱孔子，對弟子問只稱子，此處對子張問亦稱孔子曰，後人疑是依齊論，亦無的據。又此章孔子答語乃似答問政，與答問仁不類。或說此乃問仁政，然亦不當單云問仁。又孔子答子張，論語所載共十一條，多欲其鞭辟近裡，慎於言行，而此章語不然。孔子以天下告者，顏淵問仁章以外惟此，或疑以為因子張之才大，豈其然乎？或說：就文體言，此章與六言六蔽五美四惡之類皆與其他各章不相似。且子張乃孔子弟子，稱問即可，而此章及堯曰篇子張問政皆稱問孔子，更為失體。或編者采之他書，未加審正。

白話試譯

子張問仁道於孔子。先生說：「能行五事於天下，是仁了。」子張請問哪五事。先生說：「恭、寬、信、敏、惠。能恭敬，便不為人所侮慢。能寬大，便易得眾心。能守信，便得人信任。

能應事敏速，便易有成功。能對人有恩惠，便易使命人。」

（七）

佛肸召，子欲往。子路曰：「昔者由也聞諸夫子曰：『親於其身為不善者，君子不入也。』佛肸以中牟畔，子之往也，如之何？」子曰：「然！有是言也。不曰堅乎？磨而不磷。不曰白乎？涅而不緇。吾豈匏瓜也哉？焉能繫而不食！」

注釋

佛肸　晉大夫趙簡子之邑宰。

君子不入　不入其國。

以中牟畔　畔趙氏。事見左傳，在魯哀公五年。

磨而不磷　不磷，不敝不傷義。

涅而不緇　涅，礬石，今云皂礬，染之則黑。緇，黑色。此兩語，言人之不善，將無浼於己也。

匏瓜　匏瓜味苦，人所不食。或曰：匏瓜指天上星名。

繫而不食　匏瓜繫於一處，人不食之，我不能如此，故周流求行道於天下。或說：如星之繫於天而不可食。

研析

本章與弗擾章，皆記孔子之初意欲往，而不記其卒不往，蓋以見孔子仁天下之素志，而卒不往之故，則無足深論。後人紛紛疑辨，則當時子路已疑之，不煩重論。

白話試譯

佛肸來召孔子，孔子考慮欲往。子路說：「我曾聽先生說過：『那人親身做了不善之事，君子即不入其國。』現在佛肸據中牟作叛，先生要去他處，這怎說呀？」先生說：「不錯，我是說過這話的。不有堅硬的東西嗎？盡磨也不會薄。不有潔白的東西嗎？盡染也不會黑。我難道是一匏瓜嗎？哪能掛在那裡，不希望有人來采食呀。」

（八）

子曰：「由也！女聞六言六蔽矣乎？」對曰：「未也。」「居！吾語女。好仁不好學，其蔽也愚。好知不好學，其蔽也蕩。好信不好學，其蔽也賊。好直不好學，其蔽也絞。好勇不好學，其蔽也亂。好剛不好學，其蔽也狂。」

注釋

居！吾語女　古人對長者問，必起立，孔子命其還坐而告之。居，坐義。女，同汝。

好仁不好學　好者，聞其風而悅之，不學則不能深原其所以之道，故必有所蔽。仁、知、信、直、勇、剛六言皆美名，不學則不明其義，不究其實，以意會之，有轉成不美者。愚，若可陷可罔之類。蕩，謂放而無歸，窮高極遠而不知所止。賊，傷害義。如尾生與女子期而死於梁下是也。絞，急切義，如父攘羊而子證之。亂，犯上違法。狂，妄抵觸人。見此六言雖美，必好學深求之，乃能成德於己。

白話試譯

先生說：「由呀！你聽到六言六蔽的說法嗎！」子路對道：「沒有呀！」先生說：「你坐下！我告訴你。好仁不好學，其蔽成為愚蠢。好知不好學，其蔽成為流蕩無歸宿。好信不好學，其蔽反成傷害。好直不好學，其蔽急切不通情。好勇不好學，其蔽常易犯上作亂。好剛不好學，其蔽易於狂妄抵觸人。」

（九）

子曰：「小子何莫學夫詩？詩可以興，可以觀，可以群，可以怨。邇之事父，遠之事君。多識於鳥獸草木之名。」

注釋

小子　呼門弟子而告之。

可以興，可以觀　詩尚比興，即就眼前事物指點陳述，而引譬連類，可以激發人之志趣，感動人之情意，故曰可以觀，可以興。興者興起，即激發感動義。蓋學於詩，則知觀於天地萬物，閭巷瑣細，莫非可以興起人之高尚情志。

可以群，可以怨　詩之教，溫柔敦厚，樂而不淫，哀而不傷。故學於詩，通可以群，窮可以怨。事父事君，最群道之大者。忠臣孝子有時不能無怨，惟學於詩者可以怨，雖怨而不失其性情之正。

多識於鳥獸草木之名　詩尚比興，多就眼前事物，比類而相通，感發而興起。故學於詩，對天地間鳥獸草木之名能多熟識，此小言之。若大言之，則俯仰之間，萬物一體，鳶飛魚躍，道無不在，可以漸躋於化境，豈止多識其名而已。孔子教人多識於鳥獸草木之名者，乃所以廣大其心，導達其仁。詩教本於性情，不徒務於多識。

白話試譯

先生說：「小子們，為何沒有人學詩呀！學了詩，可以興起你自己，可以懂得如何博觀於天地，可以懂得在群中如何處，可以懂得處群不得意時如何怨。近處講，懂得如何奉事父母。遠處講，懂得如何奉事君上。小言之，也可使你多認識一些鳥獸草木之名。」

（一〇）

子謂伯魚曰：「女為周南召南矣乎？人而不為周南召南，其猶正牆面而立也與！」

注釋

為周南召南　為，猶學也。周南、召南，詩國風首二篇名。二南之詩，用於鄉樂，眾人合唱。人若不能歌二南，將一人獨默，雖在人群中，正猶面對牆壁而孤立。或說：周南十一篇，言夫婦男女者九。召南十五篇，言夫婦男女者十一。二南皆言夫婦之道，人若並此而不知，將在最近之地而一物不可見，一步不可行。

白話試譯

先生對伯魚說：「你學了周南、召南的詩嗎？一個人若不學周南、召南，那就像正對著牆壁站立呀！」

（一一）

子曰：「禮云禮云，玉帛云乎哉！樂云樂云，鐘鼓云乎哉！」

研析

玉帛，禮之所用。鐘鼓，樂之所用。人必先有敬心而將之以玉帛，始為禮。必先有和氣而發之以鐘鼓，始為樂。遺其本，專事其末，無其內，徒求其外，則玉帛鐘鼓不得為禮樂。

或說：禮樂之可貴，在其安上治民，移風而易俗。若不能於此，而惟玉帛鐘鼓之是尚，則不得謂之禮樂。二說皆是，當合以求之。

白話試譯

先生說：「盡說禮呀禮呀！難道說的是玉帛嗎？盡說樂呀樂呀！難道說的是鐘鼓嗎？」

（一二）

子曰：「色厲而內荏，譬諸小人，其猶穿窬之盜也與！」

注釋

色厲而內荏　厲，威嚴。荏，柔弱。

譬諸小人　言於諸色小人中譬之。

穿窬之盜　窬，猶竇。盜，竊義。穿牆壁為洞以求入室行竊。一說：穿謂穿壁，窬謂穴牆，依文法，似從前解為是。

白話試譯

先生說：「外貌裝得很威嚴，內心實是軟怯，那樣的人，在諸色小人中作譬喻，好算是穿牆挖洞的小偷一類吧！」

（一三）

子曰：「鄉原，德之賊也。」

研析

鄉，其群鄙俗。原同愿，謹愿也。一鄉皆稱其謹愿，故曰鄉原。孟子萬章篇有云：「孔子曰：

過我門而不入我室，我不憾焉者，其惟鄉原乎！鄉原，德之賊也。」較本章多三句。或是論語編者刪節之，而孟子全錄其語。孟子又曰：「閹然媚於世也者，是鄉原也。一鄉皆稱原人焉，無所往而不為原人，孔子以為德之賊，何哉？曰：非之無舉也，刺之無刺也，同乎流俗，合乎汙世，居之似忠信，行之似廉潔，眾皆說之，自以為是，而不可與入堯舜之道，故曰德之賊也。」蓋惟特立獨行之士始可入德，故孔子有取於狂狷。若同流合汙，媚世偽善，則斷非入德之門。孟子發揮孔子義極精極顯，學者求入德，必細參之。

白話試譯

先生說：「一鄉中全不得罪的那種好人，是人類品德中的敗類呀！」

（一四）

子曰：「道聽而塗說，德之棄也。」

研析

德必由內心修而後成。故必尊師博文，獲聞嘉言懿訓，而反體之於我心，潛修密詣，深造而默成之，始得為己之德。道聽，聽之易。塗說，說之易。入於耳，即出於口，不內入於心，縱聞善言，亦不為己有。其德終無可成。德不棄人，而曰「德之棄」，深言其無分於成德。

白話試譯

先生說：「在道路上聽便在道路上說的那些人，是品德中的棄物呀！」

（一五）

子曰：「鄙夫可與事君也與哉！其未得之也，患得之。既得之，患失之。苟患失之，無所不至矣。」

研析

本章下與字同歟。古人文法有緩急，不顯而顯，此緩讀。得為不得，此急讀。患得之，即患不得之。無所不至，言其將無所不為。小則吮癰舐痔，大則弒父與君，皆生於其患失之一心。人品大略可分為三類，有志於道德者，此為己之學。有志於功名者，此為人之學。有志於富貴者，即本章之所謂鄙夫，乃不可與共學之人。

白話試譯

先生說：「一個鄙夫，可和他共同事君嗎？當他沒有得到時，只怕得不到。既已得到了，又怕或失去。若怕或失去，他會無所不為，沒有底止的。」

（一六）

子曰：「古者民有三疾，今也或是之亡也。古之狂也肆，今之狂也蕩。古之矜也廉，今之矜也忿戾。古之愚也直，今之愚也詐而已矣。」

注釋

民有三疾　疾，病也。此言人有偏短，指下文狂、矜、愚言。

或是之亡　亡，同無。求如古人之偏短而不可得，傷今俗之益衰。

古之狂也肆　狂者志願高，每肆意自恣，不拘小節。

今之狂也蕩　蕩則無所據，並不見其志之狂矣。

古之矜也廉　矜者持守嚴，其行矜持。廉，棱角義。陗厲難近。

今之矜也忿戾　忿戾則多怒好爭，並不見其矜持矣。

古之愚也直　愚者暗昧不明，直謂徑行自遂，無所防戒。

今之愚也詐　詐則挾私欺誑，並其愚亦不見矣。

白話試譯

先生說：「古人常見有三種病，現在或許連這些病也不見了。古代狂者常易肆志不拘，現代的狂者則是蕩無所據了。古代矜者常易廉隅陗厲，現代的矜者則成忿戾好爭了。古代愚者常易徑情直行，現代的愚者則成變詐百出了。」

（一七）

子曰：「巧言令色，鮮矣仁。」

研析

本章重出。

（一八）

子曰：「惡紫之奪朱也，惡鄭聲之亂雅樂也，惡利口之覆邦家者。」

注釋

紫之奪朱 朱，正色。紫，間色。當時以紫衣為君服，可見時尚。

鄭聲之亂雅樂 雅樂，正音。鄭聲，淫聲也。

利口之覆邦家 利口，佞也。以是為非，以非為是，以賢為不肖，以不肖為賢，人君悅而信之，可以傾覆敗亡其國家。

研析

孔子告顏淵放鄭聲遠佞人，則惡紫乃喻辭。孔子惡鄉愿，為其亂德，可合參。

白話試譯

先生說：「我厭惡紫色奪去了朱色，厭惡鄭聲擾亂了雅樂，厭惡利口傾覆了國家。」

(一九)

子曰：「予欲無言。」子貢曰：「子如不言，則小子何述焉？」子曰：「天何言哉？四時行焉，百物生焉，天何言哉？」

研析

為何孔子無端發欲無言之歎？或說：孔子懼學者徒以言語求道，故發此以警之。或說：孔子有見於道之非可以言說為功，不如默而存之，轉足以厚德而敦化。此兩義皆可通，當與前篇無隱之義相參。

或疑本章孔子以天自比。孔子特舉以解子貢不言何述之疑，非孔子意欲擬天設教。

白話試譯

先生說：「我想不再有所言說了。」子貢說：「夫子不再有所言說，教小子們何從傳述呀！」先生說：「天說些什麼呢？春、夏、秋、冬四時在行，飛潛動植百物在生，天說些什麼呢？」

（二〇）

孺悲欲見孔子，孔子辭以疾。將命者出戶，取瑟而歌，使之聞之。

注釋

孺悲　魯人。禮記云：「恤由之喪，魯哀公使孺悲從孔子學士喪禮。」此次請見，當是另一時事。

辭以疾　孔子不欲見孺悲，推辭有病。

將命者出戶　將命，傳辭者。將孺悲之命來，待其出戶，即取瑟而歌，使之聞之，知非真有疾，俾以告孺悲。孔子既拒之，又欲使知之，孺悲殆必有所自絕於孔子。而孔子不欲顯其短，使無自新之路，故雖抑之，不彰著。雖拒之，不決絕。亦孟子所謂不屑之教誨。

白話試譯

孺悲要求見孔子，孔子不肯見，推辭有病。傳命者走出戶，孔子即取瑟彈之，又自和而歌，使將命者聽到，知道孔子沒有病。

（二一）

宰我問：「三年之喪，期已久矣。君子三年不為禮，禮必壞。三年不為樂，樂必崩。舊穀既沒，新穀既升，鑽燧改火，期已可矣。」子曰：「食夫稻，衣夫錦，於女安乎？」曰：「安。」「女安則為之。夫君子之居喪，食旨不甘，聞樂不樂，居處不安，故不為也。今女安則為之。」宰我出，子曰：「予之不仁也！子生三年，然後免於父母之懷。夫三年之喪，天下之通喪也。予也，有三年之愛於其父母乎？」

注釋

三年之喪　父母死，守喪三年。時此禮久不行，宰我之問，蓋討論制作，與其存虛名，不若務實行。他日或制新禮，改定此制。非宰我自欲短喪也。

期已久矣　期，讀基，週年義。謂守喪一年已久。或曰：此期字讀期限之期，三年為期已久。下文期已可矣之期始讀基。

禮必壞，樂必崩　壞，敗壞。崩，墜失。禮樂行於君子，君子居喪三年，不習禮樂，禮樂將崩壞。

舊穀既沒，新穀既升　沒，盡義。升，登義。一年之期，舊穀已盡，新穀登收，時物皆變，喪期亦即此可止。

鑽燧改火　古人取火，鑽一木為燧，中鑿眼。取一木為鑽，鑽頭放燧眼中，用繩力牽之，兩木相磨，火星飛爆，即成火。此燧木既燃，常保勿熄。一木將盡，另用一木接其火，後薪繼前薪，是謂傳薪。惟傳薪須隨四時改易，另鑽新燧。春用榆柳，夏用棗杏，夏季用桑柘，秋用柞楢，冬用槐檀，一年而周，此謂改火。穀已新，火亦改，故喪期亦一年已可。

食夫稻　古代北方以稻食為貴，居喪者不食之。

衣夫錦　錦乃有文采之衣，以帛為之。居喪衣素用布，無采飾。

於女安乎　女，同汝，孔子問宰我於心安否。父母之喪，子女悲哀在心，故食旨未甘，衣采色而心滋不適，哀戚出於自然，乃本此而制為居喪之禮。孔子告宰我，汝若覺心安，自可不遵此制。宰我本普泛設問，孔子教其反求之心以明此禮意。而宰我率答曰安，此下孔子遂深責之。

免於父母之懷　子生未滿三歲，常在父母懷抱中，故親喪特以三年為斷。欲報之恩，昊天罔極，非謂三年即可脫於悲哀。此亦即人之仁心。

天下之通喪　謂此三年之喪禮當通行於天下。

研析

此章宰我問三年之喪，其意本為討論禮制，當時亦似未有天下通行三年之喪之證。而孔子之責宰我，辭氣之厲，儼若晝寢一章。何以孔子對宰我獨異於對其他之門人，不可知矣。

白話試譯

宰我問道：「三年之喪，似乎期限太久了。君子三年不行禮，禮將從此而壞。君子三年不作樂，樂將從此而失。而且舊穀喫盡，新穀已收，鑽燧接火之木也都改了。似乎一年之期也就夠了。」先生說：「你親喪一年後即喫稻米，穿錦衣，心上安不安呢？」宰我說：「安呀！」先生說：「你心既覺安，就可如此做呀。君子居此喪期中，正因食了美味也不覺甘，聽了音樂也感不到快樂，在日常宮室中起居，總覺心不安，因此不這樣生活。現在你心若覺安，自可照常生活呀！」宰我出去了，先生說：「予的不仁呀！兒子生下三個年頭，方才離開了父母的懷抱，那三年的喪期，是天下通行的喪期呀，予是不是也有三年的愛心對於他死後的父母呢？」

（二二）

子曰：「飽食終日，無所用心，難矣哉！不有博弈者乎？為之猶賢乎已。」

研析

博弈皆局戲。博即六博，似後代之雙陸。雙方各六箸，共十二棋，先擲箸，視其采以行棋，其法今不詳。今人只以擲采為博，則與弈不相類。弈者圍棋，古弈用二百八十九道，今用三百六十一道。

本章甚言人心必有所用。

白話試譯

先生說：「噢飽了，一天到晚心沒處用，這真難呀！不是有玩六博和弈棋的嗎？這總比沒事好一些。」

（二三）

子路曰：「君子尚勇乎？」子曰：「君子義以為上。君子有勇而無義為亂，小人有勇而無義為盜。」

研析

尚，以之為上之義。下文君子小人並說，乃以位言。惟前兩句君子字，似不即指在上位者。可見古人用君子小人字，義本混通，初非必加以明晰之分別。

或說：本章似子路初見孔子時問答。

白話試譯

子路說：「君子看重勇嗎？」先生說：「君子是看重義的。君子有勇沒有義，則將為亂。小人有勇沒有義，則將為盜。」

（二四）

子貢曰：「君子亦有惡乎？」子曰：「有惡。惡稱人之惡者。惡居下流而訕上者。惡勇而無禮者。惡果敢而窒者。」曰：「賜也，亦有惡乎？」「惡徼以為知者。惡不孫以為勇者。惡訐以為直者。」

注釋

稱人之惡　喜稱揚人惡，可知無仁厚之意。

居下流而訕上　訕，謗毀義。舊本無流字，居下訕上，可知無忠敬之誠。

勇而無禮　此可為亂。

果敢而窒　窒，塞義，即不通義。果敢而不通事理，將妄作而興禍。

曰：賜也，亦有惡乎　或說此句亦子貢語，則乎字應作也。或說此下始是子貢語，則與乎字文氣合。此曰字乃孔子曰。

徼以為知　徼，鈔襲義。鈔襲人說以為己知。

不孫以為勇　孫，遜讓義。人有勝己，不從不讓以為勇。

訐以為直　訐，謂攻發人之陰私。非直而以為直。

白話試譯

子貢道：「君子亦對人有厭惡嗎？」先生說：「有的。厭惡喜好稱說別人惡的人。厭惡居下位謗毀在他上的人。厭惡勇而無禮的。厭惡果敢而窒塞不通的。」先生說：「賜呀！你亦有所厭惡嗎？」子貢道：「我厭惡鈔襲他人說話而自以為知的。我厭惡不懂遜讓服從而自以為勇的。我厭惡攻發別人陰私而自以為直的。」

（二五）

子曰：「唯女子與小人為難養也。近之則不孫，遠之則怨。」

研析

此章女子小人指家中僕妾言。妾視僕尤近，故女子在小人前。因其指僕妾，故稱養。待之近，則狎而不遜。遠，則怨恨必作。善御僕妾，亦齊家之一事。

白話試譯

先生說：「只有家裡的妾侍和僕人最難養。你若和他們近了，他們將不知有遜讓。你若和他們遠了，他們便會怨恨你。」

（二六）

子曰：「年四十而見惡焉，其終也已。」

研析

本章或說乃孔子勉人及時遷善改過。四十成德之年，至是而猶見惡於人，則無望有善行矣。然此語當是有為而發，惟不知其誰為耳。或說：本章乃孔子之自歎。當是孔子於時被讒也。陽貨一篇終於此章，見聖道之不行。下接微子篇，皆仁人失所，及巖野隱淪之士，亦由此章發其端。然孔子自歎，不當用見惡字，當以前說為允。

白話試譯

先生說：「年到四十，還是被人厭惡，這就怕無望了。」

微子篇第十八

（一）

微子去之，箕子為之奴，比干諫而死。孔子曰：「殷有三仁焉。」

研析

微、箕，國名。子，爵名。微子，紂之庶兄。箕子、比干，紂之諸父。微子見紂無道而去。箕子諫不聽，因以為奴，乃佯狂受辱。比干強諫被殺。三人皆意在安亂寧民，行雖不同，而其至誠惻怛心存愛人則一，故同得為仁人。孔子又曰：「有殺身以成仁。」然仁不在死，三人之仁，非指其去與奴與死。以其能憂亂，求欲安民，而謂之仁。

此篇多記仁賢之出處，列於論語之將終，蓋以見孔子之道不行，而明其出處之義。先之以此章，見殷之亡由於不用賢，傷今思古，所以歎孔子之道窮而斯民之不能脫於禍亂。

白話試譯

微子避而去，箕子因為奴，比干諫而死。先生說：「殷在那時，有三位仁人了。」

（二）

柳下惠為士師，三黜。人曰：「子未可去乎？」曰：「直道而事人，焉往而不三黜？枉道而事人，何必去父母之邦？」

注釋

士師　典獄官。

三黜　三被黜退。

焉往而不三黜　舉世濁亂，不容正直，以此例彼，將何往而不被黜。

何必去父母之邦　欲求不黜，惟有枉道。苟能枉道，則不必去父母之邦亦可不被讒黜。柳下惠於魯公室尚在五服之內，與孔子以魯為父母之國者又不同，故義不當去。

研析

孟子稱柳下惠聖之和，觀此章，辭氣雍容，可謂和矣。然其不欲枉道之意，則確然有不可拔者。故孟子稱其「不以三公易其介」。惟玩其辭氣，終若視一世皆枉道，無可與為直，其惓惓救世之心則淡矣。故孟子又謂「柳下惠不恭」，此所以異於孔子。本篇所記古之仁賢隱逸之士，皆當與孔子對看，乃見孔子可去而去，不苟合，然亦不遯世，所以與本篇諸賢異。

此章無斷語，因無子曰字。義明不待有斷。載在論語，其為孔子言可知。

白話試譯

柳下惠當魯國的獄官，三次被黜。有人說：「你還不去往他國嗎？」柳下惠說：「我以直道事人，去到哪裡將不被黜呢？我若能枉道事人，又何必定要離去父母之邦？」

（三）

齊景公待孔子，曰：「若季氏，則吾不能，以季、孟間待之。」曰：「吾老矣，不能用也。」孔子行。

研析

魯三卿，季氏最貴，齊景公謂我不能如魯君之待季氏者待孔子，遂以季氏、孟氏之間待之，其禮亦甚隆矣。然又曰「吾老矣，不能用」。此非面語孔子，蓋以私告其臣，而孔子聞之。孔子以齊君不能用而去，則齊君之禮待，不足以安聖人。

孔子在齊止一次，以昭公二十五年魯亂去，兩年而返，時景公蓋年近六十。

白話試譯

齊景公待遇孔子，說：「像魯君待遇季氏般，我就不能了。以在季孫氏、孟孫氏之間的禮貌待孔子。」但他私下又說：「我已老了，不能用他了。」於是孔子也離開齊國了。

（四）

齊人歸女樂，季桓子受之，三日不朝，孔子行。

研析

歸，讀如饋。季桓子，魯大夫，名斯。史記：「魯定公十年，孔子為魯司寇，方當政，齊人謀沮之，饋魯以女樂，定公與季孫君臣相與觀之，廢朝禮三日，孔子遂行。」本篇均記古今仁賢出處，此兩章記孔子之去齊去魯以見折衷。可以行則行，可以止則止，所以為時中之聖也。

白話試譯

齊人送來一批女樂隊，季桓子接受了，三天不舉行朝禮，於是孔子離開魯國了。

（五）

楚狂接輿歌而過孔子，曰：「鳳兮鳳兮！何德之衰！往者不可諫，來者猶可追。已而已而！今之從政者殆而！」孔子下，欲與之言。趨而辟之，不得與之言。

注釋

楚狂接輿 楚之賢人，佯狂避世，失其姓名，以其接孔子之車而歌，故稱之曰接輿，猶晨門、荷蓧丈人、長沮、桀溺之例。或說其人接氏輿名。今不從。或曰：狂者，孔門所與，故稱其人曰狂接輿，今從之。

歌而過孔子 此當是孔子乘車在途中，接輿歌而過孔子之車。或說歌而過孔子之門。或本有之門二字。

何德之衰 古俗相傳，世有道則鳳鳥見，無道則隱。接輿以鳳比孔子，世無道而不能隱，為德衰。

往者不可諫，來者猶可追 既往之事不可再諫，繼今而來者猶可追及，謂及今尚可隱去也。

已而已而 已，止義。而，語助辭。猶云罷了罷了。

今之從政者殆而 殆，危義。今之從政者皆危殆不可復救治，不足與有為。或謂孔子若從政，則有仕路風波之憂，此失之。

孔子下 下車。或說：下堂。

趨而辟之 接輿急行避孔子，不欲聞孔子之辨白。以下數章，皆見孔子之不忍於避世。接輿諸人，高蹈之風不可及，其所譏於孔子者，亦非謂孔子趨慕祿，同於俗情，但以世不可為，而勞勞車馬，為孔子惜耳。顧孔子之意，則天下無不可為之時，在我亦有不忍絕之情，有不可逃之義。孔子與諸人旨趣不相投，然孔子終惓惓於此諸人，欲與之語，期以廣大其心志，此亦孔子深厚仁心之一種流露。

白話試譯

楚國一狂人，接在孔子車後而歌，越過孔子車而前。他歌道：「鳳啊！鳳啊！怎麼你德如是般衰呀！已往的莫說了，方來的還可追呀！算了！算了！當今那些從事政治的哪一不是危殆之人怎可與之有為呀！」孔子聽他歌，下車來，想和他說話。那狂人急行避去，不得和他說。

（六）

長沮、桀溺耦而耕，孔子過之，使子路問津焉。長沮曰：「夫執輿者為誰？」子路曰：「為孔丘。」曰：「是魯孔丘與？」曰：「是也。」曰：「是知津矣。」

問於桀溺。桀溺曰：「子為誰？」曰：「為仲由。」曰：「是魯孔丘之徒與？」對曰：「然。」曰：「滔滔者，天下皆是也，而誰以易之。且而，與其從辟人之士也，豈若從辟世之士哉！」耰而不輟。子路行以告。夫子憮然曰：「鳥獸不可與同群，吾非斯人之徒與而誰與？天下有道，丘不與易也。」

注釋

長沮、桀溺 兩隱者，姓名不傳。沮，沮洳。溺，淖溺。以其在水邊，故取以名之。桀，健義，亦高大義。一人頎然而長，一人高大而健。

耦而耕 兩人並頭而耕，謂耦耕。或說前後遞耕謂耦耕。

問津 津，濟渡處。

執輿者 執輿，執轡在手也。本子路御而執轡，今下問津，故孔子代之。

是知津矣 言孔子長年周流在外，應知津渡之處也。

滔滔者 滔滔，水流貌。字亦作悠悠，即滺滺，同是水流之貌。水之長流，盡日不息，皆是此水，因在水邊，隨指為喻。猶今俗云天下烏鴉一般黑。

誰以易之 以，猶與也。言一世皆濁，將誰與而變易之。

且而，與其從辟人之士 而指子路。辟，讀避。辟人之士指孔子。避世之士，沮溺自謂。人盡相同，不勝避，故不如避世。

耰而不輟　耰者覆種。布種後，以器耙之，使土開處復合，種深入土，鳥不能啄，以待時雨之至。耰而不輟者，亦不告子路以津處。

憮然　猶悵然，失意貌。

非斯人之徒與而誰與　與者，與同群。孔子謂我自當與天下人同群，隱居山林，是與鳥獸同群。

丘不與易　孔子言正為天下無道，故周流在外，求以易之。若天下有道，則我不復與之有變易。隱者之意，天下無道則須隱。孔子意，正因天下無道故不能隱。蓋其心之仁，既不忍於忘天下，亦不忍於必謂天下之終於無道。

白話試譯

長沮、桀溺兩人作對在田中耕，孔子路過，叫子路去向兩人問前面濟渡處。長沮說：「那執轡在車上的是誰呀？」子路道：「是孔丘。」長沮說：「是魯國孔丘嗎？」子路道：「是的。」長沮說：「那他自知濟渡之處了。」子路再問桀溺。桀溺說：「你是誰呀？」子路道：「是仲由。」桀溺說：「是那魯國孔丘之徒仲由嗎？」子路對道：「是。」桀溺說：「你看那水流滔滔，天下都是一般，和誰來變更它呀？而且你，與其跟從避人之士，何如跟從避世之士呀？」一面說，一面不歇地耙土。子路離開兩人，把來告訴孔子。孔子悵然停頓著一會，說：「鳥獸是不可與同群的呀！我不和那天下人同群，又和誰同群呢？若使天下已有道，我也不來和他們有所變更呀！」

（七）

子路從而後，遇丈人，以杖荷蓧。子路問曰：「子見夫子乎？」丈人曰：「四體不勤，五穀不分，孰為夫子！」植其杖而芸。子路拱而立。止子路宿，殺雞為黍而食之，見其二子焉。明日，子路行，以告。子曰：「隱者也。」使子路反見之。至，則行矣。子路曰：「不仕無義，長幼之節，不可廢也。君臣之義，如之何其廢之？欲潔其身而亂大倫。君子之仕也，行其義也。道之不行，已知之矣。」

注釋

從而後　子路從孔子行，相失在後。

遇丈人　遇者，不期而相值。丈人，長老之稱。

以杖荷蓧　蓧，竹器名。荷，擔揭也。丈人以杖揭一竹器籮簏之屬在道行，子路借問見夫子否。

四體不勤，五穀不分　或說：分，借作糞。丈人言，我四體不及勤勞，五穀不及糞種，何從知汝夫子？或云：五穀不分，指播種遲早燥溼當一一分辨。或說：此丈人譏子路，值亂世，不勤勞四體以播五穀，而周流遠行，孰為汝之夫子而向我索之乎？據下文，丈人甚有禮貌，似不邂逅子路即予面斥。當從前兩說。

植其杖而芸　芸，去田中草。植，豎也。丈人既答子路，行至田中，豎其杖插土中，俯身芸除田中草。

拱而立　拱，叉手，古人以為敬。子路知此丈人非常，故叉手旁立以觀其芸，亦表敬意。

止子路宿　時值日暮，此丈人止子路且勿前行，宿其家。

見其二子　丈人殺雞，作黍飯享子路，又介紹見其二子。

至則行矣　子路反至丈人家，而丈人已出。

子路曰　此乃子路對其二子言。所言大意，當即孔子所授，欲以告丈人者。

不仕無義　仕非為富貴，人之於群，義當盡職，故仕也。

長幼之節不可廢　丈人之見其二子，是不廢長幼之節。長幼之節不可廢，君臣之義亦如何可廢。

潔其身而亂大倫　大倫即指君臣言。一世濁亂，欲自潔其身，隱而不出。苟盡人皆隱，豈不亂君臣之大倫？

道之不行，已知之矣　道之行否屬命，人必以行道為己責屬義。雖知道不行，仍當出仕，所謂我盡我義。

研析

以上三章，緊承孔子去齊去魯兩章後，見孔子雖所如不合，終未恝然忘世。然味此四人之言，想其清風，亦足起敬。彼等於孔子尚所不滿，置身世外，真如鳳翔千仞之岡，自非孔子，焉得而輕議之？

白話試譯

子路從行，落後了，遇見一老者，杖頭擔著一竹器，在路行走。子路問道：「你見我的先生嗎？」老者說：「我四體來不及勤勞，五穀來不及分辨，哪是你的先生呀！」走往田中，把杖插地，俯下身去除草。子路拱著手立在一旁。老者止子路勿前行，留到家中過夜。殺一雞，做些黍飯，請子路，又叫他兩個兒子來和子路見面。明天一早，子路告辭，見到孔子，把昨日事告訴了。先生說：「這是一個隱者呀！」命子路再回去見他。子路到他家，人已出門了。子路和他二子說：「一個人不出仕，是不義的呀。長幼之節不可廢，君臣之義又如何可廢呢？為要清潔己身，把人類大倫亂了。君子所以要出仕，也只是盡他的義務罷了。至於道之不能行，他也早已知之了。」

（八）

逸民：伯夷、叔齊、虞仲、夷逸、朱張、柳下惠、少連。子曰：「不降其志，不辱其身，伯夷、叔齊與？」謂「柳下惠、少連，降志辱身矣。言中倫，行中慮，其斯而已矣。」謂「虞仲、夷逸，隱居放言，身中清、廢中權。」「我則異於是，無可無不可。」

注釋

逸民　逸者，遺佚於世，民者，無位之稱。下列七人，皆逸民也。

虞仲　或謂即仲雍，然仲雍在夷、齊前，又繼位為吳君，不當入逸民之列。或說：史記吳君周章弟虞仲，武王封之故夏墟，此虞仲雖亦為君，然其有國出於意外。由前言之，亦逸民也。今按：此虞仲本是吳君周章之弟，何以知其為虞君之前乃一逸民，竊恐亦未是。或疑乃春秋時虞君之弟，故繫以國名而稱伯仲，殆亦讓國之賢公子，而書傳失其記載。

夷逸　或疑夷逸非人名，因虞仲逸於夷，故曰夷逸。然依逸民伯夷之類，當稱夷逸虞仲，不當曰虞仲夷逸。且逸於夷之虞仲，終為吳君，不得曰隱，又不得曰廢。夷逸殆亦人名，而書傳無考耳。

朱張　此下孔子分別評說諸人，而獨缺朱張。或疑朱張當作譸張，譸張為幻，即佯狂也。曰逸民，曰夷逸，曰朱張，三者品其目，夷、齊、虞仲、惠、連，五人舉其人。然夷逸已辨如前。柳下惠少連亦非佯狂。或疑朱張即孔子弟子仲弓，然孔子評述古昔賢人，不應以己弟子廁名其間。蓋朱張之言行，孔子時已無可得稱，故孔子但存其名，不加論列耳。

少連　其人見禮記雜記篇，東夷之子。孔子稱其善居喪。

不辱其身　夷、齊隱居餓死，是不降志。不仕亂朝，是不辱身。心跡俱逸。柳下惠、少連並仕於魯，柳下惠三黜不去，則已降志辱身矣。

言中倫，行中慮　但能言應倫類，行應思慮，不失言行，則所謂降辱，亦惟有委曲之跡耳。故為次也。

身中清、廢中權　隱居獨善，合乎道之清。放言自廢，合乎道之權。身清猶孟子謂潔身，無行可舉，故以身言。放言者，介之推曰：「言，身之文也。身將隱，焉用文之？」謂放廢其言也。是二人者，更無言行可舉，故又其次也。或說：放言如後世孔融跌蕩放言之例，今不從。

無可無不可 孟子曰：「孔子可以仕則仕，可以止則止，可以久則久，可以速則速。」故曰無可無不可。

研析

本章列舉隱遯者七人，伯夷、叔齊，天子不得臣，諸侯不得友，蓋已遯世離群矣。此為逸民之最高者。柳下惠、少連，雖降志而不枉己，雖辱身而非求合，言能合於倫理，行能中於思考，是逸民之次也。虞仲、夷逸，清而不滓，廢而有宜，其身既隱，其言亦無聞，此與柳下惠、少連又不同，亦其次也。此等皆清風遠韻，如鸞鵠之高翔，玉雪之不汙，視世俗猶腐鼠糞壤耳。惟孔子之道，高而出之。故孔子曰：「我則異於是。」正見其有相同處，故自舉以與此輩作比，則孔子之重視逸民可知。小人無忌憚，自居為中庸，逸民清士皆受譏評，豈亦如孔子之有異於此輩乎？學者當審別也。

白話試譯

逸民有：伯夷、叔齊、虞仲、夷逸、朱張、柳下惠、少連。先生說：「守其志不屈，保其身不辱，這是伯夷、叔齊吧！」先生說：「柳下惠、少連，志不免有降抑，身不免有汙辱了。但所言能合於倫理，所行能合乎思慮，能如此也算了。」先生又說：「虞仲、夷逸，隱居棄言，但他們的身是合乎清潔了。他們的廢棄，也合乎權衡了。」先生又說：「我就和他們不同，我只是無可無不可。」

（九）

大師摯適齊，亞飯干適楚，三飯繚適蔡，四飯缺適秦，鼓方叔入於河，播鼗武入於漢，少師陽、擊磬襄入於海。

注釋

大師摯　大，音泰。大師，魯樂官之長，摯其名。

亞飯干　亞，次義。亞飯、三飯、四飯，皆以樂侑食之官。干、繚、缺，其名。禮，王大食，三侑。魯亦有亞飯、三飯、四飯，僭王禮也。

鼓方叔入於河　擊鼓者名方叔，避隱於河濱。

播鼗武　鼗，音徒刀反。小鼓，兩旁有耳。播，搖義。持其柄搖之，則旁耳還自擊。武，名也。

少師陽、擊磬襄　少師，樂官之佐。陽、襄，二人名。襄即孔子所從學琴者。

研析

此章記魯哀，樂官四散，逾河蹈海以去，雲天蒼涼，斯人寥落。記者附諸此篇，蓋不勝其今昔之悲感。記此八人，亦所以追思孔子也。唐史記安祿山亂，使梨園子弟奏樂，雷海青輩皆毀其樂器，被殺而不悔，此亦類於入河入海之心矣。或謂此八人乃在殷紂時，或謂周厲王時，又謂周平王時，今皆不取。

白話試譯

太師摯去了齊國，亞飯干去了楚國，三飯繚去了蔡國，四飯缺去了秦國，鼓方叔入了黃河，播鼗武入了漢水，少師陽、擊磬襄入了海。

（一〇）

周公謂魯公曰：「君子不施其親，不使大臣怨乎不以。故舊無大故，則不棄也。無求備於一人。」

注釋

魯公　周公子伯禽。受封去之魯，而周公告誡之。魯人傳誦，久而不忘，或亦孔子嘗與其弟子言之。

不施其親　施當作弛，忘棄義。或說：施，易義。不以他人之親易己之親。或說：施，與義。不私與其所親。或說：施，施罪於人。不施其親，所以隱其罪，亦親親之義。今從第一說。

怨乎不以　以，用義。不以，不用。怨不見聽用。

無大故則不棄　大故謂大惡逆。

無求備於一人　人之材性各有近，任才使能，貴不求備。

研析

人才之興起，亦貴乎在上者有以作育之，必能通其情而合乎義，庶乎人思自竭，而無離散違叛之心。論語編者續附此章於本篇之末，亦所以深致慨於魯之衰微。

白話試譯

周公教魯公道：「君子不要忘怨他的親屬，不要使大臣怨他不見用。故舊之人無大惡逆，不要捨棄他。不要求全責備於某一人。」

（一一）

周有八士。伯達、伯适，仲突、仲忽，叔夜、叔夏，季隨、季騧。

研析

八士，舊說：一母四乳，皆孿生。或說：亦可有十二子而以伯仲之序各稱其三子者，此特見一家之多賢，何必皆孿生，是也。或說在周成王時，或說在宣王時，或以為即武王時之尹氏八士，見逸周書。本篇孔子於三仁逸民師摯八樂官，皆讚揚而品列之。於接輿、沮溺、荷蓧丈人，皆惓惓有接引之意。蓋維持世道者在人，世衰而思人益切也。本章特記八士集於一家，產於一母，祥和所鍾，瑋才蔚起，編者附諸此，思其盛，亦所以感其衰。

白話試譯

周代有八個士：伯達、伯适，仲突、仲忽，叔夜、叔夏，季隨、季騧。

子張篇第十九

（一）

子張曰：「士見危致命，見得思義，祭思敬，喪思哀，其可已矣。」

研析

致命猶授命，見危授命見憲問篇。見得思義見季氏篇。祭思敬、喪思哀之義，見八佾篇。此章子張之言，亦平日所聞於孔子。已矣語辭，謂士能如此為可也。

本篇皆記門弟子之言。蓋自孔子歿後，述遺教以誘後學，以及同門相切磋，以其能發明聖義，故編者集為一篇，以置論語之後。無顏淵、子路諸人語，以其歿在前。

白話試譯

子張說：「一個士，見危難能授命，不愛其身。見有得能思及義，不妄取。臨祭能思敬，臨喪能思哀，那也算可以了。」

（二）

子張曰：「執德不弘，信道不篤，焉能為有？焉能為亡？」

研析

執，守義。德在己，故曰執，猶云據德。弘，大義。後孟子言擴充，亦求其能弘。道在外，故須信。信不篤，則道聽而塗說之矣。信道篤，斯吾德亦日弘。若有執而不弘，有信而不篤，則不大，不足當天地間大補益之事，不足為天地間大關係之人。有此一人不為重，無之亦不為輕。較之一無信守者，相去亦無幾。或曰：不能謂其無執無信，亦不能謂其有執有信。兩義仍相通。

本章與曾子弘毅章略相似。惟曾子弘以指道，毅以指德，與子張此章所言正相倒轉。曾子嘗謂：「堂堂乎張也，難與並為仁矣。」豈亦以子張之執德務弘乎？所守太狹固不是，然貴擴而充之，不貴以弘為執。於此見曾子、子張學脈之相異。

白話試譯

子張說：「執德不能弘大，信道不能篤實，這樣，怎好算他有，又怎好算他沒有。」

（三）

子夏之門人問交於子張。子張曰：「子夏云何？」對曰：「子夏曰：『可者與之，其不可者拒之。』」子張曰：「異乎吾所聞：『君子尊賢而容眾，嘉善而矜不能。』我之大賢與，於人何所不容？我之不賢與，人將拒我，如之何其拒人也？」

注釋

問交　問交友之道。

其不可者拒之　此蓋子夏守無友不如己者之遺訓。又如損者三友，此當拒不與交。

尊賢而容眾，嘉善而矜不能　此蓋孔子泛愛眾而親仁之遺訓。

研析

本章子夏之教門人，蓋初學所宜守。子張之言，則君子大賢之所有事。二子各有聞於孔子，而各得其性之所近。子夏狷介，子張高廣，均可取法。然亦不免各有所偏蔽。

白話試譯

子夏的門人問交友之道於子張。子張道：「你們先生子夏如何說呢？」那門人對道：「我們的先生子夏說：『可與為友的，我和他為友，不可與為友的，該拒絕不與相交。』」子張說：「這和我所聽到的不同了：『一個君子，該尊崇賢者，同時亦寬容眾人。該嘉許善人，同時亦哀矜那些不能的人。』若使我是個大賢，對人有什麼不能容的呢？若使我自己不賢，別人將會拒絕我，哪待我來拒絕人呀？」

（四）

子夏曰：「雖小道，必有可觀者焉，致遠恐泥，是以君子不為也。」

研析

孔子之道大，博學多聞而一以貫之。小道窺於一隙，執於一偏，非謂其無所得，就其所見所執，亦皆有可觀。但若推而遠之，欲其達於廣大悠久之域，則多窒泥而難通，故君子不為也。或曰：此重經世之義。小道，如農、圃、醫、卜、百家眾技，擅一曲之長，應一節之用者皆是。當與君子不器章參讀。

白話試譯

子夏說：「就算是小道，也一定有可觀處。但要行到遠處去，便恐行不通。所以君子不走那小道。」

（五）

子夏曰：「日知其所亡，月無忘其所能，可謂好學也已矣。」

研析

君子於學，當日進而無疆。日知所無，此孔子博文之教。月無忘其所能，此孔子約禮之教。

亦顏子所謂得一善則拳拳服膺而弗失之。故曰知所無則學進，月無忘所能則德立。如是相引而長，斯能擇善而固執之，深造而自得之矣。子夏此章之言好學，亦知、德兼言。

白話試譯

子夏說：「每天能知道所不知道的，每月能不忘了所已能的，可說是好學了。」

（六）

子夏曰：「博學而篤志，切問而近思，仁在其中矣。」

注釋

博學而篤志 或疑志在學先，故釋此志字為記識。然孔子曰：「可與共學，未可與適道。可與適道，未可與立。」故博學必繼之以篤志，乃可以適道與立。

切問而近思 博文必歸於約禮。學雖博，貴能反就己身，篤實踐履。切問近思，心知其意，然後適道與立之後，可以達於不惑而能權。

仁在其中矣 學者所以學為人，所以盡人道，故曰仁在其中。

研析

本章當與上章參讀。子夏列文學之科，然其論學，固不失聖門矩矱，學者其細闡焉。

白話試譯

子夏說：「博學而能篤守其志，又能就己身親切處去問，接近處去思，仁道亦就在這中間了。」

（七）

子夏曰：「百工居肆以成其事，君子學以致其道。」

研析

肆，官府造作之處。或說：市中陳列器物之所。今從前解。百工居肆中以成其器物，君子之於道亦然。非學無以明道，亦無以盡道之蘊而通其變化。學者侈言道而疏於學，則道不自至，又何從明而盡之？致者，使之來而盡之之義。君子終身於學，猶百工之長日居肆中。

本章學以致道，乃即上章仁在其中之義。

白話試譯

子夏說：「百工長日居在肆中以成其器物，君子終身在學之中以求致此道。」

（八）

子夏曰：「小人之過也必文。」

研析

文，文飾義。人之有過，初非立意為惡，亦一時偶然之失爾。然小人憚於改過而忍於自欺，則必文飾之以重其過矣。

白話試譯

子夏說：「小人有了過失，必把它來文飾。」

（九）

子夏曰：「君子有三變。望之儼然，即之也溫，聽其言也厲。」

研析

儼然，貌之莊。溫，色之和。厲，辭之確。即，接近義。君子敬以直內，義以方外，仁德渾然。望之儼然，禮之存。即之也溫，仁之著。聽其言厲，義之發。人之接之，若見其有變，君子實無變。

白話試譯

子夏說：「一個君子像會有三種的變化。遠望他，見他儼然有威。接近了，又覺溫然可親。待聽他說話，又像斬釘截鐵般厲害。」

（一〇）

子夏曰：「君子信而後勞其民。未信，則以為厲己也。信而後諫。未信，則以為謗己也。」

研析

信，謂人信之。厲，猶病義。言事上使下，皆必誠意交孚而後可以有成。然亦有雖不信，不容不諫，如箕子比干是也。亦有雖未信，不容不勞之，如子產為政，民欲殺之是也。子夏此章，舉其常而言之。

白話試譯

子夏說：「君子等待民眾信他了，再來勞使他們。否則將會怨他有意作害於他們了。君子等待其君信他了，再對君有所諫。否則將誤會他故意謗毀於己了。」

（一一）

子夏曰：「大德不踰閑，小德出入可也。」

研析

大德小德，猶云大節小節。閑，闌義，所以止物之出入。或曰：論人與自處不同。論人當觀其大節，大節苟可取，小差自可略。若自處則大節固不可以踰閑，小德亦豈可以出入乎？小德出入，終累大德。或曰：小德出入，如孟子曰：「言不必信，行不必果，唯義所在是也。」然則所以有出入，正以成其不踰閑之大德。

白話試譯

子夏說：「人的德行，大處不可踰越界限，小處有一些出入是可以的。」

（一二）

子游曰：「子夏之門人小子，當洒掃應對進退則可矣。抑末也。本之則無，如之何？」子夏聞之，曰：「噫！言游過矣！君子之道，孰先傳焉？孰後倦焉？譬諸草木，區以別矣。君子之道，焉可誣也。有始有卒者，其惟聖人乎？」

注釋

門人小子 小子即門人。如曾子有疾章，吾知免夫小子，即門人。此處門人小子兼言，因下文灑掃應對進退，乃指子夏門人中年輕一輩言，故特加此二字。或說：小子當連下讀，謂其門人中有幼者，使當灑掃應對進退則可矣，今子夏不分長幼，一以此教，故譏之。今按：後說無此文理，門人小子仍當連讀，後說之意已兼涵在內，若必拘泥分讀，轉失之。

洒掃應對進退 洒當為灑，以水揮地及牆階，令不揚塵，然後掃之。應對，應是唯諾，對必有辭。進退，凡摳衣趨隅，與夫正立拱手，威儀容節，皆幼儀所當學習。

抑末也，本之則無　子游譏子夏失教法，謂此等皆末事，不教以本，謂禮樂文章之大者。

孰先傳焉？孰後倦焉　倦如誨人不倦之倦。謂君子之道，傳於人，宜有先後之次第，宜先則先，宜後則後，非專傳其宜先者，而倦傳其宜後者。故非末則先傳，而本則倦教。

譬諸草木，區以別矣　區，分區義，即分類義。齊民要術有區種五穀法，作為區畛，如今菜畦，數畝之內，分類雜植。草木，即指穀、蔬、果、蓏之在田圃者。農夫之為田圃，必為之區別溉種，時日既至，大小甘苦，莫不咸得其生。然五穀自為五穀，果蓏自為果蓏，草木之區別，即喻人性與所學之不能相同。

焉可誣也　誣，欺罔義。言若不量其淺深，不問其生熟，一概以教，專以高且遠者語之，則是誣之而已。君子之道，不如此。

有始有卒　君子教人有序，先傳以近小，後教以遠大。所謂循循善誘。若夫下學而上達，本末始終一以貫之，則惟聖人為能。然則小學始教，人人可傳，根本大道，則非盡人可得。此下孔門傳經之功歸於子夏，而小戴記禮運大同之篇或謂原於子游之緒言，兩人學脈，亦於此可見其有別。

研析

游、夏同列文學之科，子游非不知灑掃應對進退為初學所有事，特恐子夏之泥於器藝而忽於大道，故以為說。子夏亦非不知灑掃應對進退之上尚有禮樂大道，不可忽而不傳。是兩人言教學之法實無大異，讀者若據「言游過矣」四字，便謂子游之言全非，則失本章之旨。

白話試譯

子游說：「子夏的門人小子，擔當些灑水掃地，言語應對，趨走進退一應細事，那夠了。可惜這些只是末節。若論到本原處，就沒有了，這怎好呀？」子夏聽到了，說：「啊！言游錯了。君子之道，哪些是先來傳給人？哪些是放在後，厭倦不教了？就拿田圃中草木作譬，也是一區區地分別著。君子之道，哪可用欺妄來對人呀！至於有始有卒，淺深大小都學通了的，那怕只有聖人吧？」

（一三）

子夏曰：「仕而優則學，學而優則仕。」

研析

仕，入官從職。仕與學，所事異，所志同。優，有餘力。仕而學，所以資其仕者益深。學而仕，所以驗其學者益廣。此兩語反覆相因，而亦各有所指。或疑學句當在仕句前，然學而仕，士之常。仕而學，則不多見，子夏之意所主在此，故以仕句置前。

檀弓載曾子責子夏曰：「吾與爾事夫子於洙泗之間，退而老於西河之上，使西河之民疑汝於夫子。」則子夏晚年教育之盛可知。本篇載諸弟子之言，獨子夏為最多，豈以是歟？

白話試譯

子夏說：「仕者有餘力宜從學，學者有餘力宜從仕。」

（一四）

子游曰：「喪，致乎哀而止。」

研析

致，極義。喪禮只以致極乎居喪者之哀情而止，不尚文飾。然若過而至於毀身滅性，亦君子所戒。

白話試譯

子游說：「喪禮只要極盡到遭喪者之哀情便夠了。」

（一五）

子游曰：「吾友張也，為難能也，然而未仁。」

研析

子張務為高廣，人所難能，但未得為仁道。仁道，乃人與人相處之道，其道平實，人人可能。若心存高廣，務求人所難能，即未得謂仁。

白話試譯

子游說：「我的朋友張呀！他可算是人所難能的了，但這樣也未得為仁呀！」

（一六）

曾子曰：「堂堂乎張也，難與並為仁矣。」

研析

堂堂，高大開廣之貌。子張之為人如此，故難與並為仁。蓋仁者必平易近人，不務於使人不可及。

兵書言堂堂之陣，又如言堂堂之鋒，皆有對之難近之義。或說：堂堂指容儀言。然本章當與上章合參，上章之難能，猶此章之堂堂，子游、曾子乃評子張為人，決不僅言其容儀。容儀之訓雖出漢儒，不可從。又說：難與並為仁矣，為使己與子張各得一國以行仁政，則必不及子張。以此合之上章未仁之說，顯為衝突。或又說：子游言吾之與子張友，僅希其難能，尚未敢及於其仁，此益不通。宋儒說論語，有過於貶抑孔門諸賢處，固是一病。清儒強作迴護，仍失論語之本義。姑拈此例，庶學者能超越漢、宋，平心求之，斯論語之真，亦不難得。

白話試譯

曾子說：「堂堂乎我的朋友張呀！難乎和他同行於仁道了。」

（一七）

曾子曰：「吾聞諸夫子：『人未有自致者也，必也親喪乎。』」

研析

致，盡其極。人情每不能自盡於極，亦有不當自盡乎極者。惟遇父母之喪，此乃人之至情，不能自已，得自盡其極。若遇父母喪而仍不能自盡其極，則人生乃無盡情之所，而人心之仁亦將澌滅無存矣。

白話試譯

曾子說：「我在先生處聽過：『人沒有能自己竭盡其情的，只有遇到父母之喪吧！』」

（一八）

曾子曰：「吾聞諸夫子：『孟莊子之孝也，其他可能也，其不改父之臣與父之政，是難能也。』」

注釋

孟莊子　魯大夫仲孫速，其父獻子，名蔑，有賢德。

研析

學而篇，三年無改於父之道可謂孝矣，當與此章參讀。宋儒懲於紹述之事，說三年章與此章，特有煩言。然孔子所言，本不以概凡事，如禹改鯀道，未聞儒者謂之不孝，若必執一廢百，則孔子不復有可與立未可與權之教矣。學者其審思之。又本章特稱孟莊子為難能，在當時必有所以為難能之具體事實，今亦無可確考，此等處以不深論為是。

白話試譯

曾子說：「我聽先生說過：『孟莊子之孝，其他還是可能的，只有沒有改換了他父親所用之人及所行之政，是難能的。』」

（一九）

孟氏使陽膚為士師，問於曾子。曾子曰：「上失其道，民散久矣。如得其情，則哀矜而勿喜。」

注釋

陽膚為士師　陽膚，曾子弟子。士師，典獄官。

民散久矣　民散，謂其情乖離叛上。

如得其情　民心散離則輕於犯法，如得其作姦犯科之情，當加之以哀憫，勿以明察自喜。矜字當作矜，即憐義。

白話試譯

孟氏使陽膚當治獄官，陽膚去問曾子。曾子道：「在上者治民失道，民心離散已久，你遇判獄能獲得他們犯罪之實，當把同情來哀矜他們，莫要自喜明察呀！」

（二〇）

子貢曰：「紂之不善，不如是之甚也。是以君子惡居下流，天下之惡皆歸焉。」

注釋

惡居下流　下流，地形卑下處，眾水皆流而歸之。喻人置身不善之地，則惡名皆歸其身。

天下之惡皆歸　此指惡名言。或言惡人皆歸之。其自為惡雖不甚，而眾惡皆成其惡。今按：人苟為惡，其他惡人自來歸集。然謂君子惡居下流，當從前解為是。子貢之言，戒人之勿置身不善之地也。

白話試譯

子貢說：「紂的不善，並不像後世所說的那麼過分呀！因此君子不肯居下流之地，使天下惡名都歸到他身上。」

（二一）

子貢曰：「君子之過也，如日月之食焉。過也，人皆見之。更也，人皆仰之。」

注釋

日月之食 食字又作蝕。君子有過，本出無心，亦不加文飾，故人皆見之。或說：以君子之德位，為瞻望所集，故苟有過，不得掩。

更也，人皆仰之 更，改義。仰，謂仰望。如日月之蝕，人皆仰望，盼其即復光明，亦無害其本有之尊崇。

白話試譯

子貢說：「君子有過失，好像日蝕月蝕般。他犯過時，人人可見。他改過時，人人都仰望著他。」

（二二）

衛公孫朝問於子貢曰：「仲尼焉學？」子貢曰：「文武之道，未墜於地，在人。

賢者識其大者，不賢者識其小者，莫不有文武之道焉。夫子焉不學？而亦何常師之有？」

注釋

衛公孫朝 衛大夫。春秋時魯、鄭、楚三國皆有公孫朝，故加衛字以別之。

仲尼焉學 尼，乃孔子卒後之諡。孔子卒，魯哀公誄之，稱之曰尼父。蓋尼本孔子之字，古人有即字為諡之禮也。論語惟此下四章稱仲尼，篇末且有其死也哀之語，似皆在孔子卒後，故稱其諡。焉，於何義。公孫朝以孔子之學博而大，故問於何而學得之。

文武之道 謂文王武王之道。禮樂文章，孔子平日所講，皆本之。

未墜於地，在人 歷史已往之跡，雖若過而不留，但文化之大傳，則仍在現社會，仍在人身。若國亡眾滅，僅於古器物或文字記載考求而想見之，則可謂墜地矣。

賢者識其大者 識，舊註讀志，記也。然亦可解作認識義。歷史往事，多由前代之所傳而記憶認識之。賢與不賢，各有所識，惟大小不同。賢者識其大綱領，從講究來。不賢者，行不著，習不察，記其小節目，從聞見來。而其為前代之傳統則一。孔子學於此文化傳統之大道，故可無所遇而非學。舜聞一善言，見一善行，能沛然若決江河。顏子亦能聞一知十。孔子即其未墜於地而在人者學之，文武大道之傳如在目前。舊傳言孔子問禮於老聃，訪樂於萇弘，問官於郯子，學琴於師襄，即其無常師之證，然猶恐非此章孔子焉不學之義。蓋孔子之學，乃能學於眾人而益見其仁，益明其道。

白話試譯

衛國的公孫朝問於子貢，說：「仲尼那樣的學問，從哪裡學來的呀？」子貢說：「文王武王之大道，並沒有墜落到地上，仍在現今活著的人身上。賢人認識了那道之大的，不賢的人認識了那道之小的，他們都傳有文武之道。我們的夫子，哪裡不在學，而且誰是他固定的常師呀？」

（二三）

叔孫武叔語大夫於朝，曰：「子貢賢於仲尼。」子服景伯以告子貢。子貢曰：「譬之宮牆，賜之牆也及肩，窺見室家之好。夫子之牆數仞，不得其門而入，不見宗廟之美，百官之富。得其門者或寡矣。夫子之云，不亦宜乎？」

注釋

叔孫武叔　魯大夫，名州仇。

宮牆　宮，亦牆也。儒有一畝之宮，此指圍牆，不指房屋。如漢未央宮有三十六殿，宮言其四圍，殿是其屋室。

數仞　七尺曰仞。或說八尺，或說五尺六寸。

宗廟之美，百官之富　美，言其光輝。富，言其充實。古者家室與宗廟相連，百官乃家中治事之府，貴家大室始有此制。與上言室家，大小淺深懸殊。

白話試譯

叔孫武叔在朝上和許多大夫說：「子貢實比仲尼更賢呀。」子服景伯把此語告訴子貢。子貢說：「譬如人家的圍牆吧！我的牆只高及肩，人在牆外，便可窺見裡面家屋之好。我們夫子牆高幾仞，若不得從大門進去，便看不到裡面宗廟之美，百官之富。能尋得我們夫子的大門的該是太少了！那位先生這樣說，也無怪呀。」

（二四）

叔孫武叔毀仲尼。子貢曰：「無以為也。仲尼，不可毀也。他人之賢者，丘陵也，猶可踰也。仲尼，日月也，無得而踰焉。人雖欲自絕，其何傷於日月乎？多見其不知量也。」

注釋

無以為也　猶言無用為此。

丘陵也　土高曰丘，大阜曰陵。人之賢者，其才智雖亦高出於他人，猶如丘陵之與平地，他人猶得循道而上，則更踰越之矣。

日月也，無得而踰　人每不覺日月之高，然人既不可階天而升，斯終無以踰日月矣。

雖欲自絕　毀人者不啻欲自絕於此人。若人欲自絕於日月，只是自逃光明，自甘黑暗，於日月何所傷損乎。

多見其不知量　多與只同。見，表露義。謂只自顯露其不知量，猶謂不知高低輕重。

白話試譯

叔孫武叔譭毀仲尼。子貢說：「這樣做是沒用的。仲尼是不可譭毀的。他人之賢，好像丘陵般，別人還可跨越到他上面去。仲尼猶如日月，無法再能跨越到他上面的了。一個人縱使要向日月自告決絕，對日月有何傷害呀？只顯露他自己的不知高低，不知輕重而已。」

（二五）

陳子禽謂子貢曰：「子為恭也？仲尼豈賢於子乎？」子貢曰：「君子一言以為知，一言以為不知，言不可不慎也。夫子之不可及也，猶天之不可階而升也。夫子之得邦家者，所謂立之斯立，道之斯行，綏之斯來，動之斯和，其生也榮，其死也哀，如之何其可及也。」

注釋

子為恭也　也，同邪。言子豈故為恭敬以尊讓於師？

君子一言以為知　君子之於人，只聞其一言，便可判其人之知與不知，故言不可不謹。

天之不可階而升　階，猶梯。孔子之高，無梯可升，即無道可從。

夫子之得邦家者　孔子未得大用，故世人莫知其聖而或毀之。子貢晚年見用於魯，魯人遂謂其賢於仲尼。孟子謂子貢智足以知聖人。聖人之德世所難曉，故此下子貢乃特言孔子苟獲見用於世，其效有如此，所以期人之共喻。天之德不可形容，即其生物而見其造化之妙。聖人之德不可形容，即其所感於人者而見其神化之速。子貢此下之言，即因其感於外者以反觀聖人之德，所以為善言聖人也。

立之斯立　扶而立之而皆立，即己欲立而立人，民無信不立之立。

道之斯行　導之使行而皆行，即己欲達而達人，道之以德之道。

綏之斯來　綏，安義。安其民而遠者聞風悅來。

動之斯和　動，謂鼓舞作興之。悅以使民，民忘其勞，故鼓舞作興之而民莫不和睦奔赴。

其生也榮，其死也哀　一說：古謂樂謂榮。言其生，民皆樂之。一說：時人皆覺其光榮，所謂與有榮焉。死則民皆哀之，所謂生則天下歌，死則四海哭。或說：榮謂莫不尊親，哀則如喪考妣。或說：生則時物皆榮，死則時物咸哀。

研析

本篇二十五章，皆記孔門諸弟子之言，而特以子貢三章讚美孔子者為殿。時人如叔孫武叔、陳子禽皆以為子貢賢於仲尼，可見子貢晚年，其進德修業之功，亦幾幾乎超賢入聖矣。而子貢智足以知聖人，又能善言之。揚子雲曰：「仲尼聖人也，或劣諸子貢，子貢辭而闢之，然後廓如也。」然則聖道之光昌，子貢之功亦不小矣。故論語編者以此三章列之本篇之末。

孔門諸賢，於孔子卒後，盛德光輝，各自超絕。不惟西河之人擬子夏於孔子。乃如子夏、子游之賢，欲以所事孔子者事有若。本章陳子禽，或因其疑子貢賢於孔子，遂謂其非孔子弟子陳亢。陳亢亦未脫一時之見而已，焉見其必非孔子弟子？由於孔門後起之多賢，益見孔子教育精神之偉大，而孔子之高出於諸賢，亦可由此想像矣。司馬遷讚孔子，曰：「高山仰止，景行行之，雖不能至，心嚮往之。」讀論語者，本此十六字心情，庶可以漸企乎有窺於聖道之幾希。

孔門弟子有先後輩之別。左傳多載子路、冉有、子貢，而子貢之事尤多。小戴記多載曾子、游、夏、子張之言，而子路、冉有、子貢則罕見。方孔子生時，顏、閔具體而微，仲弓可使南面，羽翼聖道，以先進篇所列前三科諸賢為主。然既為日月之明所掩，其稱述於後者轉少。曾子、游、夏、子張，事孔子之日短，教學者之日長，故孔子生時，此諸賢皆少所表見，而名言緒論，多見於孔子之身後。即此篇所收，亦惟曾子、游、夏、子張四人。惟子貢，當孔子歿時，名位已顯，又最為諸弟子之長，領袖群賢，昌明師傳，厥功為大。至有子，其年與子貢相伯仲，較之子路、冉有、閔子、仲弓為幼，而較之曾子、游、夏、子張則又長矣。以有子與子貢較，子貢仕宦之日為多，有子講學之力為勤。故此後游、夏、子張皆欲以事孔子者事有若，以曾子不可而止。然有若之繼子貢而為群弟子所推尊可知矣。故前論十篇首學而，孔子之後即次以有子，後次以曾子也。然後論之成又晚於前論，子張篇中遂不收有子語。蓋曾子、游、夏、子張諸賢，其後各自開立門戶，傳授徒眾，聲光又越出有子之上。獨子貢三章，列為本篇之殿，蓋子貢之稱道聖人，已被視為後起孔門之公論矣。

子張於四賢中年最幼，又最早卒。而儒分為八，有子張氏之儒，已能自成宗派，惜乎其未臻高壽以大成其學。

白話試譯

陳子禽對子貢說：「你故意作為恭敬的吧？仲尼哪能比你更賢呀？」子貢說：「君子只聽人一句話，就以為那人是知者，只聽人一句話，就以為那人是不知者了。所以說話不可不謹慎呀！我們夫子之不可及，正像天一般，沒有階梯給你上升呀！我們夫子若得有一國一家之位，那真是所說的教民立，民就立。導民行，民就行。經他安撫都來了，經他鼓動都和了。他生時，大家都榮耀。他死後，大家都哀痛。這樣的人，如何可及得呀！」

堯曰篇第二十

（一）

堯曰：「咨！爾舜！天之曆數在爾躬，允執其中，四海困窮，天祿永終。」舜亦以命禹。曰：「予小子履，敢用玄牡，敢昭告于皇皇后帝。有罪不敢赦。帝臣不蔽，簡在帝心。朕躬有罪，無以萬方。萬方有罪，罪在朕躬。」周有大賚，善人是富。「雖有周親，不如仁人。」「百姓有過，在予一人。」謹權量，審法度，修廢官，四方之政行焉。興滅國，繼絕世，舉逸民，天下之民歸心焉。所重民食、喪、祭，寬則得眾，信則民任焉，敏則有功，公則說。

注釋

堯曰：咨　堯曰以下乃堯命舜而禪以帝位之辭。咨，嗟歎聲。

天之曆數在爾躬　曆，即歷字，猶次也。歷數，謂帝王相繼之次第，猶歲時節氣之先後。曆數在爾躬，猶云天命在爾身。

允執其中　允，信義。中，謂中正之道。謂汝宜保持中正之道以膺此天之歷數。一說：允執其中，謂踐帝位。古訓皇極為大中。是亦漢時自古相傳之說。

四海困窮，天祿永終　苟四海人民皆陷於困窮之境，則君祿亦永絕。

舜亦以命禹　舜亦用堯命己之辭以命於禹。

曰：予小子履　履，商湯名。或說此處曰字上當脫一湯字。此下為商湯禱雨，以身代牲，為民受罪之辭。或說乃商湯伐桀告天之文。非也。

敢用玄牡　用一黑公牛為犧以祭告於天。或說夏尚黑，湯在其時未變夏禮，故用玄牡，疑非也。或說湯既以身為牲，不宜復用玄牡。魯論齊論皆無此四字。

敢昭告于皇皇后帝　昭，明義。皇皇后帝，墨子兼愛篇作上天后。

有罪不敢赦　凡有罪者，湯自言不敢擅赦也。

帝臣不蔽，簡在帝心　凡天下賢者，皆上帝之臣，湯自言不敢蔽。簡，選擇義。簡在帝心，惟帝所命也。

朕躬有罪，無以萬方　呂氏春秋：湯克夏，天大旱，五年不收，湯以身禱於桑林，曰：「余一身有罪，無及萬方。」古者貴賤皆自稱朕，秦以後始定朕為至尊之自稱。

萬方有罪，罪在朕躬　呂氏曰：「萬方有罪，在余一人。」可證此為大旱禱雨之辭，非伐桀辭。

周有大賚，善人是富　此以下，述武王事。賚，賜予義。言周家受天大賜，富於善人，有亂臣十人是也。或說：武王克商，大封於廟，建國授土，皆善人也。是富猶言是貴。

雖有周親，不如仁人　周，至義。親，近義。周親不如仁人，文武用心如此，故能特富於善人。或說紂王親雖多，不如周家之多仁人。或以周親為管、蔡，仁人為箕、微。今皆不從。

百姓有過，在予一人　此武王襲用商湯語。

謹權量，審法度，修廢官，四方之政行焉　漢書律曆志：「周衰失政，孔子陳後王之法曰謹權量云云。」是漢儒認此下乃孔子語。承於堯、舜、禹、湯、武王之後，如孔子得行王道於天下，將如下云云也。權，秤也。量，斗斛。法度者，一說：度，丈尺，一字未足成句，故配以法字。一說：法度即律度。律謂十二律，度謂丈尺。後凡定制有限節者皆稱法度。廢官者，舊官有廢，更修立之。

興滅國，繼絕世，舉逸民，天下之民歸心焉　此亦孔子陳帝王之法語。興滅國，如周初封建，立黃帝、堯、舜、夏、商之後是也。繼絕世，謂賢人世絕不祀，為之立後，使仍得享祀也。舉逸民，謂才行超特不仕者，舉而授之官爵也。

所重民食、喪、祭　或說：民、食、喪、祭四者民為首，民以食為天，故重食。重喪以盡哀，重祭以致敬。重食，重在生民。重喪、祭，則由生及死，由今溯往，民生於是見悠久。或說：民食連文，是一事，與喪、祭為三事，當從之。

寬則得眾，信則民任焉，敏則有功，公則說　此陽貨篇孔子告子張問仁語，上脫恭則不侮四字。又公則說三字，子張問仁章無之。或說：公字不見於論語，下至莊老之書始屢言之。據子張問仁章有「惠則足以使人」，公字疑當作惠。

研析

論語編集孔子言行，至微子篇已訖。子張篇記門弟子之言，而以子貢之稱道孔子四章殿其後，論語之書，可謂至此已竟。本篇歷敘堯、舜、禹、湯、武王所以治天下之大端，而又以孔子之言繼之，自謹權量審法度以下，漢儒即以為是孔子之言，陳後王之法，因說此篇乃論語之後序，猶孟子之書亦以歷敘堯、舜、湯、文、孔子之相承作全書之後序也。然此章全不著子曰字，是否孔子語，尚不可知。或謂此乃孔子常常諷道之辭，殊無證。泰伯篇末已備載孔子論述堯、舜、禹、文、武之事，他章論堯、舜以下古帝王者尚亦有之，皆已數見，何必此章乃獨為孔子常所諷道？且當時諸侯卿大夫及門弟子問政，孔子隨而答之，其語散見於論語者亦已甚富，安見此章謹權量審法度以下乃為孔子陳後王之法，若其他各篇所記，反是零碎偶爾之辭，而此章所云始是孔子畢生抱負所在，而綜括最舉其綱要，此亦未必然。且孔子自云：「文王既沒，文不在茲乎？天之將喪斯文也，後死者不得與於斯文也。天之未喪斯文也，匡人其如予何？」又曰：「久矣吾不復夢見周公！」是孔子以文王、周公之道統自任，確已情見乎辭矣。若此章遠溯上古，歷敘堯、舜、禹、湯、武王而承以孔子自陳後王之法，則若孔子之意，乃以王者自任，此恐自戰國晚年荀卿之徒，始有此等想像。孟子已言王天下，然尚不以孔子當王者。論語只言「用我者，吾其為東周乎」。又曰「郁郁乎文哉，吾從周」。可證孔子生時，其心中僅欲復興周道，未嘗有繼堯、舜、禹、湯、文、武以新王自任之意。其弟子門人，亦從未以王者視孔子，此證之論語而可知。故疑此章乃戰國末年人意見，上承荀子尊孔子為後王而來，又慕效孟子書末章而以己意附此於論語之末。或疑此章多有脫佚，似亦不然。蓋此章既非孔子之言，又非其門弟子之語，而自堯、舜、禹、湯而至武王，終以孔子，其次序有條不紊，其為全書後序而出於編訂者某一人或某幾人之手，殆可無疑。又此章下接子張問於孔子曰，體例甚不類。漢書藝文志，論語古二十一篇，出孔子壁中，有兩子張篇，當是古論語即以此下子張問一章為另一子張篇，則堯曰篇實即以此章為一篇。體例正與鄉黨篇相同，亦只以一章為一篇。如是則上下論最後一篇均不分章，下論堯曰篇乃仿上論鄉黨篇之例而為之。

此章末，「寬則得眾，信則民任焉，敏則有功」數語，已見陽貨篇子張問仁章。惟陽貨篇以子張問仁橫隔於公山佛肸連類並載之間，顯見不倫。且論語載孔子答弟子問，皆僅稱「子曰」，獨陽貨篇子張問，及本篇下章子張問，皆稱「孔子曰」，別成一體。或說：陽貨篇子張問仁章原在古論子張篇之首，當是此兩子張問合為一篇。而本章「寬則得眾」數語，則為脫亂不盡之文，與上文不相蒙。後人謂論語後十篇多有脫誤是也。今據此再為推說，或此兩章裒集在後，故辭例不能與全書一律，而魯論、齊論均以此兩章附入堯曰篇合為一篇，為論語之舊。因上論下論各自十篇，不應下論獨增一篇。又疑堯曰一章，或出自子張氏之儒之所為，故以所記子張問兩章附於後。而古論乃將子張問兩章分出別為一篇，不知何時子張問仁一章又誤移入陽貨篇中，而又於堯曰章末再出「寬則得眾」數語，而「惠則足以使人」，又誤成「公則說」三字。

今按論語一書，乃孔門遺訓所萃，此為中國最古最有價值之寶典。孔門七十子後學討論會集而成此書，厥功大矣。獨此最後堯曰一篇，章節之間，多留罅縫。又後有偽造古文尚書者，復剽竊堯曰章語以散入其所造大禹謨、湯誓、泰誓、武成等篇，後儒又轉據偽尚書以說論語此章，於是疑辨遂滋，定論難求，實為此書一大缺點，亦千古一大憾事。因不憚辭費，采酌眾說，詳訂之如此，然亦不知其果然與否。

白話試譯

堯說：「唉！你舜！天的歷數命運在你身上了。好好掌握著那中道！四海民生困窮，你的這一分天祿，也便永久完結了。」舜也把這番話來交代禹。湯遇著大旱禱天求雨也說：「我小子履，敢明白告訴皇皇在上的天帝。只要有罪的人，我從不敢輕易擅赦。那些賢人都是服從上帝之臣，我也不敢障蔽著他們。這都由上帝自心簡擇吧！只要我自身有罪，不要因此牽累及萬方。若使萬方有罪，都該由我一身負責，請只降罰我一身。」周武王得上天大賜，一時善人特多。他也說：「縱使有至親近戚，不如仁人呀！」他又說：「百姓有過，都在我一人。」該謹慎權量，審察法度，務求統一而公平。舊的官職廢了的，該重新修立，四方之政那就易於推行了。滅亡的國家，該使復興。已絕的族世，該使再續。隱逸在野的賢人，該提拔任用。那就天下之人全都歸心了。所當看重的，第一是民眾的飲食生活，第二是喪禮，第三是祭禮。在上位的人能寬大，便易獲得眾心。能有信，民眾便信任他。能敏勉從事，便有功了。能推行公道，則人心悅服了。

（二）

子張問於孔子曰：「何如斯可以從政矣？」子曰：「尊五美，屏四惡，斯可以從政矣。」子張曰：「何謂五美？」子曰：「君子惠而不費，勞而不怨，欲而不貪，泰而不驕，威而不猛。」子張曰：「何謂惠而不費？」子曰：「因民之所利而利之，斯不亦惠而不費乎？擇可勞而勞之，又誰怨？欲仁而得仁，又焉貪？君子無眾寡，無小大，無敢慢，斯不亦泰而不驕乎？君子正其衣冠，尊其瞻視，儼然人望而畏之，斯不亦威而不猛乎？」子張曰：「何謂四惡？」子曰：「不教而殺謂之虐。不戒視成謂之暴。慢令致期謂之賊。猶之與人也，出納之吝，謂之有司。」

注釋

惠而不費 謂有惠於民，而上無所費損。

又焉貪 貪者，有欲而常感不足。心所欲在仁，可常感滿足，故謂之無貪。或說：教民欲仁，今不從。

無眾寡，無小大，無敢慢 言無論對眾寡大小皆不敢慢。人固易慢寡小，然亦有喜慢眾大以為剛直者，故併言之。

不戒視成 不先告誡而臨時責其成功。

慢令致期 先為教令，不丁寧申敕，而往後刻期無許寬假，緩於前，急於後，誤其民而必刑之，是有意賊害其民也。

猶之與人 猶之，猶言均是。同樣要給與人，而吝惜於出納之際，此乃有司之所為，非當政者所宜然。

研析

或說孔子告問政者多矣，未有如此之備者，故記此以繼帝王之治，此說可發明以本章承堯曰章後而合為一篇之意。則殆是孔子專以帝王為治之道授之子張一人矣，故復有人分出兩子張問而使之獨立為篇。如此說之，則堯曰篇信為出於子張氏之儒之手矣。

本章子張問政，孔子約數以示，俟子張請目，然後詳晰言之，與問仁章文勢劃一，顯出一人之手，而兩章皆稱孔子曰，與論語他章體例不同，故疑在論語全書中，此為最後編入者。或曰：當是編論語者於書成後續得此兩章，更待編集，而未有所得，故子張篇只兩章，為孔壁之舊，而齊魯學者併之入堯曰篇。然考皇侃義疏敘古論篇次，以鄉黨為第二，雍也為第三，內倒錯不可具說。則古論雖出孔壁，亦非可據之定本。此等皆難考定，姑識所疑可也。

白話試譯

子張問孔子道：「如何始可從事政治呀？」先生說：「尊崇五美，屏除四惡，這樣乃可從事政治了。」子張說：「何謂五美呢？」先生說：「在上位的君子，第一須懂得惠而不費，第二是勞而不怨，第三是欲而不貪，第四是泰而不驕，第五是威而不猛。」子張說：「怎樣稱作惠而不費呢？」先生說：「你看人民在哪方面可以得利，便在那方面誘導他們去得利，豈不是施了恩惠給人而不破費著自己嗎？你只選擇可以使人民服勞的事來使人民服勞，又誰來怨你呢？你自己所欲，只在推行仁道，那就要推行盡推行，豈不是有欲而無貪嗎？一個在上位之君子，不論對方是寡是眾，或大或小，總之自己無敢怠慢，那豈不極舒泰而並不驕矜嗎？一個在上位之君子，只要衣冠整肅，瞻視尊嚴，便見得儼然，別人望了他生敬畏之心，豈不就有威而不猛暴了嗎？」子張又問：「何謂四惡呢？」先生說：「不事先教導人，便要用殺戮（來推行或制止），那叫虐。不事先告誡人，而到時忽然要查驗他成功了沒有，那叫暴。雖下了命令，像不當件事般，並不曾鄭重丁寧，到期限時又硬不通融，這像有意陷害人，叫做賊。同樣是要給與人的，但在出納之際，卻不免多所吝惜，那有失在上位者之體制，像是一經管的有司了。」

（三）

子曰：「不知命，無以為君子也。不知禮，無以立也。不知言，無以知人也。」

注釋

知命 即知天。有淺言之者，如云「富貴在天，死生有命」是也。有深言之，又積極言之者，如云「天生德於予」，「文王既沒，文不在茲乎」之類是也。亦有消極言之者，如云「道之不行，已知之矣」，「道之將廢也」，「與命也」之類是也。此皆深言之。韓詩外傳云：「天之所生，皆有仁、義、禮、智、順、善之心。」不知天之所以命生，則為小人。惟知命，乃知己之所當然。孔子之知其不可而為之，亦是其知命之學。

知禮 禮，指一切禮文言。人不知禮，則耳目無所加，手足無所措，故曰：「無以立。」孔子重言仁，又重言禮。仁者，人群相處之道，禮即其道之跡，道之所於以顯也。若不知禮，更何以自立為人？

知言 論辨思議之是非得失，生於心而發於言。若不能知言，何能知其是非得失乎？孟子自道所長在知言，在善養浩然之氣。又曰：「浩然之氣乃集義所生。」能知命，知禮，又知言，則所行自無不義，而浩然之氣自可養而致。然則孟子之自道所長，正可證其學孔子而得之矣。

研析

或曰：司馬遷曰：「余讀孔子書，想見其為人。」後世欲知孔子，捨從論語之語言文字求之，又將何從？記者將此章列論語之最終，其亦有俟諸百世之思乎！望之深，而憂其不得於言，用意遠矣。

或說此章繫論語之終篇，特具深意。然相傳魯論無此章，則是鄭玄以古論校魯論而取以補其缺者。然古論以子張問兩章別出子張篇，則此章是否亦為古論語之最後一章，在堯曰篇之後乎，此已無可考。抑豈鄭玄之意，謂此章乃孔子論學中總挈綱要之言，故特以繫之堯曰篇末，以見其重終之意乎。今皆無可深論矣。

此章古本皆作孔子曰，惟朱子集注本作子曰。或疑朱注誤脫一孔字，否則朱子疑孔子曰三字為例不純而刪去孔字也。

白話試譯

先生說：「不知命，便無以為君子。不知禮，便無以立在人群中。不知言，亦就知不得人了。」

附孔子年表

魯襄公二十二年　（西曆紀元前五五一年）孔子生。

魯襄公二十四年　孔子年三歲。父叔梁紇卒。

魯昭公七年　孔子年十七歲。母顏徵在卒在前。

魯昭公九年　孔子年十九歲。娶宋亓官氏。

魯昭公十年　孔子年二十歲。生子鯉，字伯魚。

魯昭公十七年　孔子年二十七歲。郯子來朝，孔子見之，學古官名。其為魯之委吏乘田當在前。

魯昭公二十年　孔子年三十歲。孔子初入魯太廟當在前。琴張從遊，當在此時，或稍前。孔子至是始授徒設教。顏無繇、仲由、曾點、冉伯牛、閔損、冉求、仲弓、顏回、

魯昭公二十四年　高柴、公西赤諸人先後從學。

孔子年三十四歲。魯孟釐子卒，遣命其二子孟懿子及南宮敬叔師事孔子學禮。時二子年十三，其正式從學當在後。

魯昭公二十五年　孔子年三十五歲。魯三家共攻昭公，昭公奔於齊，孔子亦以是年適齊，在齊聞韶樂。齊景公問政於孔子。

魯昭公二十六年　孔子年三十六歲。當以是年反魯。

魯昭公二十七年　孔子年三十七歲。吳季札適齊反，其長子卒，葬嬴博間，孔子自魯往觀其葬禮。

魯定公五年　孔子年四十七歲。魯陽貨執季桓子。陽貨欲見孔子，當在此後。

魯定公八年　孔子年五十歲。魯三家攻陽貨，陽貨奔陽關。是年，公山弗擾召孔子。

魯定公九年　孔子年五十一歲。魯陽貨奔齊。孔子始出仕，為魯中都宰。

魯定公十年　孔子年五十二歲。由中都宰為司空，又為大司寇。相定公與齊會夾谷。

魯定公十二年　孔子年五十四歲。魯聽孔子主張墮三都。墮郈，墮費，又墮成，弗克。孔子墮三都之主張遂陷停頓。

魯定公十三年　孔子年五十五歲。去魯適衛。衛人端木賜從遊。

魯定公十四年　孔子年五十六歲。去衛過匡。晉佛肸來召，孔子欲往，不果，重反衛。

魯定公十五年　孔子年五十七歲。始見衛靈公，出仕衛，見衛靈公夫人南子。

魯哀公元年	孔子年五十八歲。衛靈公問陳，當在今年或明年，孔子遂辭衛仕。其去衛，當在明年。
魯哀公二年	孔子年五十九歲。衛靈公卒，孔子在其卒之前或後去衛。
魯哀公三年	孔子年六十歲。孔子由衛適曹又適宋，宋司馬桓魋欲殺之，孔子微服去，適陳。遂仕於陳。
魯哀公六年	孔子年六十三歲。吳伐陳，孔子去陳。絕糧於陳、蔡之間，遂適蔡，見楚葉公。又自蔡反陳，自陳反衛。
魯哀公七年	孔子年六十四歲。再仕於衛，時為衛出公之四年。
魯哀公十一年	孔子年六十八歲。魯季康子召孔子，孔子反魯。自其去魯適衛，先後凡十四年而重反魯。此下乃開始其晚年期的教育生活，有若、曾參、言偃、卜商、顓孫師諸人皆先後從學。
魯哀公十二年	孔子年六十九歲。子孔鯉卒。
魯哀公十四年	孔子年七十一歲。顏回卒。齊陳恆弒其君，孔子請討之，魯君臣不從。是年，魯西狩獲麟，孔子春秋絕筆。春秋始筆在何年，則不可考。
魯哀公十五年	孔子年七十二歲。仲由死於衛。
魯哀公十六年	（西曆紀元前四七九年）孔子年七十三歲，卒。

國家圖書館出版品預行編目資料

論語新解／錢穆著.－－初版三刷.－－臺北市：三民，2024

面；　公分.－－（錢穆作品精萃）

ISBN 978-957-14-7194-5（精裝）

1. 論語 2. 注釋

121.222　　110006973

錢穆作品精萃

論語新解

作　　者｜錢　穆
創 辦 人｜劉振強
發 行 人｜劉仲傑
出 版 者｜三民書局股份有限公司（成立於 1953 年）

三民網路書店
https://www.sanmin.com.tw

地　　址｜臺北市復興北路 386 號　（復北門市）(02)2500-6600
臺北市重慶南路一段 61 號（重南門市）(02)2361-7511

出版日期｜初版一刷 2021 年 5 月
初版二刷 2021 年 11 月
初版三刷 2024 年 7 月
書籍編號｜S030141
I S B N｜978-957-14-7194-5